《中国语学文库》

总 主 编：邢福义
副总主编：汪国胜　朱　斌

本书获教育部基本科研专项资金探索创新类项目（批准号：120002040010）
和教育部人文社科重点研究基地重大项目（批准号：13JJD740012）经费资助。

事实挖掘与理论探索：
汉语语法问题的多维思辨

Unearthing the Facts and Exploring the Theories:
Multidimentional Critical Studies on Chinese Grammar

谢晓明◎著

中国出版集团
世界图书出版公司
广州·上海·西安·北京

图书在版编目（CIP）数据

事实挖掘与理论探索：汉语语法问题的多维思辨 /
谢晓明著 . —广州：世界图书出版广东有限公司，
2025.1重印
ISBN 978-7-5100-9080-6

Ⅰ . ①事… Ⅱ . ①谢… Ⅲ . ①汉语—语法—研究
Ⅳ . ① H14

中国版本图书馆 CIP 数据核字（2014）第 276757 号

事实挖掘与理论探索：汉语语法问题的多维思辨

策划编辑	孔令钢
责任编辑	梁少玲
出版发行	世界图书出版广东有限公司
地　　址	广州市新港西路大江冲 25 号

http:// www.gdst.com.cn

印　　刷	悦读天下（山东）印务有限公司
规　　格	710mm×1000mm　1/16
印　　张	13.75
字　　数	261 千
版　　次	2014 年 12 月第 1 版　2025 年 1 月第 3 次印刷
ISBN	978-7-5100-9080-6/H · 0884
定　　价	68.00 元

目　录

第一章　总　论 /001

现代汉语语法研究中理论与事实的互动 /001

第二章　动词与宾语问题研究 /010

"闻"的词义发展及其与"嗅"的共时比较 /010

饮食义动词"吃"带宾情况的历史考察 /019

管控动宾超常搭配的若干句法因素 /031

论元的激活扩散过程与动宾之间的语义匹配 /040

概念整合与动宾常规关系的建立 /047

代体宾语的理解因素 /056

宾语代入现象的认知解释 /068

方式宾语的鉴定模式及其典型性 /078

工具宾语的鉴定模式及其典型性 /088

第三章　句法格式与特殊句式研究 /095

异类词联合短语研究 /095

"A加B"格式之考察 /108

现代汉语表人的"A兼B"格式 /116

"很不……"和"不很……"对形容词的量性规约 /131

表无条件让步的"说·什么"紧缩句 /143

"难怪"因果句 /152

"给"字句被动义实现的制约因素 /160

第四章　词语演化及使用情况考察　　　　　　　　　　/167

　　"难怪"的语法化　　　　　　　　　　　　　　　　　/167

　　"大不了"的表达功用与演化过程　　　　　　　　　　/175

　　假设类复句关系词语连用情况考察　　　　　　　　　/187

　　"的话"的话题标记功能及相关问题讨论　　　　　　　/198

　　央视栏目名的用字用语情况考察　　　　　　　　　　/208

后　记　　　　　　　　　　　　　　　　　　　　　/215

第一章 总 论

现代汉语语法研究中理论与事实的互动 [1]

一、理论与事实

当前，中国语言学已展现出一个包括汉语汉字研究、语言理论与语言应用研究、少数民族语言研究和外国语言研究四大分支的基本格局。[2]四大分支都包括不同类型、不同层面的学科领域。其中，属于第一分支的现代汉语语法研究，则是我国语言学界最为热门、最受关注、被公认为起着引领作用的领域。

对于现代汉语语法研究，吕叔湘先生说过一段极富启示性的话："从事于现代汉语语法研究的人很多，而有成就的却并不多，为什么？有人说，跟象棋比起来，围棋易学而难精。研究现代汉语语法跟研究古代汉语语法比较，好像也有类似的情况。研究现代汉语语法无需通过文字训诂这一关，自然容易着手。可也正因为研究的对象是人人使用的现代汉语，许多语法现象已为人们所熟悉，要是没有一点敏锐的眼光，是不容易写出出色的文章来的。"[3]吕先生的这段话，说理浅白而内涵丰富。他是想告诉我们，参与研究现代汉语语法很容易，但要研究好，是有难度的，关键在于是否具有敏锐的眼光。那么眼光要投向何处？如何才能造就眼光的敏锐？理论与事实怎样才能相互驱动？没有理论的牵引，对事实的描写和解释便无从下手，或者只能盲目进行。反过来说，理论的生命力由事实所赋予，理论或者来自对事实的发掘，或者通过事实的检验得到确认，或者通过事实的不断发掘与检验而越发坚挺。因此，两者的良性互动，是现代汉语语法研究走向成熟的永恒主题。现代汉语语法研究工

---

[1] 本文为 2011 年 11 月中国社会科学杂志社组织的一次小型座谈会上的发言。谢晓明撰写初稿，邢福义做了增删。宋晖博士提出过宝贵意见，特此道谢。

[2] 教育部社会科学委员会秘书处组编：《中国高校哲学社会科学发展报告 2006》，高等教育出版社 2006 年版，第 285 页。

[3] 吕叔湘：《语法问题探讨集·序》，载邢福义：《语法问题探讨集》，湖北教育出版社 1986 年版。

作者，必须同时把眼光投向理论与事实，通过对理论与事实的研究，培养眼光的敏锐性和透视力。

　　从源流上看，事实是源，理论是流。同样的事实，可以有这样那样的理论。不管采用什么样的理论，首先都必须面对事实，坚持"实事求是"的态度，以"务实"为基点。对于"实事求是"，吕叔湘先生做过很好的解释。他说："以研究工作而论，'实事'就是要掌握材料，材料要可靠，并且要尽可能全面……'求是'就是找出规律……'求是'还有另一方面的问题。有的同志做工作急于求成，思考一个问题的时候，灵机一动，'如此这般'，很快就有了结论。遇到不符合他的结论的事实就想方设法把它解释掉，不愿意修改他的结论。这样'求'出来的'是'就靠不住了。归总一句话，'实事求是'四个字看似容易实则艰辛，在实际工作中时刻想到它是有好处的。"[1]

二、历史脚印：从马建忠到朱德熙

　　我国的汉语语法研究，从来以事实为本。《马氏文通》于 1898 年问世，成就了作为一门科学的汉语语法学的第一个篇章。《马氏文通》之前的汉语语法研究，主要范围是一些虚词和若干句式，立足于学以致用，力求弄清楚相关的规律，以便准确理解古人著述。做出贡献的学者，在几部已经问世的汉语语法学史中都已有所记录，不再赘述。这里需要特别提出定居于国内的、具有划时代性的五位学者，略加评说，以便传承我们的优良传统。他们是：马建忠、黎锦熙、王力、吕叔湘、朱德熙。

（一）马 建 忠

　　马建忠（1844—1900），其《马氏文通》，用例引自先秦两汉的古文，但作为中国第一部系统的语法学著作，对现代汉语语法研究具有深远的影响。"后序"中，马氏写道："斯书也，因西文已有之规矩，于经籍中求其所同所不同者，曲证繁引以确知华文义例之所在，而后童蒙入塾能循是而学文焉，其成就之速必无逊于西人。"[2] "例言"中，马氏写道："是书本旨，专论句读，而句读集字所成者也。惟字之在句读也必有其所，而字字相配必从其类，类别而后进论夫句读焉。"[3] 可知，此书的写法，是借用西方的"规矩"；此书的目的，是促进中国的教育；此书的学术观点，则着重强调了"句读"在汉语语法中的重要地位。由于受到时代的限制，

---

　　[1] 吕叔湘：《在首届青年现代汉语（语法）学术讨论会上的书面发言》，载《华中师范大学学报》1986 年第 6 期。

　　[2] 马建忠：《马氏文通》，商务印书馆 1983 年版，第 13 页

　　[3] 马建忠：《马氏文通》，商务印书馆 1983 年版，第 15 页。

马氏不可能达到他的目的，实现他的追求，充分发挥自己的理念，然而，他的"曲证繁引"，他的许多论说，包括句子的分类、特定句式的构成状态、虚字的使用等，都表明了他是十分"务实"的，是两只脚站到了中华文化的大地之上的。

（二）黎 锦 熙

黎锦熙（1890—1978），在汉语言文字研究、教学与相关工作上有多方面的突出贡献。其《新著国语文法》（1924），以西方"纳氏文法"为主要蓝本，通过对白话文的深入分析与思考，创建了一个"句本位"的语法系统，产生了巨大的影响。从总体上看，"句本位"系统的厘定与阐述尽管存在严重的缺失，但"句本位"的提出，却说明了黎氏充分重视汉语语法不同于形态丰富的西方语法的特点。这是汉语语法研究的一大飞跃。从具体问题看，黎氏提出了相当多的论断，都是脚踏实地研究汉语的成果。比如关于"双宾语"，黎氏指出："有一种外动词，表示人与人之间（或者人格化的事物之间）交接一种事物的，如'送'、'寄'、'赠'、'给'、'赏'、'教授'、'吩咐'等，带两个名词作宾语，叫作'双宾语'。"[1] 他关于"双宾语"的论说，具有强大的生命力。另外，即使是现今已经无人过问的图解法，其实还是存在许多令人得到启示的合理因素，浸透了黎氏的心血。诚然，黎氏是继马建忠之后努力揭示汉语语法特点的一位大师，他的著作充分显示了他的"务实"精神。

（三）王 力

王力（1900—1986），在多个领域取得杰出成就的一位语言学大师。就汉语语法研究而论，他在"语法革新"过程中起到了重要的推动作用。他的语法研究，曾受丹麦语言学家奥托·叶斯珀森（Otto Jesperson）《语法哲学》中所提学说的影响，但是，他所关注的，他所系念的，是要研究汉语的特点。1936年1月，他发表论文《中国文法学初探》，文中旗帜鲜明地指出："我们对于某一族语的文法的研究，不难把另一族语相比较以证明其相同之点，而难在就本族语里寻求其与世界诸族语相异之点……此后我们最重要的工作，在乎努力寻求中国文法的特点。"[2] 后来，他相继推出《中国现代语法》（1943）、《中国语法理论》（1944）以及《中国语法纲要》（1946）等著作，以《红楼梦》为主要研究对象，建构出了富有自我特色的汉语语法体系。王力先生一贯主张语言研究应以占有广博的语言材料为基础，他在黎锦熙

---

[1] 黎锦熙：《新著国语文法》，商务印书馆1992年版，第35页。

[2] 王力：《中国文法学初探》，载《清华学报》1936年11卷第1期；《王力语言学论文集》，商务印书馆2000年版，第324—374页。

先生提出的"例不十，不立法"[1]的基础上，进一步提出"例外不十，法不破"[2]的研究原则。王力先生不仅毕生探求汉语语法的特点，毕生探索研究方法与研究道路，特别可贵的是，他能够从语言运用的客观实际出发，不断修正自己的观点，不断提升自己的认识高度。其心胸之开阔，令人敬佩。

（四）吕叔湘

吕叔湘（1904—1998），在汉语语法研究上最有威望的一位统帅式巨匠。1942年出版的《中国文法要略》，是吕先生学术成就的第一个高峰；1979年出版的《汉语语法分析问题》，是吕先生学术成就的第二个高峰。吕先生早年受丹麦语言学家奥托·叶斯珀森（Otto Jesperson）和法国语言学家勃吕诺（Ferdinand Bnmot）的影响，后来，一直到晚年，都在不断关注国外理论的发展，但是，不管是他的著作还是论文，都始终坚定不移地立足于汉语事实。大半个世纪里，吕先生为我们举起了一面旗帜，上面写着"务实"两个大字。只要有机会，他就讲"务实"。1980年10月，在中国语言学会成立大会上，吕先生做了《把我国语言科学推向前进》的报告，用了相当长的篇幅论述"虚和实"的关系[3]；在大会闭幕词中，吕先生指出："语言学是一门科学，在科学面前来不得半点虚假。我们要实事求是，脚踏实地地去工作，反对浮夸的学风。"[4]1981年5月，吕先生在第一次语法学术讨论会的开幕式和闭幕式上都作了讲话，后来统成《扎扎实实地做好语法研究》一文。[5]1984年，吕先生为《语言教学与研究》创刊5周年题词："务实"[6]。1992年11月，在纪念赵元任先生百年诞辰学术座谈会的书面发言中，吕先生说："元任先生的学问广博，这是无人敢否认的。最叫人佩服的是他写的文章无一篇不实实在在，毫无故弄玄虚的东西。"[7]"务实"，反映出吕先生丰富的实践经验和富于远见的优良学风，具有很强的矫风针对性，包含有实与虚合理结合的内核，充分重视研究工作中各个方面的辩证关系，对于我国语法研究的不断发展和走向成熟起着战略性的导向作用。[8]吕叔湘先生晚年把他自

---

[1] 黎锦熙：《新著国语文法·原序》，商务印书馆1992年版。

[2] 王力：《汉语史稿》（重排本），中华书局2004年版，第23页。

[3] 吕叔湘：《把我国语言科学推向前进》，载《中国语文》1981年第1期。

[4] 吕叔湘：《在中国语言学会成立大会上的闭幕词》，载《中国语文》1981年第1期。

[5] 吕叔湘：《扎扎实实做好语法研究》，载中国语文杂志社编：《语法研究和探索（1）》，北京大学出版社1983年版，第1—6页。

[6] 吕叔湘：《语言教学与研究》1984年第3期。

[7] 袁毓林：《纪念赵元任先生百年诞辰学术座谈会在清华大学举行》，载《中国语文》1993年第1期。

[8] 邢福义：《治学之道 学风先导》，载《世界汉语教学》1993年第4期。

己的治学原则总结为"广搜事例、归纳条理，反对摭拾新奇、游谈无根"[1]。吕先生的治学风范，在大家心中树起了一座丰碑。

（五）朱德熙

朱德熙（1920—1992），我国思想最活跃、最富创造精神的语法大家。他的一系列开创性的研究工作，为汉语语法研究开辟了一条贯通共时和历时的路子，使汉语语法研究走上了全方位、多视角的道路。[2]朱先生一方面重视吸取国外新的语法理论和方法，另一方面又善于用汉语语言事实来检验并改进这些理论和方法，从而写出切合汉语实际的高质量的著作和论文。举两个相关的例子。一个例子是，马庆株先生回忆跟朱先生读研究生时，朱先生与他的一段谈话。在《我的导师朱德熙先生》一文中，马先生写道："我交的第一篇文章空谈理论，先生说：'要务实。理论来自实践，你还没有研究的实践，怎么能写得好理论文章？要关心、注意理论问题，但现在不能搞理论。'"[3]另一个例子是，鲁国尧先生回忆朱先生给他的一封信。朱先生晚年讲学美国，他在写给鲁国尧先生的一封信中说："研究语音史，自然需要有一定的理论基础和方法。但历史比较语言学的根本道理还是那些，近年来虽不乏新著，但都不易读，而且其中如有新理论，亦未经时间和事实的考验，最后能不能成立还很难说……我看主要精力和时间仍应放在语言事实的搜集和分析上。近年来，美国语言学有重理论轻事实的弊病，而且不独语言学，经济学甚至物理学亦有类似的情形。"[4]可见，说到底，朱先生是把语言事实放在第一位的。朱先生表现出了一位大家的清醒的头脑。

三、面向未来：论实互动的几点思考

促进研究工作的论实互动，涉及方方面面的问题。以下几点，特别值得思考。

（一）"古为今用，洋为中用"，这是永远正确的一条原则

其中的"今"和"中"，指的是"当今中国"。从古代承传下来的理论也好，从外洋引移而来的理论也好，都必须统一到服务于当今中国的应用实践上来。两者的靠近、沟通和结合，也许能开启出一个新的局面。当今中国的语言应用实践，主要包括三大方面：a. 本国语言教育的应用实践，对象是本国学生和本国人；b. 对

---

[1] 《吕叔湘先生生平》，载《中国语文》1998 年第 3 期。

[2] 袁毓林：《朱德熙先生评传》，载袁毓林编：《朱德熙选集》，东北师范大学出版社 2001 年版。

[3] 马庆株：《我的导师朱德熙先生》，载《语文建设》1994 年第 2 期。

[4] 鲁国尧：《重温朱德熙先生的教导——为纪念朱德熙先生逝世十周年而作》，载《语文研究》2002 年第 4 期。

外汉语教学的应用实践，对象是外国学生和外国人；c.计算机信息处理的应用实践，对象是需要掌握语言规则的计算机。目前，我国国学中的有关理论也好，我国语言学术刊物上成了主流的理论也好，跟我国语言应用的三大实践都存在衔接不上或者衔接不紧的问题。

（二）必须加强理论建树

缺乏理论的学科，不是坚挺的学科。现代汉语语法学目前缺少形成体系的较为成熟的理论，弱点十分明显。

理论创新的核心问题，是理论的本土化。理论的本土化包括外来理论的本土化和本土理论的提出与完善两大方面。

一方面，对国外语言学理论我们还要进一步加强引进工作，在引进的同时注意结合汉语事实来进行研究，使外来理论在汉语土壤里生根发芽，不断完善，逐渐成为能真正解决汉语语言事实的本土化理论。从目前的研究现状看，国内汉语研究主要借鉴了国外形式语法、功能语法以及认知语法的一些理论，研究成果看起来很丰硕，但是不少文章像贴标签一样，什么流行就一窝蜂地去做什么，真正有价值的理论构建很少，主要是用时髦新理论重新解释一些以往解释过的东西，对汉语研究没有多少实际意义。因此，如何加强外来理论的本土化工作应该引起整个汉语学界的重视。

另一方面，汉语学界还需要加强理论意识和自信，不断提出和完善本土理论。汉语学界一直以来对语言事实的发掘非常重视，对理论的探索、归纳与升华的工作相对而言做得较差。造成这种现象的原因，与缺乏理论意识和理论勇气有关。和事实描写相比，理论研究要求研究者不仅要对语言事实进行仔细的观察和积累，而且需要进行抽象的概括和统摄大局的规律性抽绎，这就对研究者的研究能力提出了较高的要求。但是，我们不能因此而满足于只引进和介绍国外理论，停留在"国外理论＋汉语例子"上面。

（三）必须处理好事实发掘与理论创新的关系

我们既要反对唯理论，也要反对唯实论。唯理论者片面追求理论创新，不愿花力气发掘事实，在进行理论建树时，对明明同理论相悖的反例听而不闻、视而不见；唯实论者认为理论是虚幻的东西，对理论不屑一顾。真正适合于我国语言文字的理论，最终只能产生在我国语言文字事实的沃土之上。研究植根于汉语泥土，理论生发于汉语事实，理论创新与事实发掘是辩证统一的源流关系，不是水火不容的对立关系。在汉语事实的发掘过程中，我们既要注意发掘显性的语言事实，更要注意发掘隐性的语言事实。我们虽然已经弄清楚了一些汉语事实，但是还有许多汉语事实我们还没有认识清楚甚至还根本没有注意到。汉语事实的发掘工作不是已经做得很好了，而是还远远不足。这种不足已经受到了来自理论和应用两大方面的严峻挑战。就理论而言，因为事实发掘不够，制约了外来理论与汉语事实的有效结合和本土化的进程；就应用而言，也是因为事实发掘不够，目前汉语研究的成果已经远远不能满足语言教学、汉语国际传播、中文信息处理等方面需要。而科学研究的最终目的都是为了应用，汉语研究也不应例外。因此，现代汉语语法研究不管是现在还是将来，都必须重视事实发掘。深化事实发掘就是要"从众多的事实中发掘出值得研究的事实，从值得研究的事实中发掘出规律性，从所得的规律中发掘出理论问题，总结出研究思路和研究方法。可以认为，汉语事实的发掘，是汉语研究的根基"[1]。

（四）必须处理好外来理论引进与汉化的关系

西方语言学在漫长的发展过程中产生了许多特色鲜明的学派，拥有明确、系统的指导思想。百余年来，没有外来理论的引进，便没有中国语言学的今天。对外来理论，我们永远尊重和欢迎。国外理论的"引进"和"汉化"，"引进"是先行阶段，重点在于把国外理论应用于汉语研究，举出若干汉语例子来进行演绎；而"汉化"，就是外来理论的中国化、本土化，是后续阶段，重点在于让国外理论在汉语事实中定根生发，使国外理论融入汉语研究的整体需求，从而建立起适合于汉语研究的理论和方法。这两个阶段都重要，但是最重要的还是要做好外来理论的汉化工作，多研究一些汉语的实际问题。如今，现代汉语语法研究已经有了一支庞大的队伍，但是，我们对现代汉语的了解程度还很不够，一些习以为常的语言现象我们常常不知道该如何去分析解说。比如，很简单的"数量词"（或叫"数量结构"、"数量短语"），我们完全弄清楚了没有？请看这样的例子：

（1）这一来，已有五七三十五柄长剑脱手。（金庸《神雕侠侣》第三回）

（2）伯父能一口气喊出满汉全席八八六十四道菜肴的名字。（尤凤伟《金龟》）

如果说"三十五柄"和"六十四道"是"数词＋量词"，好解释。然而，上例是"五七三十五柄"和"八八六十四道"，数词部分分别为"五七三十五"和"八八六十四"，已经是数词串了。这样的数词串是先用乘法然后说出总数。可是，从语法上说，它们的结构关系是什么？再看这个例子：

（3）杨过毫不容情，着着进逼，片刻之间，已连刺二九一十八剑。（金庸《神雕侠侣》第九回）

这里的数词串是"二九一十八（剑）"。为什么不说"二九十八（剑）"？汉语里常用"四字格"，这类数词串里却必须是"五字格"，那么，有没有什么规律性的东西可以挖掘出来？诚然，对汉语语言事实的追踪和深掘，会从理论上加深对汉语语法的了解。

---

[1] 邢福义：《我的治学经历与心迹》，载《湖北师范学院学报》（哲学社会科学版）2010年第3期。

（五）必须处理好理论传承与推陈出新的关系

任何理论都不可能包打天下，随着语言事实的不断挖掘，一些语言理论的假设很容易被证伪。今天的理论说来还头头是道，明天遇到反证时就会被一套新理论取而代之，让人觉得好像经不起时间的考验。实际上，理论的嬗变是一种常态，我们应该采取宽容的态度。理论要传承，但不要故步自封、墨守成规，而是要不断推陈出新，这样才能让理论永葆青春，更加贴近语言事实。比如"永远"这个词，各种词典上都标注为副词。然而，深入发掘语言事实，就可以发现问题并不那么简单。例如：

（4）在地震灾害中，地处深山峡谷地带的北川县城被夷为平地，1万多人不幸遇难。这成为总理心中永远的痛。（《人民日报》2011年5月11日）

（5）远征军广大官兵为捍卫民族尊严与人类和平而舍生忘死的献身精神，更给我们留下了一笔永远的精神财富。（《人民日报》2011年5月13日）

（6）爱心奉献在岗位，诚心服务到永远。（《人民日报》2010年8月11日）

（7）您高尚的情操、亲切的教诲、创立的伟业，是我们最好的遗产。我们儿孙将继承您的遗志，踏着您的足迹，一直走到永远永远。（《人民日报》2011年3月23日）这里出现的"永远"也是副词吗？应该用什么态度和方法来应对诸如此类的问题呢？

（六）必须自强自立，重视本土理论的建树

自强自立，是指不依成法，自力更生，自我创造。现代汉语研究，仅就语法而言，虽然发展速度很快，但至今仍然没有形成理论流派，距离真正成熟还需要很长一段时间。如果说，引进外来理论是发展的必要过程，那么创建本土理论便是发展的终极目标。中国语言学要真正做到同国际接轨，必须要能够跟国外理论平等对视，不能引进、引进、再引进，一味跟着跑，永远处于附庸地位。我们要有创建理论的学术自信，不能一提到理论就想到国外，一提到本土理论就显得不屑一顾。"只有一方面重视'引进提高'，一方面重视'自强自立'，二者相互补足，相互促进，形成良性循环，我们的语言学科才能真正发展起来。"[1]

（七）必须注意借鉴与吸收其他学科的研究理论和方法

我们在理论创新的同时，还要注意研究手段和方法的不断创新，科学发展在很大程度上得益于对研究对象的观察和分析手段的不断改进与提高。语言研究不仅要实现语言学内部各分支学科研究的紧密结合，更要实现语言研究与其他人文社会科学、自然科学的有机结合，充分利用各个学科的先进成果，为语言研究的发展提供新的思路、新的手段、新的方法。随着时代的发展，学科之间融合的趋势日益明显，

---

[1] 邢福义：《语言学科发展三互补》，载《汉语学报》2005年第2期。

哲学、数理逻辑、统计分析、认知学科、心理科学、计算机科学等方面的知识和研究成果现在都已经运用到语言研究中，而学科交叉必然会创建出一些新的研究手段和方法，这些研究手段和方法必将为事实发掘和理论创新开辟广阔的前景。

四、结　语

加强事实发掘与理论创新的良性互动，这是现代汉语研究走向成熟的必由之路。其结果，必能形成"务实创新"的大好局面，必能促进学术流派的形成。学术流派的形成，起码要具备三个条件：a. 开辟了富有特色的学术领地，有自己的"特区"；b. 提出了标志性的理论，有自己成套的研究方法；c. 显示了鲜明的治学特点，有上传下承并且日益壮大的穿越不同时期的学者队伍。现代汉语研究的深入，特别需要出现不同的学术派别。只要形成这样那样的学术派别，现代汉语研究一定会出现更加繁荣的局面。当然，学派的形成不是一件轻而易举的事情，必须经历一个很长很长的历史阶段，需要一辈接一辈的学者做坚持不懈的努力。只要汉语学界能够坚持正确的走向，现代中国语言学流派就一定会出现，现代汉语学也一定会在世界语言学研究中找到自己的一席之地。近来，有个在汉语语法研究上已经"占领了理论的制高点"的说法。对于这一说法，仍然需要保持清醒的头脑。事情并不那么简单，并不那么轻而易举。到底是不是真正的制高点，要受到具体环境的制约。在甲环境中可以"致胜"，在乙环境中却可能"致败"。请看《三国演义》（第九十五回）中的一段描述：

却说马谡、王平二人兵到街亭，看了地势。马谡笑曰："丞相何故多心也？量此山僻之处，魏兵如何敢来！"王平曰："虽然魏兵不敢来，可就此五路总口下寨；却令军士伐木为栅，以图久计。"谡曰："当道岂是下寨之地？此处侧边一山，四面皆不相连，且树木极广，此乃天赐之险也：可就山上屯军。"平曰："参军差矣。若屯兵当道，筑起城垣，贼兵总有十万，不能偷过；今若弃此要路，屯兵于山上，倘魏兵骤至，四面围定，将何策保之？"谡大笑曰："汝真女子之见！兵法云：凭高视下，势如破竹。若魏兵到来，吾教他片甲不回！"平曰："吾累随丞相经阵，每到之处，丞相尽意指教。今观此山，乃绝地也：若魏兵断我汲水之道，军士不战自乱矣。"

马谡拒谏失街亭，终于导致了孔明挥泪斩马谡。马谡的悲剧，就在于他自以为是，他所认定的"制高点"恰恰成为他的"致败点"。从这个小故事，我们也许可以得到某种启示！

（本文原刊于《汉语学报》2013 年第 3 期，署名：邢福义、谢晓明）

第二章　动词与宾语问题研究

"闻"的词义发展及其与"嗅"的共时比较

一、关于"闻"的词义的已有研究

关于"闻"的词义，学界从 20 世纪 60 年代开始就有了很多探讨。张永言（1960）认为，"'闻'这个词的本来意义是'听到'或'听见'，这从字形上就可以看得很清楚。到了现代汉语里，'闻'却只有'嗅'的意思，词义从听觉方面转移到嗅觉方面来了"。张文认为"闻"嗅觉义的产生不是在六朝，而是在西汉。张永言（1962）认为，"很难说'闻'的听觉义和嗅觉义究竟孰先孰后，至少不能说后者是晚起的新义"，并对"闻"的这一词义现象提出了三种可能的解释："第一，'闻'的意义最初兼包听觉和嗅觉两方面，以后才专用于听觉方面……再后来又从听觉转到嗅觉……中间经历了两个不同的阶段。""第二，在近代以前，'闻'的听觉义和嗅觉义之间的关系乃是一种共时的交替而非历史的演变。""第三，指听觉的'闻'和指嗅觉的'闻'来源不同。"傅东华（1962）认为"'闻'字始终都'兼包听觉和嗅觉两方面'"，并逐一否定了张永言提出的三种解释。殷孟伦（1962）也比较细致地论述了"闻"的听觉义和嗅觉义的关系，认为"闻"先是表听觉，然后在运用过程中"派生出'知道'、'传到'、'达到'等意义。至于转用而为嗅觉义，是较为后起的事了"。洪成玉（1989）认为"闻"的初义兼上达、闻知两义，感知声音、气味、事理等意义，是从闻知引申出来的。

以上研究主要讨论了"闻"的听觉义和嗅觉义的来源和关系，但各家的观点并不一致，见解歧出。因此，我们认为有必要对"闻"的词义发展做进一步的梳理，并在此基础上区分现代汉语中两个嗅觉动词——"闻"与"嗅"。

二、"闻"的词义发展

(一)"闻"的听觉义及其发展

罗书肆(1984)指出"闻"本义是"听见,听到",他调查了"闻"在《论语》和《孟子》中的使用情况。在《论语》中,"闻"出现了 58 次,作"听到"解 48 次。在《孟子》中,"闻"出现了 85 次,作"听到"解 79 次。从统计数据看,《论语》和《孟子》两书中,"闻"出现了 143 次,其中作"听到"解有 127 次。可见,先秦时期,"闻"的"听到"义是其基本义,最为常用。在魏晋以前很长一段时期内,"闻"主要表示"听到"这一感知的状态;表示"听"这种具体动作行为的动词一般用"听","听"与"闻"严格区分。例如:

(1)光曜不得闻,而孰视其状貌,窅然空然,终日视之而不见,听之而不闻,搏之而不得也。(《庄子》)

魏晋以后,"闻"用于表示感知气味的用法渐趋普遍,表示"听到"这种感知状态的词除了"闻"之外,还有"听得"和"闻得"。(洪成玉,1989)例如:

(2)听得歌声人尽笑,夜头旗帜晓头催。(崔致远《月颠》)

(3)子胥闻得此语,便与渔人看船。(《敦煌变文集·伍子胥变文》)

这表明"闻"从魏晋开始就和"听"一样,可以用来表示"听"这种具体的动作行为。

虽然"听得"、"闻得"都可以用来表示"听到"这种感知状态,但用例仍以"闻"为主。例如:

(4)常闻百鸟啼鸣,求归心切。(《花间集新注》)

(5)时太守死女闻琴声哀怨,起尸听之,来于景伯船外,发弄钗钏。(《敦煌变文集·搜神记一卷》)

(6)视之不睹其体,听之不闻其声。(《敦煌文集·降魔变文一卷》)

以上几例表明,唐五代时期"听"与"闻"的区分仍很严格。

宋元时期,"听得"与"闻得"的出现频率开始大增。《三朝北盟会编》中"听得"出现 4 例,"闻得"出现 8 例。《张协状元》中"听得"出现了 14 例,"闻得"出现了 4 例,而单音词"闻"表示"听到"仅出现 3 例。例如:

(7)使副答云:"来时听得契丹旧首在沙漠,已曾遣人马追赶,次第终须捉得。"(徐梦莘《三朝北盟会编》)

(8)某等答云:"韩世忠是淮南宣抚,闻得境上有军马,是他职事,不得不自为备。"(徐梦莘《三朝北盟会编》)

(9)极目荒郊无旅店,只听得流水潺潺。(南宋戏文《张协状元》)

(10)老夫闻得那张解元漾了浑家,要去赴试。(南宋戏文《张协状元》)

这一时期，"听到"之义一般不再使用单音动词"闻"表达，而用"听得"、"闻得"。《张协状元》中，"听得"的用例已经大大超过了"闻得"。可见"闻"虽然可用来表示"听"这一动作行为本身，但在与"听"的竞争中已渐处劣势。（徐俊霞，2003）

明清时期，"闻"的听觉义有进一步从"闻"的词义系统中消失的趋势。《金瓶梅》中"听得"出现了39例，"闻得"出现了15例。《清平山堂话本》中"听得"出现了71例，"闻得"只出现了1例。《杨家将》中"听得"共出现了44例，"闻得"只出现了4例。《孽海花》中"听得"共出现了34例，"闻得"只出现了6例。"闻"在这一时期的文献中虽仍可用来表示"听到"之义，但主要用于仿古语句中。

（二）"闻"的嗅觉义及其变化

张舜徽（1983）的《说文解字约注》认为"闻"的本义应为"知"，兼有知声音和知气味两义。洪成玉（1989）认为张文的看法不仅得《说文解字》训"闻"为"知"闻"的真意，而且还以"知"为经，疏通了"闻"的听觉义和嗅觉义的关系。

"闻"表嗅觉义从先秦开始就已存在。例如：

（11）王强问之，对曰："顷尝言恶闻王臭。"（《韩非子·内储说下》）

（12）龚王驾而往视之，人帷中，闻酒臭而还。（《吕氏春秋·权勋》）

但是这一时期的动词"闻"，主要表示一种嗅觉感知状态"闻到"，而不表具体动作，用于表示具体动作行为的嗅觉动词一般用"嗅"。

徐俊霞（2003）认为，表示"闻到"这种感知状态的"闻"和表示动作行为本身的"嗅"长期并存，直到元明时期，情况才开始发生变化。例如：

（13）狗子闻得又香又软，做两口吃了，先摆番两个狗子。（冯梦龙《喻世明言》）

（14）不语不言，闻着酒只推瞌睡，枉了降贼见识。（王实甫《西厢记》）

例（13）的"闻"后可以带上结构助词"得"和补语成分"又香又软"，表明"闻"是一种动作行为；例（14）的"闻"后可以带动态助词"着"，表示"闻"作为一种动作行为可以持续。这两例中的"闻"都是用来表示"嗅"这种动作行为的。

从宋元开始，随着"闻"可以用来表示"嗅"这一动作义，动词"嗅"的用例开始逐渐减少，"闻"开始逐渐取代"嗅"而成为嗅觉动词的核心词。不过"闻"表示"闻到"这种感知状态的用例仍比表示具体动作行为的用例要多。据徐俊霞（2003）的统计，《西厢记》中，"闻"表示嗅觉动作的有2例，表示闻到这种感知状态的有3例。

明代开始，"闻"用来表示嗅觉动作的用法在文献中已经比较普遍。例如：

（15）众僧都闻不得那臭，个个道"善哉！"（施耐庵《水浒传》）

（16）又把文字来鼻头边闻一闻道"果然有些老婆香！"（凌濛初《初刻拍案惊奇》）

这一时期，表示嗅觉感知状态一般用"闻得"。例如：

（17）合殿里只闻得一阵氤氤氲氲，非烟非雾，扑鼻的御炉香。（高明《琵琶记》）

"闻"表示"闻到"这种感知状态的用例比"闻得"要少。据徐俊霞（2003）的统计，《二刻拍案惊奇》中"闻"表示动作本身的有3例，表示感知状态的仅1例，"闻得"共有5例。而嗅觉动词"嗅"在《二刻拍案惊奇》中仅有1例，且是用在对举格式中，用来避免用词的重复。例如：

（18）翰林如痴似醉，把桌上东西，这件闻闻，那件嗅嗅，好不伎痒。（凌濛初《二刻拍案惊奇》）

可见，"闻"从明代开始已经成为主要的嗅觉义动词。

三、"闻"与"嗅"的共时比较

历时考察已经表明，动词"闻"与"嗅"存在竞争关系，那么，这种竞争关系在现代汉语里的共时表现又如何呢？以下我们主要从句法、语义两个方面进行比较。

（一）句法比较

1. 使用频率不同

我们对华中师范大学汉语语料库当代文学分库（约1 700万字）进行了检索统计，共收集到1 069例动词（或动词性）用法的"闻"，其中表听觉义127例，约占11.9%，表嗅觉义942例，约占88.1%，这表明动词"闻"在现代汉语里主要用于表嗅觉动作。在942例表嗅觉义的"闻"中，"闻到"有178例，"闻见"有55例，两者约占用例总数的25%，而"闻得"只有3例（"得"为补语标记的7例不计），与明清时期相比，"闻到"和"闻见"用于嗅觉感知的情况已经远远超过"闻得"。动词"嗅"共收集到224例，其中，"嗅到"出现了102例，"嗅见"出现了2例，两者约占用例总数的46%。使用频率表明，动词"嗅"单用表嗅觉动作已经远没有"闻"常见。

2. 句法表现不同

动词"闻"表听觉义的用例只有127例，主要出现在以下句法环境中。

A. 成语（熟语）中。如：闻鸡起舞、闻过则喜、闻所未闻、闻风而动、闻风丧胆、耳闻目睹、听而不闻、不闻不问等。

B. 一些相对固定的格式（如"久闻……"、"欣闻……"）和"所"字结构（"所闻"）中。例如：

（19）孙达得是个林业工人，所以对这位老人是<u>久闻</u>大名。（曲波《林海雪原》）

C. 与听觉器官名或表示声音类的名词性成分共现，一般是在"闻"前出现听觉器官"耳"或"耳朵"一类词语，"闻"后出现"声（音）"一类词语。例如：

（20）<u>耳闻</u>不如目见，这么风流的小媳妇，还戴花呢？（冯德英《苦菜花》）

（21）他身后的两喽啰<u>闻声</u>而动，俯下身劈劈啪啪抽了他一阵耳光，直打得他眼冒金花两耳轰鸣。（尤凤伟《金龟》）

在"闻"表听觉义的127例中，"闻声"有61例，"耳闻"有32例（含"耳闻目睹"6例），占用例总数的73.27%，表明此类用法最为常见。

D. 与动词"听"、"悉"（知晓之意）共现。例如：

（22）这期间有人联名上书呼吁，〇三所之外的朋友<u>闻听</u>了这场骚扰大为愤慨，他们都以各种方式支援，大概是这一切才促成了眼下的结局。（张炜《柏慧》）

（23）战胜的消息传得扬扬沸沸，猛一<u>听闻</u>这事，炎儿并未像多数人一样欢欣，也未像其余有亲参战的家属一般忧虑，毕竟那场战争离她实在太过遥远。（黑洁明《炎女》）

（24）<u>闻悉</u>老东山的儿子要从军，这使他们非常惊奇。（冯德英《迎春花》）

E. 直接带受事宾语，有些是仿古用法。例如：

（25）接着她就念出以下的文章来"常<u>闻</u>兄弟阋墙，每为孔方作祟；戈操同室，常因财产纠纷。"（赵树理《三里湾》）

"闻"表嗅觉义，可以单用 [如例（26）] 或叠用 [如例（27）]，可以带动态助词 [如例（28）]、带宾语 [如例（29）]、带补语成分 [如例（30）]，或与动词性成分"到、见、得"连用带宾语 [如例（31）、（32）]，例如：

（26）拿奶奶的肝去喂狼，狼都不<u>闻</u>！（欧阳山《苦斗》）

（27）说着拿起花在鼻子上<u>闻闻</u>，插到镜框上去。（雪克《战斗的青春》）

（28）他们睡下，开始还<u>闻</u>着湿泥土的气息，仰望天上的星星，耳边听着夏虫唧唧。（知侠《铁道游击队》）

（29）大醋桶，不要老是浸泡在醋海里，<u>闻闻</u>你身上一股酸醋味，真是有够小心眼的。（绿平《修罗的天使情人》）

（30）在老酒制造的梦里，自始至终都<u>闻得见</u>酒香。（白桦《淡出》）

（31）我想带门的时候<u>闻见</u>屋里的<u>血腥</u>味像草莓一样浓呛人。（苏童《井中男孩》）

（32）豆儿的感冒竟在头一晚被速效感冒胶囊治好了，没进家属区便<u>闻得恶臭</u>。（方方《白雾》）

"嗅"的句法表现与"闻"大体相同，也可以单用 [（如例（33）] 或叠用 [如例（34）]，可以带动态助词[如例（35）]、带宾语[如例（35）]、带补语[（如例（36）]，或与动词性成分"到、见"一起连用带宾语[如例（37）、（38）]。例如：

（33）宝地上的泥土是黑色的，拿到鼻子上一嗅，有青苍的香味。（梁斌《红旗谱》）

（34）蔡二来也向瓢里嗅嗅说："就是，可能是日子多了不淘瓮的原因。"（雪克《战斗的青春》）

（35）他嗅着那一股又腥又咸的凉风，仿佛有人血的味道，不觉用手捂住脸孔，唤地长叹了一声。（欧阳山《三家巷》）

（36）我有强烈的感觉，我在这些沉浸在阳光中的院落里遗失了什么，象遗留在屋里的烟味，看不见嗅得到。（王朔《玩儿的就是心跳》）

（37）他仿佛嗅到了身旁女子的弹性，弹性也有味儿，像香橡皮，香味能够触摸到。（魏润身《挠攘》）

（38）陪妈住院以后，因为老是在她身边转来转去，就嗅见她身上有股没洗净的汗味。（张洁《世界上最疼我的那个人去了》）

但是"嗅"与"闻"的句法表现也存在以下几点细微差别。

A."嗅"可以与表示辨别类或吸取类的动词性成分连用，"闻"没有这种用法。例如：

（39）因为姑娘以主妇的敏锐，从浓烈的野菜味中嗅辨出一种别的气味。（冯德英《迎春花》）

（40）他抽动鼻翼，嗅吸着一种似花香又似霉朽的气息，将脸移至枕上，这气息益发地浓重了。（廉声《月色狰狞》）

B."嗅"可以带受事宾语[如例（35）]、处所宾语和工具宾语这三种语义类型的宾语，而"闻"不能带工具宾语，所带宾语一般为受事宾语[如例（28）]和处所宾语[如例（29）]。"嗅"带处所宾语和工具宾语的用例如下：

（41）叔叔家的小花狗跟他多日不见，亲昵地跑到他跟前嗅他的鞋尖，他抬起脚来将它踢了个筋斗，然后低头步入后院。（李英儒《野火春风斗古城》）

（42）狼狗围着半尺高的一迭煎饼，在嗅着鼻子。（知侠《铁道游击队》）

因为嗅觉器官具有唯一性，"嗅"的工具宾语只有"鼻子"这一个名词性成分。我们在语料库中一共收集到12例"嗅鼻子"，可见"嗅鼻子"这种说法比较常见。我们推测这种用法与汉语方言的影响有关。比如在江淮官话中有一些地方（如南京、扬州等地）就有"嗅鼻子"这种说法。但有些方言里"嗅鼻子"不表嗅觉动作，而是指用鼻子使劲吸气，把鼻涕吸进去。

C."嗅"和"闻"所带动态助词也有细微差别。"嗅"后所带动态助词一般为"着"，带"了"一般是在"嗅了嗅"这种重叠形式中，带"过"的用例极少（仅见1例）。"闻"

带"过"的用例也比较少见（仅见2例），但带动态助词"着"、"了"都比较常见，且使用比例相当。

D."闻"和"嗅"虽然都可以叠用，但使用频率相差很大。比较如下：

表一

	VV	V了V	V一V	合计	百分比
闻（942例）	21例	11例	6例	38例	0.04%
嗅（224例）	15例	13例	3例	31例	13.84%

以上统计数据表明，"嗅"的叠用情况比较常见，占了总用例的13.84%，而"闻"的叠用情况并不多见，只占总用例的0.04%。

（二）语义比较

现代汉语里，"闻"既可以表听觉义，也可以表嗅觉义，而"嗅"只表嗅觉义。在表嗅觉义时，"闻"和"嗅"常对举并用。例如：

（43）在他身上常常<u>闻</u>到酒味，<u>嗅</u>到女人的脂粉香，而他又在用各种言词来掩饰。（杨沫《青春之歌》）

（44）他梳着她的发，极其轻柔的，然后撩起一绺黑发，凑到鼻端<u>嗅闻</u>。（黑洁明《炎女》）

例（43）"闻"和"嗅"对举使用，例（44）"闻"和"嗅"连用共现。这些用法表明二者在语义上有相同之处，都可用来表示嗅觉动作。

但是，我们发现"闻"和"嗅"在语义上还存在一些细微差别。

1. 施事主体不同

语料分析显示，"闻"表嗅觉动作，施事一般为人，施事为动物的情况不多见，在942例中只有6例施事为动物，且有4例是对举并用的情况。而"嗅"的施事既可以是人，也可以是动物，在224例中施事为动物的有49例，这表明"嗅"用于动物比较常见。

2. 感知状态不同

"闻"表嗅觉义，既可以表示动作行为 [主动感知，如例（27）]，也可以表示感知状态 [被动感知，如例（30）]。而"嗅"主要用于表示动作行为（主动感知），更突显动作性。例如：

（45）孟小姐从车门迈下时，<u>闻</u>到烧鸡的香味，她<u>嗅</u>了嗅鼻子，小贩发现她是个买主，提篮截住她喊了声"烧鸡"。（李英儒《野火春风斗古城》）

（46）故意吸口气去嗅，闻不到什么，不嗅时却满鼻都是，一下子染透身心。（余秋雨《文化苦旅》）

这两例都同时使用了"闻"和"嗅"，但这两个动词在语义上是有侧重的：例（45）中，"闻"是被动的嗅觉感知，后面的"嗅了嗅鼻子"则是一种主动的嗅觉动作；例（46）中，"嗅"前用"吸口气"使嗅觉动作更加具体化，后面的"闻"则是用来说明"嗅"这个动作所产生的感知状态。

"嗅"这种凸显动作性的语义特征在句法上也有相应的一些表现形式，如下：

A. 动词"嗅"可与表示辨别类或吸取类的动词性成分并用［如例（39）］，而"闻"没有这种用法。这是因为"嗅"与辨别类或吸取类的动词性成分在语义上是相容的，它们都表示具体的动作行为。

B. "嗅到"的使用频率之所以远高于"闻到"，与"嗅"表主动嗅觉动作的语义特征是相关联的。当"嗅"用于表达感知状态时，受自身语义制约，需要带上趋向补语标记"到"，而动词"闻"本身就可以表达感知状态，它带趋向补语标记"到"主要是一种韵律需求（实现双音化），没有语义表达上的制约那么严重，因而"闻到"的使用比例要远低于"嗅到"。

C. 动词"嗅"叠用的使用频率之所以远高于"闻"，也与"嗅"的这种语义特征相关。一般来说，动作性越强的动词，越容易叠用。（汪国胜、谢晓明，2009）

3. 隐喻义发展不同

"闻"和"嗅"隐喻义的发展不平衡。"嗅"隐喻义的发展比"闻"要丰富得多，它至少有"察觉、发现"和"调查"两种隐喻义，而"闻"的隐喻义则相对较少。例如：

（47）春梅的心刺痛了一下"傻妹妹，你哪知姐姐板脸为的什么呀……"她为春玲疼惜父亲而感动，但嗅到春玲的话里有不对头的成份。（冯德英《迎春花》）

例（47）中的"嗅"有"察觉、发现"之意。

四、结　语

本文在已有研究的基础上讨论了动词"闻"的词义发展过程，并比较分析了现代汉语中"闻"和"嗅"的句法语义差别。历时考察表明，"闻"在上古兼有听觉义和嗅觉义，以表听觉感知义为主。从魏晋开始，"闻"的嗅觉义开始得到发展，并在宋元时期开始取代"嗅"成为主要的嗅觉动词，而听觉义则因为听觉动词"听得"使用频率的增长而逐渐退化。在现代汉语中，"闻"以表嗅觉义为主，但仍有听觉义用法。表嗅觉义时，"闻"与"嗅"在句法语义上存在一些差别。句法上，"闻"的使用频率远高于"嗅"，且两者在带动态助词、带宾语以及叠用时都有明显的差别。"嗅"不但可以带受事宾语和处所宾语，还可以带工具宾语，可以与表示辨别类或吸取类的动词性成分连用，其叠用频率也远高于"闻"。语义上，"闻"的施事一般为人，而"嗅"的施事既可以是人，也可以是动物。"闻"既可以表示具体动作行为，也可以表示感知状态，而"嗅"更突显动作性，主要表示具体的动作行为。此外，两者隐喻义的发展也不平衡。

　　"闻"与"嗅"的共时差异只是这两个词语历时演变过程中的一个切面，透过这种差异我们看到，一个词语在发展演变过程中必然会受到其他词语的语义侵染，这种语义侵染的结果就导致了词义的扩大、缩小或转移，同时这种语义侵染也导致了同类词语在句法语义上的趋同性。

参考文献：

傅东华.关于"闻"的词义 [J].中国语文，1962（10）.

洪成玉，张桂珍.古汉语同义词辨析 [M].杭州：浙江教育出版社，1987.

洪成玉.释"闻" [J].北京师范学院学报，1989（5）.

侯博.汉语感官词的语义语法学研究 [D].南京：南京师范大学硕士学位论文，2008.

李荣.现代汉语方言大辞典 [M].南京：江苏教育出版社，2002.

罗书肆.略论"视"与"见"、"听"与"闻"及"嗅"与"闻"本义上的区别 [J].武汉大学学报，1984（1）.

汪国胜，谢晓明.汉语重叠问题 [M].武汉：华中师范大学出版社，2009.

徐俊霞."闻"的词义演变 [J].河南机电高等专科学校学报，2003（2）.

殷梦伦."闻"的词义问题 [J].中国语文，1962（11）.

张舜徽.说文解字约注 [M].郑州：河南人民出版社，1983.

张永言.词义演变二例 [J].中国语文，1960（1）.

张永言.再谈"闻"的词义问题 [J].中国语文，1962（5）.

　　（本文原刊于《汉语学习》2011 年第 6 期，人大复印资料《语言文字学》2012 年第 4 期全文复印）

饮食义动词"吃"带宾情况的历史考察

一、引　言

现代汉语里，饮食义动词"吃"作为一个 2 价及物动词，不但出现频率很高，而且带宾情况也非常复杂。一些学者已经注意到"吃"的一些带宾现象，比如"吃"的论元的动态特征（陶红印，2000），"吃食堂"这类结构中宾语与动词之间的语义关系（王占华，2000），"吃"在"吃喝"语义场中的历史演变情况（崔宰荣，2001），"吃～"类说法的文化探源（董为光，1995），等等，但是迄今尚未发现有学者对饮食义动词"吃"的带宾情况进行过历史的动态的考察。

本文主要从历史发展的角度来考察饮食义动词"吃"的带宾情况。为便于考察，我们把"吃"所带的宾语成分分为两类：a. 语义类。根据动词"吃"与宾语成分的语义关系进行分类，如：受事宾语、处所宾语、来源宾语、工具宾语等。b. 内容类。根据受事宾语所指事物的具体内容进行分类，把"吃"所带宾语分为"食物宾语 / 非食物宾语"两类，食物宾语又分为"固态 / 非固态"两种类型。下面我们根据这两种宾语分类，来分别考察饮食义动词"吃"带宾情况的历史变化轨迹。

二、语义类的历时变化情况

饮食义动词"吃"始现于西汉，在贾谊的《新书》中出现了 1 处用例。

（1）越王之穷，至乎吃山草。（贾谊《新书·耳库》）

南北朝时期，"吃"处于缓慢发展中，用例极其少见。在《世说新语》中只见 1 处用例。

（2）［罗友］答曰："友闻白羊肉美，一生未曾吃得，故冒求前耳，无事可咨。"（刘义庆《世说新语·任诞》）

以上两例中的"吃山草"、"吃（羊肉）"，宾语成分都是"吃"所直接支配的对象，可见，受事宾语是"吃"最早出现的宾语语义类型。

唐代，我们在《白居易集》（卷一至三十五）中找到了 3 例"吃"带宾语的用法："吃竹"，"吃汝"（"汝"指雁），"吃酒"。宾语语义上均为受事宾语。

到了唐五代，随着动词"吃"使用频率的提升，"吃"的受事论元的范围也迅速扩大。在《祖堂集》中，"吃"带宾语的用例情况有111例（"吃"不带宾语的情况只有22例）[1]，语义上均为动词的受事宾语类型。

宋元时期，"吃"所带受事宾语的范围继续扩大，但在我们所调查的文献资料中，仍然没有出现其他语义类型的宾语。

直到元末明初，才开始出现"吃"带非受事宾语的用法。我们在《水浒传》中发现"吃"带处所宾语和工具宾语的用例：

（3）武松、施恩两个一处走着，但遇酒店便入去吃三碗，约莫也吃过十来处好酒肆。（施耐庵：《水浒传》第二十九回，春风文艺出版社1994年版，第396页）

（4）但凡客商在路，早晚安歇，有两件事免不得：吃癩碗，睡死人床。（施耐庵：《水浒传》第二十九回，春风文艺出版社1994年版，第295页）

例（3）中的"吃过十来处好酒肆"是"吃"带处所宾语的用法，可以说成"在十来处好酒肆吃过"。例（4）中的"吃癩碗"是"吃"带工具宾语的用例，可以说成"用癩碗吃"。

同一时期，我们在《朴通事》中还发现了一例"吃"带来源宾语的用例情况。

（5）常言道：管山吃山，管水吃水。（《朴通事》）

上例中，"吃山"是"靠山吃饭"，"吃水"是"靠水吃饭"，"山"和"水"均为动词"吃"的来源宾语。

这些用例说明，在元明时期，"吃"的宾语语义类型的范围开始扩大，"处所"、"工具"、"来源"等一些非核心论元开始跟核心论元受事在句法上表现出相似性，可以出现在宾语的位置上，从而导致"处所宾语"、"工具宾语"、"来源宾语"等非受事语义类型的宾语的出现。但是，受事宾语类型仍是"吃"最主要的宾语类型，占有绝对优势地位。

直到18世纪，"吃"最典型的宾语语义类型都是受事宾语。在《红楼梦》一书中，受事宾语约占"吃"所带宾语总数的99%（754：764）。但是值得注意的是，其他语义类型的宾语也开始逐渐地增多，"吃"的论元范围在不断地扩展。在《红楼梦》中，除典型的受事宾语外，还出现了以下一些语义类型的宾语。

A. 来源宾语（5例）：

（6）算账时，却又是秦氏尤氏二人输了戏酒的东道，言定后日吃这东道。

（7）原来这倪二是个泼皮，专放高利债，在赌博场吃闲钱，专管打降酒。

---

[1] 陶红印（2000）依据柳田圣山（1980）《祖堂集索引》重新统计的数据得到"吃"的用例为138例，其中无受事为12例，带宾用法有126例。根据我们从语料库中检索得到的结果，与他的这一统计数据有一定的误差，当然，这种误差不影响其研究结论。

（8）我们怎么好稳吃三注呢？

（9）东省的地亩早已寅年吃了卯年的租儿了，一时也算不转来，只好尽所有的蒙圣恩没有动的衣服首饰折变了给大哥珍儿作盘费罢了。

（10）不知弄什么面印出来，借点新荷叶的清香，全杖着好汤，究竟没意思，谁家常吃他了。

例（6）"吃东道"是"靠东道吃"的意思；例（7）中的"闲钱"，例（8）中"三注"都是赌资，"吃闲钱"、"吃三注"都是"靠赌资吃饭"的意思；例（9）中"吃租儿"意为"靠租儿吃饭"，所带宾语均为来源宾语；例（10）中的"吃他"是"靠他吃"的意思，"他"是"吃"的来源和依靠，因此不能把"他"归入受事宾语中去。下例的情况与例（10）不同：

（11）贾琏在窗内接道："你可问他，倒象屋里有老虎吃他呢。"

例（11）中的"吃他"，"他"是动作行为所直接关涉的事物，可变换为"把他吃下去"，"他"是"吃"的受事宾语。

　B.方式宾语（2例）：

（12）他姐姐伏侍了我一场，没个好结果，剩下他妹妹跟着我，吃个双分子也不为过逾了。

（13）他两个倒替着在外书房住下，日间便与家人厮闹，有时找了几个朋友吃个车籦辘会，甚至聚赌，里头哪里知道。

例（12）中的"吃个双分子"就是"按双分子的方式吃"的意思，"双分子"语义上应分析为动词"吃"的方式宾语。例（13）中的"吃个车籦辘会"是"以轮流做东的方式请吃酒"的意思，"吃"所带宾语也是用来表示动作行为的方式的，这是一种形象的说法。

　C.结果宾语（1例）：

（14）这会子你怕花钱，调唆他们来闹我，我乐得去吃一个河涸海干，我还道不知道呢！

例（14）中的"吃一个河涸海干"的"河涸海干"是用来表示动作"吃"的一种结果状态的，"河涸海干"语义上可分析为动词"吃"的结果宾语。[1]

　D.目标宾语（2例）：

（15）姑娘们天天山珍海味的也吃腻了，这个吃个野意儿，也算是我们的穷心。

（16）刘姥姥笑道："这是野意儿，不过吃个新鲜。"

---

[1] 马庆株（1987）把"喝了个醉"、"扒了个赤条条"、"忙了个不亦乐乎"等由述语动词加"个"加形容词或成语构成的结构，看作动宾结构，宾语类型为状态结果宾语。本文采用了这一观点，认为"吃一个河涸海干"是动宾结构，宾语的语义类型为结果宾语。

例（15）中的"吃个野意儿"是"为了图个野意而吃"的意思；例（16）中的"吃个新鲜"是"为了图个新鲜才吃"的意思。"野意儿"和"新鲜"在语义上都应分析为动词"吃"的目标宾语。

此外，这一时期在《二十年目睹之怪现状》中我们还发现了动词"吃"带处所宾语的用法 [1]：

（17）后来，来了一个人，天天请他吃馆子。（吴趼人《二十年目睹之怪现状》第三十一回）

这些新出现的宾语类型说明，到 18 世纪，动词"吃"的论元随着"吃"的使用频率的提高，范围在不断地扩大，一些靠近动词核心论元的相关论元类型开始出现，如方式、来源、处所、结果、目的等论元类型均已在宾语位置上出现，虽然用例情况还不多见，但至少表明"吃"的论元在这一时期已有扩展的态势。

19 世纪，根据我们对《儿女英雄传》中"吃"所带宾语使用情况的考察，没有发现新的语义类型，受事宾语约占宾语总数的 98.8%（319：323），仍是动词"吃"主要的宾语语义类型。其他宾语类型的用例为：

（18）这个又说："放心哪，不吃你哟！"才见他拿下烟袋来，从牙缝儿里激出一口唾沫来，然后说道："不在那个，我明儿有差。"这个又问："说不是三四该着呢吗？"

（19）那县衙的一班官役巴不得地方上有事，好去吃地保，又可向事主勒索几文。

（20）那跑堂儿的先说："这我们怎么倒'稳吃三注呢'？"那女子说："别累赘！拿了去。我还干正经的呢？"

（21）老爷在任上吃了半年来的南席，又吃了一道儿的顿饭，乍吃着这些家常东西，转觉得十分香甜可口。

例（18）、（19）、（20）中的"吃你"、"吃地保"、"稳吃三注"均为动词"吃"带来源宾语的用例情况。例（21）中的"吃了半年来的南席"，"南席"指面南而坐的席位，是最为尊贵的座位，"吃南席"意为"吃官饭"，因此"南席"在语义上可分析为"吃"的处所宾语类型。

白话文运动后，"吃"的论元结构进一步扩展，一些非典型的论元类型在语言中开始增多。在《骆驼祥子》一书中，"吃"带受事宾语的用例有 104 例，约占 94.5%，虽然占有绝对优势，但是非受事宾语的用例也出现了 6 例，占宾语总数的 5.5%，所占比例比在《儿女英雄传》中要大。《骆驼祥子》中"吃"带非受事宾语的用例

---

[1] 刘复《释"吃"》中说："吃馆子中之酒饭曰'吃馆子'，此新语也。"他认为"吃馆子"这类说法是新出现的语言现象，恐怕有误。但却表明"吃馆子"这类说法到 20 世纪 30 年代仍然用例不多，为非典型的宾语类型。

情况如下：

A. 处所宾语（2例）：

（22）"没有！咱哥儿们，久吃宅门的，手儿粘赘还行吗？干得着，干；干不着，不干；不能拿人家东西！就是这个来呀？"（老舍：《骆驼祥子》，人民文学出版社2001年版，第108页）

（23）随着军官，她并没享福，可是军官高了兴，也带她吃回饭馆，看看戏……（老舍：《骆驼祥子》，人民文学出版社2001年版，第156页）

例（22）中的"吃宅门"意为"在宅门里吃"，例（23）中的"吃饭馆"意为"在饭馆里吃"，"宅门"和"饭馆"语义上均可分析为动词"吃"的处所宾语。

B. 来源宾语（4例）：

（24）"说说不要紧，都不是外人！"然后向大家低声的："孩子心重，甭提多么要强啦！媳妇也走了。我们爷儿俩傲吃这辆车……。"（老舍：《骆驼祥子》，人民文学出版社2001年版，第88页）

（25）咱们买两辆车赁出去，你在家里吃车份儿行不行？行不行？（老舍：《骆驼祥子》，人民文学出版社2001年版，第147页）

（26）"你瞧，"虎姑娘指给他一个椅子，看他坐下了，才说："你瞧，我今天吃犒劳，你也吃点！"（老舍：《骆驼祥子》，人民文学出版社2001年版，第48页）

（27）晚上愿意还吃我，六点以后回来，剩多剩少全是你们的；早回来可不行！听明白了没有？（老舍：《骆驼祥子》，人民文学出版社2001年版，第117页）

例（24）中的"吃这辆车"是"靠这辆车吃饭"的意思，例（25）中的"吃车份儿"是"靠车份儿吃饭"的意思，例（26）中的"吃犒劳"是"靠犒劳吃饭"之意，例（27）中的"吃我"是"靠我吃"的意思。动词"吃"所带宾语语义上均为来源宾语。

在老舍的另一部作品《四世同堂》中，"吃"带非受事宾语的用法共出现了10例：

（28）冠先生决定了请客，他就也决定了吃什么与吃哪个饭馆。

（29）买下它那么两三所小房，吃房租，房租越来越高啊！

（30）她托我给放放账，吃点利。

（31）大家庭本来就是今天我吃你，明天你吃我的一种算不清账目的组织。

（32）"我要是掉下来，就死吃他一口！反正弟弟吃哥哥，到哪里也讲得出去！"

（33）"万一老二真回来死吃一口呢？"……他知道，老二若真回来死吃他一口，倒还真是个严重的问题。

（34）提出的一个最妥当的结论：幼年吃父母；壮年，假若能当官，吃老百姓；老年吃儿女。

（35）我是所长！一家子人都吃着我，喝着我，就得听我的吩咐……

（36）我知道，你们吃着我，喝着我，惹出祸来，得我……

（37）大家平日吃着我，喝着我，到我有了困难……

例（28）是"吃"带处所宾语的用例；例（29）至例（37）是"吃"带来源宾语的用例。陶红印（2000）把这些宾语统称为"伪受事宾语"，认为它们基本上都属于（抽象的）工具类"伪受事"。陶红印的"伪受事"宾语实质上就是把它们统一看作受事宾语，但是把这些宾语笼统视为"工具类伪受事"，我们认为还有必要进一步讨论。我们认为这种处理事实上是扩大了工具类宾语的语义范围，而且，也不像陶红印（2000）所说的那样，"老舍的《四世同堂》这样的用例就很常见了"。事实上，这一时期"吃"带这类宾语的用例情况还不多见，在《四世同堂》中约占"吃"所带宾用例总数的7%（10：149）。结合《骆驼祥子》的用例情况，我们更能看清这种实际情况。

即使到了20世纪下半叶，受事宾语仍然是动词"吃"最为典型的宾语语义类型。以《王朔文集》（第1—4卷，华艺出版社1994年版）为例，受事宾语约占"吃"所带宾语总数的99.2%，占据了绝对的优势，其他语义类型的宾语只有10例。其中：

A. 来源宾语（6例）：

（38）我知道，你们一开始是没想吃老邱，光惦记着搓老蒋。（《橡皮人》，载《王朔文集·挚情卷》，华艺出版社1994年版，第116页）

（39）他对我说："这有什么不好意思的？哥们儿！丫有钱就吃他！"（《许爷》，载《王朔文集·挚情卷》，华艺出版社1994年版，第116页）

（40）喝，你还挺有骨气，吃了我十多年了，这会儿不吃嗟来之食了……（《我是你爸爸》，载《王朔文集·矫情卷》，华艺出版社1994年版，第354页）

（41）起码你可以吃他一顿，既然人家盛情难却。（《痴人》，载《王朔文集·谐谑卷》，华艺出版社1994年版，第229页）

（42）"走，里边说。"经理挥了把泪请众人入内。"好歹来吃我的也都是中国人，我也聊以自慰，没胖老外。"（《千万别把我当人》，载《王朔文集·谐谑卷》，华艺出版社1994年版，第333页）

（43）领导也只知道我有慢性肺炎，长期休养，再过一个月，就该吃劳保了。（《一半是火焰，一半是海水》，载《王朔文集·纯情卷》，华艺出版社1994年版，第140页）

B. 处所宾语（4例）：

（44）那些天，我正好有钱，带着于晶走街串巷吃雨后春笋般在北京开张的各帮菜馆。（《浮出水面》，载《王朔文集·纯情卷》，华艺出版社1994年版，第214页）

（45）……别说吃你几个方便面，跟你们说实话，我要把这话嚷嚷出去，老子在城里吃馆子都不要钱。（《千万别把我当人》，载《王朔文集·谐谑卷》，华艺

出版社 1994 年版，第 287 页）

（46）是没什么，问题是我根本没跟人去逛过、吃过西单。（《修改后发表》，载《王朔文集·谐谑卷》，华艺出版社 1994 年版，第 483 页）

（47）南希吃遍了京城的大饭店，不爱吃川菜，对粤菜很上瘾。（《谁比谁傻多少》，载《王朔文集·谐谑卷》，华艺出版社 1994 年版，第 544 页）

上述情况表明，动词"吃"的论元结构虽然随着动词"吃"使用频率的提高，有进一步扩大的趋势，但是直到现在，其扩展情况仍极为有限，除了与典型受事论元较为接近的"来源"和"处所"论元的用例开始增多外，其他语义类型的论元还处于偶现状态，实际出现的用例情况并不多见。

通过上述考察，我们认为：

A. 受事宾语是动词"吃"所带宾语中最为典型的语义类型，它不但出现时间最早，而且使用情况最多。

B. 较早出现的非受事宾语类型为来源宾语和处所宾语，这与儿童习得动宾结构的先后情况大体是一致的。儿童首先习得"V＋O$_{受事}$"用法，在 1.5 岁左右，且最为常见。稍晚又习得"V＋O$_{处所}$"和"V＋O$_{来源}$"的用法，结果宾语虽有用例出现，但并不多见。其他宾语均在 2 岁或稍晚才出现。（参看周国光，1997；储泽祥，2000）

C. 动词"吃"的论元结构虽有扩展的趋势，但是这种扩展是一种缓慢的发展过程。而且扩展后的论元类型不可能与核心论元受事产生冲突，总是在核心论元受事和动词语义的影响下一步一步地进行扩展。

D. 动词"吃"带宾语的历史发展过程表明：动词使用频率的高低，直接影响了论元结构的扩展和变化。一般说来，高频动词的论元结构的扩展比低频动词的论元结构的扩展速度相对要快一些，宾语的语义类型也相对要复杂一些。使用频率低的动词，其宾语类型相对要简单一些，而且一般为一些较为固定的动宾搭配。

三、内容类的历时变化情况

唐五代以前，"吃"所带宾语 [如例（1）的"草"、例（2）的"羊肉"] 在语义上均含有 [＋固态]、[＋可食物] 这两个语义特征。这表明，饮食义动词"吃"刚出现时所带宾语一般为固态可食物名词。

到了唐代，饮食义动词"吃"所带宾语的内容开始出现变化，表现在：

A. 宾语成分既可以是固态可食物，也可以是液态可食物。在《白居易集》（卷一至三十五）中，动词"吃"所带的 3 例受事宾语从内容上看，固态可食物 2 例（"竹"、

"雁"），液态可食物1例（"酒"）。

B.宾语成分一般是可食物名词，但也开始出现非食物性名词作宾语的用例。例如：

（48）却笑吃亏隋炀帝，破家亡国为谁人？（杜牧《隋苑》）

（49）汉高新破咸阳后，英俊奔波遂吃虚。（孙棨《题刘泰娘舍》）

例（48）的"吃亏"和例（49）的"吃虚"意思都是"空无所获，受了损失"之意。这种"吃"带非食物性名词作宾语的用例情况在唐代还不多见，这说明，在唐代"吃"以带可食物名词作宾语为主。

到了五代，"吃"所带受事宾语的用例增多，宾语所指内容也进一步扩展。《祖堂集》中，"吃"带食物性宾语约占90.1%（99：111），非食物性宾语和其他宾语只占了9.9%（其中有2例为疑问代词做宾语的情况）。可见，这一时期，食物性宾语是"吃"所带受事宾语中最常见的宾语小类。在"吃"所带的宾语中，宾语为固态食物的有56例，约占宾语总数的50.5%，宾语为非固态食物的有44例，约占宾语总数的39.6%。这表明，这一时期"吃"带非固态食物名词作宾语的情况已经比较常见。《祖堂集》中"吃"所带非固态食物宾语里出现了1例宾语为气态事物的用例：

（50）对曰："虽在彼中，不曾上他食堂。"师曰："不可口吃东西风也。"

例（50）中的"吃东西风"犹今言喝风，这是一种比喻性的说法。

以上情况表明，动词"吃"发展到唐五代时，其带宾情况已开始变得比较复杂，不但可以带食物性宾语，还可以带非食物性宾语，不但可以带固态食物名词作宾语，还可以带液态食物名词作宾语，甚至还可以带气态事物名词作宾语。

宋元明时期，"吃"带非食物性名词作宾语的比例有逐步上升的趋势。以《张协状元》、《新校元刊杂剧三十种》和《水浒传》的用例情况为例：

	食物性宾语	非食物性宾语
（宋）《张协状元》	25例（78.1%）	7例（21.9%）
（元）《新校元刊杂剧三十种》	39例（68.4%）	18例（31.6%）
（明）《水浒传》	422例（58.8%）	296例（41.2%）

在这三本书中，动词"吃"带非食物性宾语的用例占宾语总数的比例依次递增，成为一种比较常见的用法。

在食物性宾语中，宾语为非固态食物的比例在这一时期也越来越高，宾语为固态食物的比例反而出现了下降的趋势。以《张协状元》、《新校元刊杂剧三十种》和《水浒传》的用例情况为例：

	固态食物宾语	非固态食物宾语
（宋）《张协状元》	22例（68.8%）	10例（31.2%）

（元）《新校元刊杂剧三十种》	20 例（51.3%）	19 例（48.7%）
（明）《水浒传》	168 例（39.8%）	422 例（60.2%）

这一时期，动词"喝"已经开始在书面语中出现。在语言表达中，出现了"吃、饮、喝、呷"等可表饮用义的动词在汉语书面语中同时并存的局面。但是，动词"喝"的用例还不多见，"饮"是主要的饮用义动词，用例情况比较常见。在语言使用中，这一时期"吃"与"饮"带液态事物名词作宾语的用例情况大体相当。以《张协状元》、《新校元刊杂剧三十种》和《水浒传》中"吃"和"饮"带液态事物名词作宾语的用例情况为例：

	吃	饮
（宋）《张协状元》	10 例	9 例
（元）《新校元刊杂剧三十种》	19 例	29 例
（明）《水浒传》	154 例	149 例

出现这种情况的原因之一与"饮"的使用情况有关。在书面语中已经存在了上千年时间的动词"饮"，这一时期已经开始与口语渐渐相脱离了，这种脱离必然要求有相应动词来表达。而古文运动以后，动词"吃"的用例在书面语中开始大量出现，另一个饮用义动词"喝"在宋代也开始在书面语中出现，书面语中出现了多个饮用义动词并存的局面。"喝"因为才出现，不可能一下子成为常用词语，这就为另一个在口语和书面语中都已经很常用的动词"吃"提供了与非固态事物名词大量组合的可能性。而这一时期，动词"饮"所带宾语事物的范围已经逐渐在缩小，"饮"用于"饮酒"的情况占了"饮"带宾用例的绝大多数。以《张协状元》、《新校元刊杂剧三十种》和《水浒传》的用例情况为例：

	饮酒	"饮"带宾总数	百分比
（宋）《张协状元》	6 例	9 例	66.7%
（元）《新校元刊杂剧三十种》	24 例	29 例	82.8%
（明）《水浒传》	149 例	149 例	100%

（注："饮酒"的统计数目包括了形象说法的用例，如："饮苦醑"、"饮琼浆"等，也包括了"饮＋数量宾语"用来表"饮酒"义的例子。）

数据表明，"饮"已经慢慢趋向于专与"酒"（包括"酒"的一些形象说法）组合。可见，到了宋元明时期，"饮"虽然还有不少用例，但是这些用例的书面语性极强，"饮"已经开始从一个核心词向非核心词过渡，这一现象为"吃"与非固态事物名词的组合提供了现实性。出现这种情况的另一原因是"吃"的一些常用组合（如"吃酒"）与人的日常生活紧密相关，搭配已经相对稳定，因而出现的用例情况较多。

以《张协状元》、《新校元刊杂剧三十种》和《水浒传》的用例情况为例：

	吃酒	吃＋O$_{液态}$	百分比
（宋）《张协状元》	7 例	10 例	70%
（元）《新校元刊杂剧三十种》	11 例	19 例	57.9%
（明）《水浒传》	213 例	254 例	83.9%

数据表明，宋元明时期，"吃酒"的用例占"吃"带液态事物名词作宾语用例的百分比很高，这种情况也间接增加了"吃"带非固态宾语用例的数量。

到了清代，情况有了新的变化。"吃"带食物性宾语的用例又开始逐渐增多，带非食物性宾语的用例开始慢慢减少。以《红楼梦》和《儿女英雄传》中的用例情况为例：

	吃＋O$_{食物}$	吃＋O$_{非食物}$
（18 世纪）《红楼梦》前八十回	554 例（81.4%）	127 例（18.6%）
《红楼梦》后四十回	105 例（77.8%）	30 例（22.2%）
（19 世纪）《儿女英雄传》	276 例（86.8%）	42 例（13.2%）

可见，到了 18、19 世纪，动词"吃"带食物性宾语的用法又占据了优势地位。

这一时期，食物性宾语的构成也出现了一些变化，固态食物宾语的比例开始增大，非固态食物宾语的比例开始缩小。以《红楼梦》和《儿女英雄传》中的用例情况为例：

	吃＋O$_{固态食物}$	吃＋O$_{非固态食物}$
《红楼梦》前八十回	252 例（45.5%）	302 例（54.5%）
《红楼梦》后四十回	87 例（82.9%）	18 例（17.1%）
《儿女英雄传》	208 例（75.4%）	68 例（24.6%）

统计表明，在《红楼梦》前八十回中"吃＋固态食物宾语"的用例较《水浒传》中的用例百分比（39.8%）有所上升，在后四十回中已经达到 82.9%，在《儿女英雄传》中为 75.4%。"吃"带固态食物宾语的用例在这一时期又成为典型用法。与此相反，"吃＋非固态食物宾语"的用例开始下降，且下降速度较快，从《水浒传》中的 65.1%，到《红楼梦》前八十回的 54.5%，到后四十回的 17.1%，再到《儿女英雄传》中的 24.6%（《儿女英雄传》中非固态食物宾语包括了 30 例"吃烟"的用例情况，如果只计算液态可食物，百分比约为 13.8%），"吃＋非固态食物宾语"的用例越来越少。出现这种现象的原因与 18、19 世纪动词"喝"的使用频率开始迅速提升有关。"喝"在《红楼梦》前八十回中共出现了 90 例，与"吃"带非固态食物宾语的用例相比，比例为 1∶3.4（90∶302），"吃"在这一时期仍然是最主要的饮用义动词，

在后四十回中，"喝"出现了130例，与"吃"的用例相比，比例为7∶2.1（130∶18），在《儿女英雄传》中"喝"出现了158例，与"吃"的用例相比，比例为2.3∶1，如果只计算液态宾语，比例为4.2∶1，"喝"开始成为最主要的饮用义动词。"喝"带非固态食物宾语用例的增多，导致了"吃"带非固态食物宾语用例的减少，二者开始逐渐出现分工。

19世纪开始，"吃"带非固态食物宾语的用例中出现了"吃烟"的用例。例如：

（51）"老弟说那里话，着实受乏了，改日我再亲去奉拜，先叫我小子登门道之去。"说着，让他喝茶吃烟。（文康《儿女英雄传》）

在《儿女英雄传》中，"吃烟"一共出现了30次，约占"吃＋非固态食物宾语"总数的44.1%（30∶68），但是，在《儿女英雄传》中没有发现一例"抽烟"或"吸烟"的用例。

白话文运动后，"吃"所带受事宾语的用例情况有了进一步的变化。在《骆驼祥子》中，非食物性宾语和其他宾语的比例约占宾语总数的29.1%，宾语事物的所指范围进一步扩展，而且，许多用例在意义上已经比较凝固，如"吃亏"、"吃力"、"吃心"、"吃累"等（朱德熙把这类词语称为述宾式复合动词）。食物类宾语仍然是动词"吃"最典型的受事宾语类，约占总数的70.9%。但是，"吃"带非固态食物名词作宾语的用例却只出现了4例，其中3例为非典型食物"烟"，1例为介于固态与液态食物之间的"粥"，比例上约占整个受事宾语的3.6%，占食物性宾语的5.6%，已经远远少于《儿女英雄传》中的用例。再往后，我们在《王朔文集·矫情卷》中只发现了两例"吃"带非固态食物宾语的用例，均为"吃醋"，这种组合已经产生了特殊的引申义，语义已经比较凝固。"吃烟"这一说法也在减少，"吸烟"、"吸鸦片"、"吸烟卷"、"吸黄狮子"等说法在《骆驼祥子》中共出现了9例，超过了"吃烟"（3例）的用例，而在《王朔文集·矫情卷》中我们没有发现一例"吃烟"的说法。这些情况表明，到20世纪下半叶，动词"吃"在汉语普通话中用来带非固态食物名词作宾语的用例已经越来越少。

根据宾语内容的变化轨迹，我们可以大致看到动词"吃"所带宾语事物的形态变化过程如下：

A. 饮食义动词"吃"所带受事宾语的所指范围在历史发展过程中经历了从食物类名词到非食物类名词，食物类名词又经历了"固态食物名词→固态、非固态食物名词并存→以固态食物名词为主"这样一种发展轨迹。

食物性受事宾语是动词"吃"所带各类宾语中最典型的宾语类型。在食物性受事宾语中，宾语为固态食物的用例情况，总体上是占优势的，在现代汉语中，更是占据了绝对的优势。

B. 动词"吃"带非固态食物名词作宾语的用例情况经历了一个波形的发展轨迹：从唐代开始出现了这种用例，经过五代、宋元，到明代发展到高峰，"吃"一度成为一个主要的饮用义动词。从 18 世纪开始，由于另一个饮用义动词"喝"的大量出现，"吃"与"喝"的带宾情况开始出现分工，"吃"带非固态食物名词作宾语的用例比例开始迅速下降。白话文运动后，除了一些相对固定的搭配（如"吃酒"、"吃醋"等）外，"吃"所带食物性受事宾语中已经基本上没有非固态食物名词作宾语的用例情况。

参考文献：

崔宰荣. 汉语"吃喝"语义场的历史演变 [C]// 语言学论丛（第二十四辑）. 北京：商务印书馆，2001.

董为光. 汉语"吃~"类说法文化探源 [J]. 语言研究，1995（2）.

刘钧杰.《红楼梦》前八十回与后四十回言语差异考察 [J]. 语言研究，1986（1）.

陶红印. 从"吃"看动词论元结构的扩展 [J]. 语言研究，2000（3）.

王占华. "吃食堂"的认知考察 [J]. 语言教学与研究，2000（2）.

谢晓明. 相关动词带宾语的多角度考察——"吃""喝"带宾语个案研究 [D]. 长沙：湖南师范大学博士学位论文，2002.

张云秋，王馥芳. 概念整合的层级性与动宾结构的熟语化 [J]. 世界汉语教学，2003（3）.

周国光. 汉语句法结构习得研究 [M]. 合肥：安徽大学出版社，1997.

朱德熙. 语法答问 [M]. 北京：商务印书馆，1985.

（本文原刊于《古汉语研究》2007 年第 4 期，略有改动）

管控动宾超常搭配的若干句法因素

一、引　　言

邵敬敏（1997）认为"两个词语如果能够组合成一个语言结构，那么，它们必定具有某个或某些相同的语义特征，否则两者是无法进行组合的"。这种说法有一定的道理，但是却不好用来解释下面这个例句中的"吃 X"类句法组合：

（1）盖茨时代的最大特征是什么？阿虫笑笑问；我严肃认真又不无卖弄地答：就是每个人都敢说——我可以！就兴吃脑子吃点子吃胆子吃网络，除此还得敢吃别人不敢吃的……（巫国明：《等待地铁》，载《青年文学》2002 年第 10 期，第 23 页）

例（1）中的"脑子"、"点子"、"胆子"、"网络"这类词语与动词"吃"之间没有可以兼容的语义特征，为什么却可以组合在一起呢？可见，虽然词语之间的语义兼容对词语搭配具有重要的影响，但是，由于汉语是一种意合型语言，词语之间搭配的语义意合度较强，所以一些在语义上互不兼容的词语，在句法的管控作用下，也可以临时组合在一起，构成一个合乎语法的结构。（谢晓明、王宇波，2007）

本文主要探讨句法因素对词语搭配的管控作用，文章选择以不及物动词"跑/走"的带宾情况为例来进行研究，因为不及物动词一般不带宾语成分或不能带受事成分作宾语，带宾用法受句法因素的管控比较显著。[1]

二、对举手段的管控作用

本文所指的"对举"是指在同一小句或复句内把两个字数相等或相近、结构相同或相似、语义相反或相对的小句构件或小句进行对比和列举。在对举情况下，一

---

[1]　当然，句法因素对动宾超常搭配的影响既不是唯一的，也不是首要的，动词与概念之间的常规语义关系的建立对动宾超常搭配的影响更为重要。某些语义类的宾语成分由于和动词搭配的频度较高，会逐渐建立起常规语义关系，并进而形成相对稳定的语义槽，这种语义槽对动词与此类宾语成分的搭配具有促成作用。动词"跑/走"带目的宾语的用例在现代汉语里比较多见，根据我们对华中师范大学汉语语料库的调查统计，在 2 000 万字的语料中共出现了 139 例"跑"带目的宾语的现象（如"跑销售、跑项目、跑贷款、跑工作"等），这表明"跑/走＋目的宾语"这种语义槽具有较强的生成性。在这种语义槽影响下，动词与宾语成分之间的超常搭配现象可以不受句法因素的影响而直接生成。

些原本不能搭配的词语，因为受对举这种句法手段的影响变得可以临时性地组合在一起。

我们对 83.6 万字的中小学语文课文的语料进行检索后发现，包含"跑/走＋N"的对举结构共有 22 例，很多不能在常规句法结构中组配的"跑/走＋N"结构，在对举手段下都能组合，可见对举手段是促成动宾超常搭配的一个重要的句法手段。

本文从结构类型上将对举格式划分为两类：一类是小句构件与小句构件的对举式（本文称为"构件对举"）；另一类是小句与小句的对举式（本文称为"小句对举"）。

A. 构件对举。"构件对举"是指在同一小句内，结构相同或相似、语义相反或相对的小句构件之间的对举形式。例如：

（2）那个弟弟从生下来到死，几乎都是她抱、她背、她搀着<u>走东走西</u>。（陆文夫《人之窝》）

（3）<u>走千走万</u>，不如淮河两岸。（戴厚英《流泪的淮河》）

（4）总觉得，船<u>走顺水</u>比<u>走戗水</u>顺利得多，也犯不着去找那个麻烦。（梁斌《红旗谱》）

（5）看来他是个很有<u>穿山走林</u>经验的人。（彭荆风《驿路梨花》）

（6）老师执意要去感谢，星期天上午，她们走出了校门，娉娉婷婷地<u>走家访户</u>，都不在。（余秋雨《文化苦旅·牌坊》）

（7）一下车，他就<u>走街串巷</u>，到处张贴，最后连底稿都贴上了。（《东方今报》2005 年 10 月 15 日）

以上几例，"走＋N"单说时都不能成立，但是当它们进入对举结构的小句，同另一个"VN"结构的构件单位形成对举格式后，就可以成立了。例（2）中"走东"、"走西"对举，例（3）中"走千"、"走万"对举，例（4）中"走顺水"、"走戗水"对举，以上对举式都属于同一类。这一类对举式的两个对举项的动词都是相同的，格式可以简化为"VN_1VN_2"。例（5）"穿山"和"走林"对举，例（6）"走家"和"访户"对举，格式可以简化为"$V_1N_1V_2N_2$"，这一类对举结构强制性要比前一类强，某些已经固化为成语，如例（7）的"走街串巷"。这两类对举式有共同点，构件对举结构的对举项都是双项的，前项和后项在语义上密不可分，有的甚至前项和后项的搭配是凝固的，缺少其中任何一个，另一个都不能单独成立。刘云（2006）把对举形式分为"强制性对举式"和"非强制性对举式"，并指出"'强制性对举式'一般由两个对举项构成，一般而言不能少也不能多，而且前项和后项是粘着的"。一般来说，促成动宾超常搭配成活的"构件对举"都是强制性对举式，以上各例都是强制性对举格式。

B. 小句对举。"小句对举"是指在同一复句内，结构相同或相似、语义相反或相对的小句之间的对举形式。如：

（8）她走她的独木桥，我走我的阳关道。（周而复《上海的早晨》）

（9）老实说吧，我手膀伸出来好跑人，脚髈伸出来好跑马，什么世面没有见过呀！游街，游街有什么可怕……（陆文夫《人之窝》）

小句对举式中的两小句通常都是形成对照关系的并列句。如例（8）中"她"与"我"，"她的独木桥"与"我的阳关道"形成对照，例（9）中的"手膀"与"脚髈"，"人"与"马"形成对照。

小句对举式中的两个小句也可以是平列关系并列句。例如：

（10）一路上踏着软软的衰草，一会儿走田埂，一会儿走沟畔，不知不觉就是十里八里。（《吴伯箫文集·猎户》）

（11）有谁从小康人家而坠入困顿的么，我以为在这途路中，大概可以看见世人的真面目；我要到 N 进 K 学堂去了，仿佛是想走异路，逃异地，去寻求别样的人们。（鲁迅《呐喊·自序》）

小句对举式中的两个小句也可以是选择关系并列句。例如：

（12）您要想走黑道咱就陪着您走黑道，您要想走白道咱陪着您走白道，但是，今天您不把钱拿够您就呆在这里吧。（莫言《红树林》）

小句对举式一般指两个小句之间的对举形式，但是也可以有三个或三个以上的小句构成的对举格式。例如：

（13）狼走岭脊，狐走山腰，獾走沟底。（《吴伯箫文集·猎户》）

（14）我走旱路坐车，走水路坐船，走泥路坐橇，走山路坐轿。（鲁迅《理水》）
例（13）是由三个小句组成的对举格式，例（14）是由四个小句构成的对举格式。

对举式如果出现在分配句中，对句法组合具有较强的强制性。例如：

（15）桥长 50 多米，有 9 米多宽，中间行车马，两旁走人。（小学语文第六册《八角楼上》）

（16）他的两挂胶皮轱辘车，一挂跑县城里，一挂跑一面坡（"一面坡"是松江珠河县的一个市镇），忙了六天了。（周立波《暴风骤雨》）
这两例都属于"对举式分配句"[1]，是典型的小句对举形式。分配句的一个特点就是动词不带"着、了、过"等时体助词，这也是对举式分配句中动宾超常搭配强制性的一种句法表现。这种格式中，两小句的施事或受事的典型性不强，两个分句的主宾成分可以互换，例如上面的两例就可以变为"车马行中间，人走两旁"，"县城里跑一挂，一面坡跑一挂"，并且由于是对举式分配句，动词的动作意义已经消弱，

---

[1]　关于"对举式分配句"，详细参看沈家煊（1999：213）。

动词也可以省略而不影响分配义，如"车马中间，人两旁"，"一挂县城里，一挂一面坡"，可见在对举式分配句中动词对宾语的支配进一步减弱，这也进一步促成了动词与宾语的超常组合。

"构件对举"与"小句对举"相对而言，前者对句法具有更大的强制性，对动宾超常搭配有更强的促成性。小句对举式中，"对举式分配句"的强制性是最大的，对举标通常不能随意更换，小句联结后再形成的小句对举式，强制性最弱。

对举手段对超常搭配的促成作用主要表现在以下几个方面：

A. 对举能够增强句法功能。刘云（2006）就认为有些不及物动词通过对举后可以带宾语。我们认为这主要是由对举式的结构强制性促成的。

B. 对举能够突破常规句法格局，形成特殊句式，比如具有很强句法强制性的对举式分配句。

C. 对举结构可以形成句法省略和移位，在常规句法结构中，动词通常要通过某些介词或动态助词的引导才能和某些语义类型的宾语组合，但是在对举式中存在大量的省略现象，动词后面的动态助词或引导名词性宾语的介词等虚词被省略后，或者在对举结构的强制作用下，动词前面的状语成分移位到动词后面，然后再省略介词等虚词，促成动词和宾语的直接组配。之所以能够省略某些时量成分，刘云（2006）认为是因为对举结构具有"显时、显量"的功能。对举式"显时、显量"的句法功能同样促使了动宾超常搭配的成活。

三、省略和移位的管控作用

动词"跑/走"和某些语义类型的宾语组合时，通常需要在动词后面添加补语或时量成分，如"跑到上海，走出前门，走了一个排，走过小巷"等，动词与名词性成分之间的补语或时量成分，在某些小句中可以省略或删除，从而形成动宾直接组合的超常搭配，同时我们发现移位通常伴随省略一起发生。

石毓智（2003）指出"古人概念化动作行为时，包含有指示地点方位的信息，该信息相当于现代汉语中的介词功能，因此可以直接带上地点宾语。现代汉语相应的动词概念则一般不包含这些信息，因此不能直接带上地点宾语，需要利用合适的介词来引进"。本文通过对"走"带宾语的历史考察就发现，在魏晋南北朝之前"走"通常都是和表示地点的处所宾语组合，在此之后就出现用介词或趋向动词来引导地点宾语的现象。蒋绍愚（2005）也指出敦煌变文中"有很多'走'处在'走＋V＋L'的结构中，'V'是表到达或趋向的动词，'L'是处所名词，如：'走到L'、'走至L'、'走向L'、'走入L'等"。因此"走"带宾语的语法格式的变化为：

"走＋O"→"走＋Pre＋NP"/"Pre＋NP＋走"。这一格式变化是指古汉语的"走＋O_{处所}"在现代汉语中有两种变式：A式"走＋Pre＋NP"，B式"走＋Pre＋NP"。这两种格式通过省略或移位都可以构成动宾超常格式。格式A只要删除介词或趋向动词就可以形成"走＋O"形式的句法组配；格式B则需要先把介宾成分移位到动词后，然后省略介词，形成"走＋O"形式的句法组配。

根据菲尔墨（Fillmore）格语法二期理论，哪一种格式角色能成为句子的核心成分（即主语和直接宾语）要通过"透视域"的选择。透视域也就是句子所描述的场景中受到注意的那一部分。处所成分既可以出现在句子中间作状语，也可以出现在句子末尾作宾语，出现在句尾是为了成为尾焦点以引起注意。[1] 袁毓林（1998：140）也认为：述题化作为一种语法过程具有很强的语用动机，那就是让主体格和外围格处在尾焦点的位置，成为句子的语义重心。这样看来，焦点化是处所成分宾语化的主要语用动因。而处所成分从状语位置到宾语位置这一宾语化过程，必须运用两种句法手段。首先是把由介词引导的处所状语移位到动词"走"的后面，形成"走＋Pre＋O_{处所}"，然后再省略介词Pre，形成"走"和处所宾语的直接组合。这一句法变化是：Pre＋NP＋走→走＋Pre＋NP→走＋NP。

四、成分共现的管控作用

（一）某些副词同动词共现可以促成动宾之间超常搭配

根据谭景春（1997）的研究，可带结果宾语的动词一般分为两大类：一类是含有制作义的，如"做、造、砌、垒"等；一类是含有破损义的，如"破、剐、拉"等。而"跑"不含上述两个语义特征，只有具体的动作义，因此，一般情况下是不能带结果宾语的。我们发现当动词"跑"后面有补语成分"成、出/出来"或者完成体"了"，或者名词宾语前有数量成分共现时，它可以带上结果宾语[2]，如："跑了个第一名、跑了个十秒四、跑出一个世界冠军"。这些补语成分或时体成分"了"附加在"跑"之后，使"跑"获得了一定的制成义或造成义，即通过某种动作行为而造成某种结果。张云秋（2004：230）认为"很多不含制作义因而不带结果宾语的动词加上结果宾语

---

[1]　参看杨成凯（1986）。

[2]　在问答句中，动词后可以不出现补语成分"成、出/出来"或完成体标记"了"而直接带上结果或原因（目的）宾语成分。如：

（1）A：他跑第几名？　B：他跑第一名。

（2）A：他在跑什么？　B：他在跑项目。

这种现象有的属于省略，如例（1）省略了体助词"了"；有的属于受特殊格式槽的影响所致，如例（2），主要是受"跑/走＋目的宾语"这种能产性很强的格式槽影响造成的。

的形式标志'成、出/出来、了'之后可以带结果宾语"。这种"V＋X＋N"结构不属于本文要探讨的动宾超常搭配。但是我们发现，当动词前面有某些副词的语义支持时，即使动词后面没有补语成分、完成体"了"或名词宾语前面没有数量成分，动词"跑"也可以和结果宾语直接组合。例如："他经常跑第一"，"他总是跑十秒四"，"他没跑第一名"，时间副词"经常"、"总是"，否定副词"没"同"跑"共现时，"跑"和后面的结果宾语可以直接组合。

（二）某些涉动介词同动词共现可以促成动宾超常搭配

同样以"跑"为例，当动词"跑"的前面有表示目的的涉动介词"为、为了"等与之共现时，"跑"可以和"第一名"、"十秒四"直接组合。例如：

（17）为了跑第一名，他每天都刻苦训练。

上例中动词"跑"前面出现了表示目的的介词，原来的动宾格局也会发生变化，由"跑＋X＋结果宾语"变成了"跑＋目的宾语"。

（三）某些能愿动词同动词共现可以促成动宾超常搭配

例如：

（18）他是几届的冠军，这一次肯定能跑第一名。

（19）今天状态很好，我可以跑十秒四。

以上两例中动词前面分别有能愿动词"能、可以"与之共现，动词后面的补语成分或时量成分可以省略，有的还是强制性的省略。

五、句法格式的管控作用

（一）连用格式的管控作用

两个或两个以上有并列关系的VN连用所组造的黏合结构，本文称为"VN连用式"。某些名词性宾语不能和动词直接组合，但是当它出现在有多个"V＋N"动宾结构连用的结构中，在动宾结构的强类化作用下，可以促成它们临时性地直接组合，形成动宾超常搭配。例如：

（20）当年专职的编辑人员就我一个，从约稿、改稿、编稿、发稿、画版、跑厂以及寄发稿酬，都是我一个人干，刊物也一本本地印出来了。（刘心武《一窗灯火》）

（21）她整日紧闭了嘴唇，头上带着大家以为耻辱的记号的那伤痕，默默的跑街，扫地，洗菜，淘米。（鲁迅《祝福》）

例（20）中的"跑厂"，如果单用，只能说"往厂里跑"，但是当它进入VN连用的格式中，就会受到前面"约稿、改稿、编稿、发稿、画版"这些"VN"结构在句法结构上的规约，从而被类化为相同的句法格局，形成超常搭配。

（二）紧缩句式的管控作用

紧缩句是小句与小句紧缩在一起形成的句子，它不仅在语音上是紧缩的，在结构上也有所紧缩。因此紧缩句结构上的特点对动宾超常搭配有一定的规约性。看下面的例子：

（22）我不走大路走小路，不走大街钻小巷，一路寻找着大字报向金门走去。（陆文夫《人之窝》）

（23）新研制出来的公交车只跑电不跑油。（《楚天都市报》2009 年 3 月 17 日）

例（22）中包含两个表示转折关系的紧缩句。在这两个紧缩句中，不及物动词"走"和"跑"都和处所宾语直接组合，而不像在常规句式中，处所成分由介词引导，用在动词前面作状语。以上两个小句不仅是一个紧缩句，而且属于对举式紧缩句，"大路"与"小路"对举，"大街"与"小巷"对举进一步促成了动宾超常搭配。例（23）是一例无标志对照关系的紧缩句，这个小句也是运用对举的手段，"电"和"油"对举。

再如，《汉语动词用法词典》认为"跑（逃跑义）"带施事宾语，要有时量成分，例如"跑了一个犯人"、"跑了一只兔子"。[1] 但是在紧缩句中"跑（逃跑义）"可以直接带施事宾语。例如：

（24）监狱不跑犯人还能跑兔子吗？

又如"走"的用例：

（25）走路要走大路口，人马多来解忧愁。（余秋雨《抱愧山西》）

例（25）是假设关系的紧缩句，复句应该是："如果你走路，就要从大路口走……"。"走大路口"不能单说，在常规句式的小句中只能被介词引导作动词的处所状语，但是当它紧缩成为紧缩句后，处所成分"大路口"就可以直接和动词组合，作处所宾语。

（三）动词拷贝结构的管控作用

动词拷贝结构（重动句）是汉语中一种比较有特点的结构。李讷、石毓智（1997）、项开喜（1997）、戴耀晶（1998）、唐翠菊（2001）等对动词拷贝结构做过细致的考察。动词拷贝结构是指谓语部分重复使用同一个动词，并分别带宾语、补语的单句格式，它的抽象格式为：S + VO + VC。我们考察发现，动词拷贝结构也可以促成动宾超常搭配的组合。例如：

（26）水香说："我是说你跑星子家跑得勤。"（方方《桃花灿烂》）

（27）正因为宝塔集人跑反跑怕了，所以日本鬼子投降的时候，宝塔集热闹了

---

[1] 参看孟琮、郑怀德、孟庆海等：《汉语动词用法词典》，商务印书馆 1999 年版，第 274 页。

一阵子。（戴厚英《流泪的淮河》）

（28）我的声音走调走得一塌糊涂，吴迪在录音机里笑得上气不接下气。（王朔《一半是火焰，一半是海水》）

例（26）中，"跑星子家"的结构语义关系是动作带处所宾语，通常不能直接组合，一般说成"往星子家跑、跑向星子家"等，但是在动词拷贝结构中，"跑 N"可以直接组合。例（28）中的"走调"，在常规小句中，应该是"我的声音走调了，我的声音走了调"，必须带上时量成分才能自足，但是在动词拷贝结构中，时量成分被删除了，且不能补出来。李讷、石毓智（1997）就认为，动词拷贝结构的第一个动词不能带体标记，并且第一个动词的宾语不可以被数量词修饰。他们还进一步指出动词拷贝结构是一种独立的句法格式，有着严格的使用限制。也就是说，动词拷贝结构的第一个动词结构（即"VO"结构）是动词和宾语直接组合，且有很强的句法规约性。因此当不及物动词进入这一句法槽时，句法的规约性促成了它和相关语义类型宾语的直接组合。

六、结　　语

邢福义等（2004：1）指出："汉语语法重句法，句法机制对各种语法因素都具有管控作用。""汉语句法机制，指汉语句法内在的相互关联相互制约的规律性。"上述研究表明，句法机制对动宾组配的管控作用是客观存在的，因此，我们在研究词语搭配问题时，必须要重视研究句法机制的管控作用。

参考文献：

戴耀晶.试论汉语重动句的语法价值 [J].汉语学习，1998（2）.

蒋绍愚.从"走"到"跑"的历史更替 [C]//汉语史研究：纪念李方桂先生百年冥诞论文集.台北：中央研究院语言所，2005.

李讷，石毓智.汉语动词拷贝结构的演化过程 [J].国外语言学，1997（3）.

刘云.现代汉语中的对举现象及其作用 [J]，汉语学报，2006（4）.

孟琮，郑怀德，孟庆海，等.汉语动词用法词典 [Z].北京：商务印书馆，1999.

邵敬敏.论汉语语法的语义双向选择性原则 [C]//《中国语言学报》第八期.北京：北京语言大学出版社，1997.

沈家煊.不对称和标记论 [M].南昌：江西教育出版社，1999.

石毓智.古今汉语动词概念化方式的变化及其对语法的影响 [J].汉语学习，2003（4）.

谭景春."动词＋结果宾语"及相关句式 [J].语言教学与研究，1997（1）.

唐翠菊.现代汉语重动句的分类 [J].世界汉语教学，2001（1）.

项开喜.汉语重动句式的功能研究 [J].中国语文，1997（4）.

谢晓明，王宇波.概念整合与动宾常规关系的建立 [J].汉语学报，2007（2）.

邢福义，刘培玉，曾常年，朱斌.汉语句法机制验察 [M].北京：生活·读书·新知三联书店，2004.

杨成凯.Fillmore 的格语法理论（下）[J].国外语言学，1986（3）.

袁毓林.汉语动词的配价研究 [M].南昌：江西教育出版社，1998.

张云秋.现代汉语受事宾语句研究 [M].上海：学林出版社，2004.

（本文原刊于《语文研究》2009 年第 2 期，《中国社会科学文摘》2009 年第 8 期摘要）

论元的激活扩散过程与动宾之间的语义匹配

一、引　言

韩礼德（Halliday，1985）把"搭配"定义为一种"共现趋势"（co-occurrence tendency），意即具有亲近性的词语具有一种一起出现的趋势。这种亲近性最重要的特点就是语义的兼容。汉语是一种意合型语言，词语之间的搭配不但需要语义的兼容，还需要借助认知的完形，当然也需要句法的管控。在句法允许的情况下，动宾搭配过程实质上就是动词与宾语的语义选择过程。与动词有直接联系的概念，一般在语义上与动词直接兼容，没有直接联系的概念通过中间事物的语义引导与动词之间产生间接的关联。与动词语义直接兼容的概念一般都能直接作动词的宾语成分，不能直接兼容的概念一般不能直接作动词的宾语。但是，大脑在认知扫描过程中，对某一概念的语义激活却有可能使之与动词在语义之间产生间接兼容，从而使之可能与动词匹配，构成一个动宾结构。

激活扩散模型（spreading activation model）是 Collins & Loftus（1970）提出来的。它是一个网络模型，以语义的相关联系和语义相似性将各种概念组织起来。与层次网络模型不同，激活扩散模型放弃了概念的层次结构，不同概念之间通过它们的共同特征数量形成联系，概念之间具有的共同特征越多，关系就越密切，也更容易相互激活。[1] 我们认为，这种激活扩散模型可以用来说明动词与宾语之间语义匹配的动态过程。

二、相关概念：激活和扩散

（一）什么是激活（activate）？

激活是一个心理学概念，是指大脑由于受到外界的某种刺激，从而引起相关的反应，使储存在大脑中的相关信息得到突显和提取，从而成为注意的焦点。心理学的一些研究成果已经证明，人的大脑中储存有大量的信息，一般情况下，这些信息的贮存表现为一种百科知识，其中的任何一个信息都不会得到特别的注意。但是，

---

[1]　详细参看王甦、汪安圣（1992）。

大脑在接受到外部信息的刺激时，会使贮存在大脑中的一些相关信息（我们把它称为内部信息）得到程度不一的激活，从而为接受和理解外部新信息提供背景知识的支持。这种外部信息通过大脑神经对内部信息产生的强度不一的刺激就是激活。

激活有不同的途径和方式，概括地说可以分为两种类型：

A. 常规激活：表现为外部刺激对大脑所贮存的内部信息（百科知识）中的相关概念的语义激活。这种激活不需要语境的特别支持，两种信息之间已经建立起了某种常规联系。例如一听到动词"吃"，人的大脑中马上就会激活食物、处所之类的概念，即使没有语境的提示。

B. 语境激活：原来毫无关联或关联程度较弱的两个概念在一定语境的影响下，被语境临时性激活，表现出临时的强关联性。例如动作"吃"一般不会在大脑中激活"西单"、"教室"这样的处所信息，"西单"、"教室"这类处所信息与动作"吃"之间在一般情况下是没有常规语义联系的，这类信息如果需要激活，必须要有特定的语境支持。

贮存在大脑中的各类信息在受到外部信息的刺激时，对刺激的反应程度是不一致的。与外部刺激有关联的概念受到的刺激比无关联的概念强。概念之间的关联度越大，越容易被激活，反之，就越难被激活。许多心理测试的结果也证明了这一点。例如被试一听到"红色"这个概念，一般会立刻联想到"血"，其次可能会联想到"花朵"这些概念，但是一般不会联想到"地板"、"门"之类的概念，尽管这些事物也有可能是红色的。这表明内部信息被激活的程度是有强弱之分的。Meyer & Schvaneveldt（1971）通过测试发现，在概念上有联系的词比无联系的词被辨认出来的速度要快，这也表明激活的强弱与概念之间的关联度是成正比的。[1]

（二）什么是扩散（extend）？

扩散是和激活密切相关的一个概念，它表明外部刺激对内部信息的激活是分层次的，总是先激活关联非常密切的概念，然后再扩展到关联比较密切的概念，然后再往外扩展到关联不太密切的一些概念，激活过程就像一个石子丢在水中所激起的波纹一样，一层一层的，由刺激源点向周围扩散。这种扩散过程表明，外部刺激源所激活的是一个具有某种语义关联或相似性的有层级的网络系统。

三、论元的激活扩散过程

为便于理解，我们以动词"吃"、"喝"为外部输入信息建立了一个相关信息（论

---

[1]　详细请参看桂诗春（2000）编著的《新编心理语言学》中的有关介绍。

域成员）的激活扩散模型。见图一：

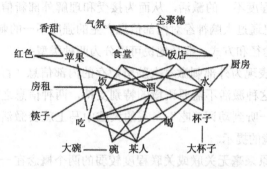

图一　动词"吃"、"喝"的论元激活扩散模型

　　图一是动词"吃"、"喝"对所关涉概念的一个局部的激活扩散模型，所举概念只是一些有代表性的，还有许多的相关概念限于篇幅我们没有罗列出来（事实上也无法罗列清楚）。在图中，"吃"、"喝"之间我们用虚线连接，表示这两者在语义上有一些共同的语义特征，属于同一种语义信息。"苹果"、"饭"、"水"、"酒"代表可食物，前两种为固态可食物，后两种为液态可食物。"房租"代表食物的来源，"碗"、"杯子"代表盛放食物的工具，"食堂"、"饭店"、"全聚德"代表制售食物的处所。"某人"可能是动作"吃"、"喝"的发出者（施事），也可能是"饭"、"酒"这些食物的提供者（与事）。当然，这种语义网络是无法详细描摹的，我们只是选择了有限的一些信息概念来加以说明。这些概念通过一层一层的联系，都直接或间接地与动词"吃"、"喝"之间发生了语义关联。两个有直接关联的事物之间我们用实线表示，图中有些概念之间不一定有直接关联（比如"房租"和"饭"），但是为了论说的方便，我们在这两个概念之间也用实线来连接。上下位概念之间有直接的语义联系，为了显示这种上下位关系，我们没有把"大碗"与"饭"、"酒"、"水"等概念联系在一起，以表明思维的过程是首先经过"碗"这个基本层次范畴的信息概念然后才到下位信息概念"大碗"的。"大杯子"的处理也同样基于这种考虑。在这个模型中，与动词"吃"、"喝"直接相连的概念语义上与动词直接兼容，容易收到动词的常规语义激活，因而都能互相匹配，构成动宾结构。不与动词"吃"、"喝"直接相连的概念在语义上不与动词直接兼容，必须通过中间概念的语义支持才能与动词发生关系，能否互相匹配构成动宾结构还必须通过得到一些外部信息（语境或语用目的）的特别激活。图一这个模型表明，动词能否对概念信息进行激活是构成动宾结构的认知前提。

　　图一反映了动词的论域成员在常规情况下被动词的语义所激活的情况，用连线

的方式近似地表现了受动词的语义信息刺激后的相关概念被激活的过程。这个示意图表明论域成员被动词的语义信息激活具有以下两个特点：

A. 概念被动词语义激活的程度和速度是不一致的。与动词之间有直接语义关联的概念，如"饭"、"苹果"、"酒"等，它们与动词之间只需经过一条连线，因而接受到动词语义刺激的速度较快，容易被激活，激活的程度也较高。与动词之间没有直接语义关联的概念，如"食堂"、"气氛"、"房租"等，与动词之间的语义联系需要经过两条或两条以上的连线，因而动词的语义刺激传送到这些概念的时间比与动词有直接语义关系的概念要长一些，这些概念被激活的程度相对要低一些。这些概念与动词"吃"、"喝"之间的连线越多，被激活的程度就越低，两者之间成反比。例如从动词"吃"到"房租"之间的语义联系要经过两条连线，而到"气氛"之间需要经过三条连线，因而，"房租"与"气氛"相比，更容易被动词"吃"的语义所激活，与动词组配的可能性也更大一些。当然，与动词之间建立了某种常规联系的概念，即使与动词之间没有直接的语义关联，也容易被动词的语义所激活，在认知上获得相对突显的地位。例如"食堂"，虽然比"饭"这些与动词有直接联系的概念被激活的速度要慢一些，但是比同层级的"房租"这些概念要容易被大脑激活一些，这是因为"食堂"与动词"吃"之间已经建立起了一种常规关系。

B. 动词对相关概念的语义激活过程是一种扩散过程，但是语境和语用目的对具体信息的激活具有选择性影响。动词对相关概念的语义刺激的传送方式不是单一路径，而是同时通过多条路径传送。例如动词"吃"的语义可以同时激活"饭"、"酒"、"水"、"苹果"等概念，"饭"这个概念被激活后，"食堂"、"饭店"、"碗"、"筷子"等与"饭"直接相关的概念又可以被"饭"的语义信息所激活，这样，动词"吃"的语义刺激在激活了概念"饭"后又间接激活了"食堂"等概念，而"食堂"等概念又可以激活与它有直接关联的概念，这样，动词的语义刺激通过一层一层的传递从而形成了一个扩散的网络式的语义激活系统。在激活扩散的过程中，语境和语用目的对激活的扩散方向具有选择性影响，也就是说，动词对相关概念的语义刺激的网状扩散过程不是均衡等速的，符合语境和语用目的概念收到的刺激强，反之，收到的刺激就比较弱。

动词对相关概念的语义激活程度的强弱主要与以下三个方面的因素有直接的关系（参看张敏，1998；桂诗春，2000）：

A. 语义的关联程度。

被激活的对象在语义上必须与动词之间有直接或间接的关联。一般情况下，动词对与之有直接语义关联的对象激活程度要强一些，对与之没有直接语义关联的对象激活程度要弱一些，被激活对象与动词的关联程度与被激活的程度成正比，即语义上关联越大越容易被激活，关联越小越难被激活。例如"苹果"与动词"吃"有直接的语义关联，"父母"与动词"吃"没有直接的语义关联，因而一般情况下"苹果"被动词"吃"的语义激活的程度要比"父母"强一些。

B. 语境的支持程度。

这种语境包括上下文和言语背景。在具体语境里，受外部刺激而激活的概念被激活的程度是不一致的，最能满足表达需要的概念被激活的程度最高。这种最能满足表达需要的概念既有可能是与动词有直接语义关联的概念，也可能是与动词有间接语义关联的概念。在具体语境中，被激活程度最高的概念在认知上最突显，最容易引起注意[1]，因而在句法上也最容易被安排在和动词有直接句法关系的位置上，比如作动词的宾语、状语成分。"吃西单"、"吃全聚德"这类动宾搭配，孤立地看，一般被认为是一种不合法的搭配，原因就在于"西单"和"全聚德"与动词"吃"之间没有直接的语义关联，受动词语义激活的程度低。但是在具体语境的支持下，不但"吃西单"、"吃全聚德"这类说法可以成立，而且还可以有"吃教室"、"吃《现代汉语词典》"之类的动宾用法。例如：

（1）那时候，我无处可去，又患着重病。恰好学校停课，几个学生娃子就帮我住进了教室。差不多整整两年，我都睡教室，吃教室。（转引邢福义 1991 例）

（2）得到了自由的我，工作之余一面参加《长城文艺》的函授，一面猛"吃"《现代汉语词典》，把那部 1554 页的"砖头"，一页不落一字不丢地啃了个遍。（《磨镰不等于少割谷》，载《北京文学》2003 年第 2 期，第 106 页）

例（1）中的"教室"一般不会被看作动作"吃"的处所，与"吃"之间的语义关联度很低，很难被动词的语义激活。但是这里受语境的支持（包括对举这种句法环境的影响），临时性与"吃"之间产生了一种语义关联，可以用来表示动作"吃"所发生的场所。例（2）是通过隐喻的方式在概念之间建立起一种临时性的语义联系，所以动词"吃"被特别加上了引号。

C. 被激活概念与外部刺激的联想熟悉度。

某个概念如果被某种外部信息刺激多次激活，那么在两者之间就有可能建立起一条熟悉路径，当神经元再次受到这种外部信息的刺激时，这种刺激通过这条熟悉路径传达到目标概念的速度就会比没有建立起熟悉路径的速度快，因而容易被优先激活。例如一个人经常吃食堂里的饭，"食堂"这一概念就会经常被动词"吃"所激活，并逐渐在两者之间建立起一条熟悉路径，而"全聚德"、"西单"、"玉楼东"这些具体的餐馆名，因为人们不是经常性地光顾这些地方，所以这些处所概念

---

[1]　注意（attention）是指心理努力的集中和聚焦，一个很重要的方面就是具有选择性。

与动词"吃"之间很难建立起熟悉路径，因而说到动词"吃"，"食堂"最容易通过熟悉路径被优先激活，而"全聚德"、"西单"、"玉楼东"因为没有与动词"吃"之间建立起熟悉路径，动词的语义刺激必须通过一层一层的传递才能到达，因而被激活的程度要低得多（有语境支持的情况除外）。

四、对动宾组配的影响

从结构上看，动词是一个句子里最重要的部分，是居于核心地位的成分，其他的论元都受其支配和影响而在不同的句法位置上出现。获得不同激活程度的概念都有和动词搭配的可能，一般情况下，被激活程度最高的概念与动词在句法结构上的关系最密切，但是不一定就能构成动宾结构，还有可能组配成状中、主谓等其他的结构形式。只有在满足一定条件的情况下，被动词激活的概念才有可能与动词构成一个动宾结构。一般来说，被动词激活的概念能否出现在动词的宾语句法位置和动词一起构成一个动宾结构，至少应该遵循以下两个原则：

(一) 直接论元配位原则

如果跟动词有直接语义关联的论元概念可以作这个动词的宾语，那么，跟这个动词有间接语义关联的概念也有作这个动词的宾语的可能。反之，如果跟动词有直接语义关联的论元概念不能作这个动词的宾语，那么，跟这个动词有间接语义关联的概念作动词宾语的可能性就很小。当然，在语义突显的情况下，与动词有间接语义关联的概念都有代入宾语位置的可能。

(二) 激活程度配位原则

被激活程度高的概念作动词宾语的可能性比被激活程度低的概念大。分为以下三种情况：

A. 一般情况下，被动词的语义所激活的直接论元概念的激活程度较高，间接论元概念的激活程度相对要低一些。因而，直接论元概念出现在宾语位置的可能性比间接论元概念要高。例如"馆子"与"饭"比，直接论元"饭"作动词"吃"的宾语的可能性更大。

B. 在有语境支持的情况下，含有新信息的概念在激活时，容易引起神经元的兴奋，导致被激活的程度增高，使某个间接论元概念获得了比直接论元概念更高的激活程度。这个含有新信息的概念因为激活程度高而更容易出现在动词的宾语位置上。例如"全聚德"与"馆子"比，前者提供了一个具体地点的新信息，如果语境或表达需要突出这个新信息，"全聚德"作动词"吃"的宾语可能性就比"馆子"要大一些。"吃碗"为什么一般不说？主要是因为用碗装饭属于一种常识，没有提供新信息，除非用于区别对比的句法环境，如"你吃碗，我吃钵子"。

C. 已经与动词之间建立了语义熟悉路径常规关系的概念，不管与动词之间是有直接关联还是有间接关联，都容易通过熟悉路径来获得较高的激活程度，因而这种概念作动词宾语的可能性较大。

当然，能否完整表意也影响着动词与被激活概念之间的组合方式。如果不能完整表意，动词与概念之间就不能组合在一起，例如"红色"被激活后，与动词"吃"组配在一起无法完整表意，因而"红色"与动词"吃"在语义上无法匹配。"红色"只有通过转指，指代其相关概念（如"苹果"）时，才能与动词"吃"匹配在一起，"吃红色的"就是一个合法的动宾组合。

五、结　语

"动词论元的激活扩散过程"大致反映了概念与动词之间的语义联系以及能够出现在动词宾语位置的心理实现过程。动词与相关概念之间的匹配是一个语义激活和语义选择的过程，在这两个几乎同时进行的过程中，"激活"是使某个概念从众多概念中突显出来的一条重要途径，也是造成动词与相关概念构成动宾结构的重要因素之一。

参考文献：

桂诗春. 新编心理语言学 [M]. 上海：上海外语教育出版社，2000.

彭聃龄，张必隐. 认知心理学 [M]. 杭州：浙江教育出版社，2004.

王甦，汪安圣. 认知心理学 [M]. 北京：北京大学出版社，1992.

谢晓明. 代体宾语的理解因素 [J]. 汉语学报，2004（1）.

谢晓明，王宇波. 概念整合与动宾常规关系的建立 [J]. 汉语学报，2007（2）.

邢福义. 汉语里宾语代入现象之观察 [J]. 世界汉语教学，1991（2）.

邢福义. 研究观测点的一种选择——写在"小句中枢说"问题讨论之前 [J]. 汉语学报，2004（1）.

张敏. 认知语言学与汉语名词短语 [M]. 北京：中国社会科学出版社，1998.

Collins A. & Quillian M.Facilitating retrieval from semantic memory：The effect of repeating part of an inference[J].Acta Psychologia，1970（33）：304-314.

Halliday M. An Introduction to Functional Grammer[M].London：Adward Arnold, 1985.

（本文原刊于《学术交流》2008 年第 11 期，略有改动）

概念整合与动宾常规关系的建立

动宾搭配实际上是表示动作和事物的两个概念意义整合后的一种句法实现。许多句法上看似超常的动宾搭配，实际上都是经过概念意义整合而构成的。因此，我们认为有必要讨论一下概念之间常规关系的建立和概念之间的意义整合对动宾搭配特别是超常搭配的影响。

一、什么是动宾之间的常规关系？

徐盛桓（2003）认为"常规关系"是世界事物自身的关系，通过认知的投射，既成为社会群体把握世界的方式和传播媒介，又为语言的表达形式所利用，成为形成一种句法结构的理据和理解语言表达内容的理据。根据这种理解，常规关系应该是建立在词语概念与世界事物之间，由语言使用者在长期的语言使用过程中建立起来，并且把这种常规关系凝固在词语的语义中，成为词语的各种常规语义特征。例如一说到"吃"，人们会立刻联想到"用嘴、摄取食物、通过口腔、需要咀嚼……"这些动作细节，这些细节语义特征之所以能通过概念立刻在大脑中得到提取，是因为这些语义特征所代表的日常动作行为与概念之间有一种常规关系。这种常规关系实质上是现实世界通过认知在大脑中形成的一种常规隐喻（conventional metaphor），是一种认知模式的固化。

但是，除了这种建立在概念与概念所反映的现实世界之间的常规关系外，我们认为还应该存在着一种常规关系，即概念与概念之间的常规关系[1]。在现实世界中，事物与事物之间可以通过某种途径建立起直接或间接的联系，这些联系中，有些是经常的、稳定的，而有些却是临时的。同样，通过认知投射建立在大脑中的这些概念之间也存在这种直接或间接的联系。概念之间经常的、稳定的联系容易在概念之间触发关联度较高的联想，建立起一种常规关系。

动宾之间的常规关系，邢福义（1997）认为"是就动作和事物之间所建立的常规联系来说的"。例如一说到"吃"，人们除了会立刻联想到"用嘴、摄取食物、

---

[1]　我们所理解的"常规关系"是指概念之间的一种常规联系，具有完形的特征。配价语法所理解的"常规关系"是概念之间语义上的一种直接关系，概念与动词在语义关系上高度匹配，是动词的必有题元，如：吃（我，米饭），"我"和"米饭"与动词"吃"之间具有常规关系。

通过口腔、需要咀嚼……"这些动作细节外，还会联想到"食物、食堂、饭店……"这些相关概念，这是因为"吃"所代表的动作行为与这些概念之间已经建立起了一种常规关系。这种常规关系反映了认知上的一种完形心理特征。完形感知（gestalt perception）的一个很重要的原则就是接近原则（principle of proximity），即在认知上距离相近的事物容易被看作是一个单位。（赵艳芳，2001：96—99）距离包括自然距离和抽象距离，抽象距离体现为事物之间或动作行为与事物之间的一种关系。关系距离越近的概念越容易建立起常规的关系，在认知上越具有完形特征。

二、常规关系的建立及其对动宾搭配的影响

认知语言学认为概念结构是对现实世界的临摹，结构成分之间的关系也是对现实世界事物之间关系的一种临摹。因而现实世界事物之间关系越紧密，概念之间的关系也越紧密，相反，现实世界事物之间关系越疏远，概念之间的关系也越疏远。概念之间常规关系的建立与现实世界事物之间的相互联系的紧密程度是一致的。这里以动词"吃"、"喝"与相关事物之间关系的远近及其在句法上的表现为例来说明常规关系的建立对词语之间搭配的影响和制约。先看图一：

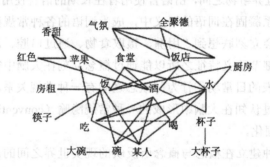

图一 动词"吃"、"喝"的论元激活扩散模型

图一是动词"吃"、"喝"对所关涉概念的局部的激活扩散模型，所举的概念只是一些有代表性的，还有许多的相关概念限于篇幅我们没有罗列出来（事实上也无法罗列清楚）。在图一中，"吃"与"喝"之间我们用虚线连接，表示这两者在语义上有共同的语义特征，属于同一个语义场（我们把它叫作"吃喝"语义场）。"苹果"、"饭"、"水"、"酒"代表可食物，前两种为固态可食物，后两种为液态可食物。"房租"代表食物的来源，"碗"和"杯子"代表装食物的工具，"食堂"、"饭店"、"全聚德"代表制售食物的处所。当然，这种语义网络是无法详细描摹的，我们只是选择了有限的一些概念来加以说明。这些概念通过一层一层的联系，都直

接或间接地与动词"吃"、"喝"发生关联。两个有直接关联的事物之间我们用实线表示，图中有些概念之间不一定有直接关联，但是为了论说的方便，我们在这两个概念之间也用实线来连接，例如"房租"和"饭"之间的连线。上下位概念之间一般有直接的语义联系，为了显示这种上下位概念之间的关系，我们没有把"大碗"与"饭"、"酒"、"水"等概念联系在一起，以表明思维的过程是首先经过"碗"这个基本层次范畴的概念然后才到下位概念"大碗"的。"大杯子"的处理也同样是基于同种考虑。

这个示意图同时也表明动词的语义信息对相关概念的语义激活具有以下两个特点：

A.动词对相关概念的语义激活是一种网状扩散过程。动词对相关概念的语义刺激的传送方式不是单一路径的，而是同时通过多条路径传送。例如动词"吃"的语义可以同时激活"饭"、"酒"、"水"、"苹果"等概念，"饭"这个概念被激活后，"食堂"、"饭店"、"碗"、"筷子"等与"饭"直接相关的概念又可以被"饭"的语义信息激活，这样，动词"吃"的语义刺激在激活了概念"饭"后又间接激活了"食堂"等概念，而"食堂"等概念又可以激活与它有直接关联的概念，动词的语义刺激通过一层一层的激活形成了一个扩散的网络式的语义关联系统。

B.概念被动词语义激活的程度和速度是不一致的。与动词之间有直接语义关联的概念，如"饭"、"苹果"、"酒"等，与动词之间只有一条连线，因而受到动词语义刺激的速度较快，容易被激活，激活的程度也较高。与动词之间没有直接语义关联的概念，如"食堂"、"气氛"、"房租"等，与动词之间都有不止一条连线，动词的语义刺激传送到这些概念的时间比与动词有直接连线的概念要长一些，概念被动词语义激活的程度相对也要低一些。概念与动词"吃"、"喝"之间的连线越多，被激活的程度就越低，两者成反比。例如从动词"吃"到"房租"之间需要经过两条连线，而到"气氛"之间需要经过三条连线，因而，"房租"与"气氛"比，被激活的程度相对要高一些。（详细参看谢晓明，2004b）

概念与动词之间如何才能建立起常规关系呢？与动词有直接语义关联的概念因为与动词的语义直接兼容，容易与动词直接建立起常规关系。与动词之间没有直接语义关联的概念一般不跟动词建立常规关系，但是如果某个概念和动词一起配位出现的频率较高，在认知上获得了相对突显的地位，很容易得到动词语义的激活，就有可能与动词建立起某种常规关系。例如"食堂"，因为和动词"吃"一起配位出现的频率较高，容易被动词"吃"的语义所激活，已经与动词建立起了某种常规关系。动词跟与它没有直接联系的概念之间建立常规关系的情况在实际语言使用中并不多见，已经建立起常规关系的两个概念因为经常配位使用，大多具有熟语的性质，如"吃回扣"、"吃大户"、"喝西北风"等。

概念与动词之间常规关系的建立开始是具体的，然后再进一步通过思维的抽象化，在大脑里形成一些抽象的常规关系模式。比如可以由"吃饭"这种常规关系抽象出"动作—食物"关系模式，由"吃食堂"这种常规关系抽象出"动作—提供食物的处所"关系模式。这些常规关系模式的建立反过来又可以影响其他一些概念与动词之间常规关系的建立。例如通过"动作（吃）—提供食物的处所"这种常规关系模式，一些提供食物的处所概念如"酒店、大排档"等就有可能通过这种关系模式与动词"吃"建立起某种常规关系。例如：

（1）星期六的晚上，阿灿带着小宝约宁玉去吃大排档，宁玉说有什么事你就说吧，不用破费。（张欣：《拯救》，载《小说界》2001年第1期，第24页）

有些概念虽然还没有和动词之间建立起常规关系，但是可以根据已经形成的一些常规关系模式，和动词建立起某种临时性的语义关联。例如：

（2）盖茨时代的最大特征是什么？阿虫笑笑问；我严肃认真又不无卖弄地答：就是每个人都敢说——我可以！就兴吃脑子吃点子吃胆子吃网络，除此还得敢吃别人不敢吃的……（巫国明：《等待地铁》，载《青年文学》2002年第10期，第23页）

例（2）中，"脑子"、"点子"、"胆子"、"网络"与动词"吃"之间没有常规关系，但是通过"动作（吃）—食物的来源"这种常规关系模式，在转喻思维方式的影响下，概念与动作之间形成了某种抽象的语义关联。

当然，不同概念与动词之间所建立的常规关系在程度上并不是完全一致的，有的相对紧密稳固一些，有的可能还比较松散、不太稳定。一般而言，与动词有直接语义关联的概念跟动词之间的常规关系比与动词没有直接语义关联的概念要紧密稳固一些，经常被动词的语义所激活的概念与动词之间的常规关系比不太经常被动词的语义所激活的概念要紧密一些。比如"鱼腥草"和"苹果"，虽然与动作"吃"之间都有常规关系，但是"苹果"与"吃"之间的常规关系要紧密一些，因为"鱼腥草"作为食物，没有"苹果"典型。[1] "食堂"和动词"吃"之间的常规关系虽然比不上"饭"，但是比"鱼腥草"和动词"吃"之间的常规关系相对还是要紧密一些，这跟"食堂"与动词"吃"的高频配位有关，概念更容易得到动词"吃"的语义激活。

"饭"是与动词"吃"之间常规关系最紧密的典型食物概念，因为经常被"吃"的语义激活，词义已经出现了泛化，既可以指具体的米饭，也可以用来指称一般的食物（比如说"吃饭"，吃的不一定就是米饭，也可能是面条、肉等可食物）。"饭"因为是与动词"吃"常规关系最密切的概念，所以在句法上容易得到动词"吃"的

---

[1] 与动词"吃"的常规关系最紧密的概念都是一些典型的食物名词，非典型食物名词概念与动词"吃"之间的常规关系要相对疏远一些，在认知上这些概念被"吃"激活的可能性也要相对小一些。

语义支持，可以隐而不现。例如：

（3）林仙儿嫣然道："这就对了，*最近你吃得比以前少得多*，就该多吃一点了。"（古龙《风云第一刀》）

（4）你看人家*吃得多香*啊！……在巧莲的心目中，城里人无论说话办事还是吃饭，都是文质彬彬的。（刘平勇：《一脸阳光》，载《中篇小说选刊》2007 年第 1 期，第 203 页）

以上例句表明，与动词"吃"常规关系最密切的概念"饭"，最容易得到动词"吃"的语义激活和语义支持，与动词"吃"构成一个完形。

有常规关系的概念与动词在句法上容易组合在一起，概念与动词之间的常规关系越紧密，反映概念的词语越容易出现在宾语位置上，与动词一起构成一个动宾结构，这一点也符合认知上的距离相似动因。[1] 例如"饭"与"吃"之间的常规关系比"食堂"要紧密一些，因而，一旦概念"饭"必须在句法结构中出现时，概念"食堂"就会被挤出"吃"的直接论元位置，只能充当背景成分（修饰限定成分）。看下面几个例子：

（5）他们是以*吃食堂*为主的，当然也就谈不上买择淘洗的烦恼。（曹征路：《谁落入圈套》，载《人民文学》2003 年第 5 期，第 37 页）

（6）我*没有在食堂吃饭*。班长问我你怎么不去吃饭？我说我不想吃。（白连春：《雪地上的灵魂》，载《中篇小说选刊》200 年第 5 期，第 172 页）

（7）老婆出远门了，张大虎一个人不想开伙，连着*吃了几天食堂饭*。（路野：《饭局》，载《杂文选刊》2006 年第 7 期，第 25 页》）

上面这三个例句，例（5）中概念"饭"没有出现，"食堂"可以出现在宾语位置上。例（6）、（7）中由于概念"饭"的出现，"食堂"被挤出了宾语的位置。"食堂"在例（6）中充当"吃饭"这个事件的限定成分，出现在状语位置上。例（7）中"食堂"先与"饭"组合在一起，与"饭"进行意义整合后再一起与动词"吃"产生语义关联，"食堂"与动词"吃"在线性距离上虽然比"饭"近，但是从语义关联的层次看，"饭"与"吃"的句法距离比"食堂"要直接一些，这与认知的距离相似动因还是一致的。

与动词之间没有常规关系的词语虽然也可以在句法上和动词组合，但是一般不会出现在宾语位置上，除非受到某种常规关系模式的影响，如例（2）。

---

[1] Haiman（1983）将"距离相似动因"表述为：语言成分之间的距离反映了所表达的概念的成分之间的距离。Givón（1990）将"距离相似动因"称为"相邻原则"（the proximity principle），定义为"在功能上、概念上或认知上更接近的实体在语码的层面也放得更近"。（参看张敏，1998：222—232）

三、概念整合的过程和层级

概念整合（conceptual blending）指的是对两个来自不同认知域的概念有选择性地提取部分意义整合起来进而形成一个复合概念结构。概念整合是一种极为普遍的认知过程，在自然语言的意义建构过程中具有极为重要的作用。（张云秋、王馥芳，2003）

概念整合具有层级性的特点。张云秋、王馥芳（2003）认为："概念整合的层级性指的就是：如果两个概念在其基本义或本义基础上提取部分语义特征进行整合，那么这种整合是低层级整合；如果两个概念在其引申义（其中包括转喻义和隐喻义）基础上提取部分语义特征进行整合，那么，这种整合是高层级整合，依此类推。"这种理解是从词语搭配的结果得来的，是一种静态的结果分析，至于为什么会造成概念之间的这种意义整合，概念的意义整合经历了怎样的一种动态过程，他们没有做出应有的解释。

我们认为，概念之间的意义整合是一个动态的渐变过程，不是一蹴而就的，它反映了人们对客观世界的认知遵循从具体到抽象，从特殊到一般的认知模式。因此，我们认为，概念整合至少应该经历以下四个阶段：

第一阶段：概念之间语义关联的建立。两个概念如果相互之间没有任何联系，就不可能在认知思维过程中得到意义整合。这是概念之间意义能够发生整合的前提条件，也可以说是概念整合的初始阶段。概念之间能够产生意义上的联系，既可能反映了客观世界里概念所代表的事物或动作之间的某种联系，更反映了概念所代表的事物具有在认知思维过程中可以被同时感知的特点。概念之间语义关联的形成可以通过很多途径，其中最重要的是通过隐喻和转喻思维来形成。

第二阶段：概念意义的整合。有直接语义关联的概念因为意义直接兼容，概念意义的整合程度较低，是低层级的，但是概念之间很容易建立起某种常规关系。没有直接语义关联的两个概念同现，概念意义可能产生程度不等的整合。有些概念之间的意义整合是初步的、临时性的，概念意义之间并没有建立起常规关系，有些概念之间因为高频同现，意义经过多次反复的整合，已经开始变得相对稳定融合了，这是一种程度较高的意义整合。概念之间已经建立起了一种常规关系，如"吃—食堂"、"喝—西北风"。

第三阶段：语法结构的整合。概念整合可能会在语法结构上产生相应的整合变化。概念意义整合的不同程度在概念之间的句法组合过程中会得到相应的表现，这种句法表现反过来又会推动概念意义的进一步整合。

第四阶段：常规关系模式的建立。已经建立了常规关系的两个概念，还可以进一步进行语义整合，抽象出一些常规关系模式。这些常规关系模式可以为相关概念之间的语义整合提供一条相对便捷熟悉的路径，促进相关概念产生语义整合，并逐步建立起常规关系。

概念意义的整合具有以下三个特点：

A. 过程具有层级性。概念之间的意义整合是一种逐渐变化的过程，是一个动态层级系统，概念之间总是从没有联系到建立联系，从具有临时联系到建立起常规关系，从概念意义的低层次整合到概念意义的高层次整合。

B. 意义具有整体性。概念整合后的两个概念在语义上具有整体性，表现为不能从字面意义去理解两个概念的组合，必须通过联想、完形等心理活动，以及大脑知识网络模型的支持，才能得到正确的理解。例如"吃点子"，"点子"是不可食物，语义上与动词"吃"并不直接兼容，但是我们可以通过大脑所储存的知识网络模型，知道好"点子"可以获得金钱，金钱可以换取食物，从而得到"靠点子生活"这样一种语义理解。[1]

C. 结构具有趋简性。概念意义的整合不但使结构的意义具有整体性，而且在结构上通过语法整合，也表现出简化的特点。例如"吃"和它的常规受事概念之间的因为共现的频率很高，概念之间的意义整合已经定型，一说到动词"吃"，人们会立刻联想出"饭"、"东西"这些概念来，因而在语言运用中，常常出现单用动词"吃"来表"吃饭/吃东西"的意思的情况，如例（3）、（4）。又如人们日常问候语中常有"吃了吗"这种情况出现，也是因为动作"吃"与受事之间概念意义的整合已经凝固化，"饭"、"东西"这些概念意义已经凝固进了动词"吃"的概念意义中。[2]动词"喝"与"酒"之间的情况也是如此，因而在语言运用中经常有单用"喝"来表"喝酒"的情况。《现代汉语词典》（2003 年增补本）就把"喝酒"当成"喝"的一个义项，足见这两个概念的意义整合已经非常凝固了。

概念整合的不同程度可以在句法上产生不同的表现形式，如例（5）至例（7）中的"在食堂吃饭"、"吃了几天食堂饭"、"吃食堂"这三种表达形式就是概念整合在不同层级的句法表现。"在食堂吃饭"中"食堂"和"吃"这两个概念之间只有临时性联系，意义没有发生整合；"吃了几天食堂饭"中"食堂"与"吃"的

---

[1]　张云秋、王馥芳（2003）认为"意义的整体性"是熟语的本质特征，他们所理解的概念整合仅限于在两个不同认知域的概念之间发生，像"吃饭"、"吃食堂"这种组合，概念之间的意义是没有发生整合的。我们认为这些概念之间也发生了不同程度的意义整合。两个概念只要能够组合在一起，必然会产生概念意义的整合，只是整合的程度不同而已。

[2]　刘晓林（2004）认为"从原型理论来讲，凝固了'饭'的'吃'是这个动词的原型，后来加上'饭'、'东西'等宾语是为了强调动作的对象和表意更加明确，另外，加上宾语也可排解歧义"。他的这种理解也说明了"吃"的概念意义中已经凝固进了典型受事论元"饭"、"东西"这些概念。

常规受事"饭"之间概念意义了发生整合，"食堂饭"是由"食堂里提供的饭"概念整合后造成的，概念整合后整个结构具有命名性，概念意义已经开始凝固化；"吃食堂"是概念意义进一步整合后的句法表现形式，"食堂"的句法地位得到了进一步的提升，结构也得到了进一步的简化。这些用例情况表明：概念整合的层级越高，结构意义就越凝固，结构形式也越简单。下面这些用例都是概念整合在不同层级上的句法表现：

（8）父亲花钱，吃家乡饭，是父亲最幸福的事情。（石钟山：《父亲和他的儿女们》，载《十月》2003年第1期，第28页）

（9）从省城谈话回来后，整整三天，田封义就再没进过自己的市长办公室，一场接一场喝送行酒，连市委书记刘壮夫也找不到他。（周梅森：《我主沉浮》，载《收获》2004年第2期，第188页）

（10）在晚清，军官吃空额，冒领军饷的流弊可谓司空见惯……（刘辉：《著名家族档案》，时事出版社1999年版，第125页）

如果在经过高层次概念整合后的句法组合之间插入别的概念，原来的结构意义就会受到影响，变得比较松散。例如"喝大碗"，概念意义的整合层级比"喝了一次大碗"要高，结构意义也相对凝固一些，"喝大碗"中的"大碗"可以兼表动作所凭借的工具和进行方式，而"喝了一次大碗"中的"大碗"只表示动作进行的方式，是否是动作所凭借的工具不明显。

有些经过概念整合后形成的动宾超常搭配可以从句法形式上找到它们的整合轨迹，如"吃食堂"、"吃空额"等，有些概念整合后形成的动宾超常搭配在句法形式上无法看出它们的整合轨迹和层级表现，这种概念整合一般是通过隐喻的途径造成的。例如：

（11）他这样说既不软不硬地让黄小凤吃了个没趣，又一下子把距离拉得很开。（邵丽：《王跃进的生活质量问题》，载《小说选刊》2003年第1期，第70页）
例（11）中的"吃了个没趣"，"吃"与"没趣"的基本意义不能组合，但是通过隐喻思维，概念之间的意义发生整合，从而可以组合在一起，形成一个动宾结构。这个概念整合过程在句法上没有相应的表现形式。

四、结　语

一般认为有常规关系的动作和事物构成的动宾搭配是常规搭配，没有常规关系的动作和事物构成的动宾搭配是非常规搭配（或超常搭配）。其实，这些非常规搭配都是建立在常规搭配的语义关系的基础之上的，受到从常规搭配中抽象出来的常规关系模式的影响，而这些常规关系模式都是通过概念整合建立起来的常规关系中抽象出来的。因而对动宾超常搭配的理解，一定要注意考察概念之间意义整合的轨迹和常规关系的模式，只有这样才能解释许多从单纯的句法分析所无法解释的语言现象。

参考文献：

刘晓林.也谈不及物动词带宾语的问题 [J].外国语，2004（1）.

陆俭明.词的具体意义对句子意思理解的影响 [J].汉语学习，2004（2）.

苏晓军，张爱玲.概念整合理论的认知力 [J].外国语，2001（3）.

谢晓明.代体宾语的理解因素 [J].汉语学报，2004a（1）.

谢晓明."吃""喝"带宾语之多角度考察 [R].武汉：华中师范大学博士后出站报告，2004b.

邢福义.汉语里宾语代入现象之观察 [J].世界汉语教学，1997（2）.

徐盛桓.常规关系与认知化 [J].外国语，2002（1）.

徐盛桓.常规关系与句式结构研究——以汉语不及物动词带宾语句式为例 [J].外国语，2003（2）.

杨炳钧.整合语言学概观 [J].外语教学与研究，2004（2）.

赵艳芳.认知语言学概论 [M].上海：上海外语教育出版社，2001.

张云秋，王馥芳.概念整合的层级性与动宾结构的熟语化 [J].世界汉语教学，2003（3）.

张敏.认知语言学与汉语名词短语 [M].北京：中国社会科学出版社，1998.

中国社会科学院语言研究所词典编辑室编.现代汉语词典（增补本）[Z].北京：商务印书馆，2002.

Faueonnier G. & Turner M.Conceptual Integration Networks[J]. Cognitive Science，1998，22（2）：133-187.

Haiman, John.Iconic and Economic Motivation[J].Language，1983，59.

（本文原刊于《汉语学报》2007 年第 2 期，后收于王文斌、毛智慧主编的《心理空间理论和概念合成理论研究》一书，上海外语教育出版社 2011 年出版）

代体宾语的理解因素

与英语等西方语言以及与汉语邻近的一些民族语言相比，汉语动词的带宾现象是较为独特的。汉语里宾语的语义类别十分丰富，除了典型的受事宾语外，还有处所、工具、目的、来源等宾语类型，动宾关系极其复杂。邢福义（1991）讨论了及物动词后边非常规宾语的代入现象，他把非受事宾语视为非常规宾语，即"代体宾语"，并分析了代体宾语的形成条件。邢先生的研究为我们考察动词与宾语之间的关系提供了新的思路。

本文在邢先生的研究的基础上，以饮食义动词"吃"、"喝"的带宾情况为例，对代体宾语作进一步的考察，试图弄清以下几个问题：什么是代体宾语？代体宾语形成的原因是什么？代体宾语的形成需要满足哪些条件？代体宾语是否都是同一类型的？

一、需要区分两组概念

代体宾语是相对常体宾语而言的，常规宾语是相对非常规宾语而言的，这是两组既有联系又有区别的概念。代体宾语与常体宾语的区分着眼于宾语与动词之间的语义联系，常规宾语与非常规宾语的区分着眼于动作与事物之间的相互联系。邢福义（1991）认为"所谓'常规'，是就动作和事物之间所建立的常规联系来说的"。

及物动词的常体宾语一般是指及物动词的受事宾语[1]。常体宾语与及物动词的搭配比较固定，一般需具备能与动词直接兼容匹配的语义特征，而且为汉语社会所共同接受，只要一提到某个典型的及物动词，人们一般能联想到一些在语义上能够与之兼容匹配的宾语，这些宾语通常就是常体宾语。例如：

吃 ——▶ 饭、菜、水果、面条……

喝 ——▶ 水、酒、饮料、汤……

动词"吃"、"喝"所带的常体宾语一般都具有 [＋可食性] 这一语义特征，与动词之间有常规的联系，能与动词直接兼容匹配。因此，常体宾语一般都是常规宾语。但是常规宾语并不等于常体宾语。通常情况下，我们所理解的常规宾语大多是指由及物动词在基本义用法下所带的常体宾语。而在隐喻过程中，由及物动词派生出的

---

[1] 这里的受事宾语与邢福义（1997）在《汉语语法学》一书中所谈的受事宾语的概念内涵是基本一致的，邢先生把受事宾语细分为"对象宾语"和"目标宾语"，本文没有做这种分类。

比喻义所带的宾语虽然也是常体宾语，但是却大多不是常规宾语。例如："道林纸不吃墨／拿车吃他的炮"。这两例都是由动词的比喻义所带的受事宾语，宾语事物与动词之间的联系并不常规。

　　代体宾语是指可以代入常体宾语位置的宾语，这类宾语所代表的事物既跟常体宾语所代表的事物有联系，又跟动词所表示的动作有联系。如图一所示：

图一

　　代体宾语一般不具备与动词直接兼容的语义特征。例如：

　　（1）星期六的晚上，阿灿带着小宝约宁玉去吃"上海往事"，宁玉说有什么事你就说吧，不用破费。（张欣：《拯救》，载《小说界》2001 年第 1 期，第 24 页）"上海往事"是一酒店名，不具备［＋可食性］这一语义特征，与动词"吃"在语义上不直接兼容，必须通过与常体宾语"饭"（可食物）之间的语义联系才能与动词匹配。

　　有的代体宾语虽然具备［＋可食性］这一语义特征，但是却一般不用作受事宾语，而是用来表示食物的来源，仍为不可食物。例如：

　　（2）吴建新说今天中午我们请吃饭，老吃老许不合适，该回请他一次了。（王朔：《许爷》，载《王朔文集·挚情卷》，华艺出版社 1994 年版，第 124 页）例（2）中，"老许"表明动词"吃"的来源，不是可食物，语义上不与动词"吃"直接兼容。

　　因此，我们认为代体宾语一般为非常规宾语。但是一些常识性较强，搭配稳固，使用较为频繁的代体宾语已经成为了常规宾语，例如"吃食堂"、"吃馆子"这类说法，使用频率较高，人们对这种说法已经比较习惯，动词所带的这类宾语已经成为了常规宾语。由此可见，代体宾语虽然一般为非常规宾语，但是不等于就是非常规宾语，代体宾语也是常规宾语的重要来源之一。

　　根据上面的讨论，我们可以把代体宾语与非常规宾语、常体宾语与常规宾语之间的关系概括如下：

	代体宾语	非常规宾语
A	－	－
B	－	＋
C	＋	－
D	＋	＋

A 表示宾语是常规、常体宾语；B 表示宾语是常体、非常规宾语；C 表示宾语是代体、常规宾语；D 表示宾语是代体、非常规宾语。下面分别举例说明：

A. 宾语为常体、常规宾语。这类宾语一般为受事宾语，能用介词"把"提到谓语动词之前。例如：

吃饭 ——▶ 把饭吃了

喝茶 ——▶ 把茶喝了

"饭"和"茶"分别为动词"吃"、"喝"的常规常体宾语。

B. 宾语为常体、非常规宾语。这类宾语一般也是受事宾语，也能用介词"把"提到动词之前，但是宾语语义上不与动词的基本语义兼容。例如：

吃掉敌人一个团 ——▶ 把敌人一个团吃掉了

宾语"敌人一个团"不是表示食物的词语，与"吃"组配在一起是一种形象性用法，因而是非常规的常体宾语。

C. 宾语为代体、常规宾语。这类宾语在语义上也不具备与动词直接兼容匹配的语义特征，但是与常体宾语事物之间有某种常规的联系。主要有以下三种情况：

数量代体宾语：如"吃一碗"、"喝两杯"，宾语"一碗"和"两杯"为数量短语，是以数量来指代常体宾语事物，这种数量代体宾语是一种很常见的常规宾语类型。

转指代体宾语：如"吃父母的"、"喝小王的"，宾语"父母的"、"小王的"是一种省略了中心词后的转指用法，用于指代常体宾语事物，这类宾语也是一种常规用法。

习用性的常规代体宾语：如"吃食堂"、"吃馆子"，宾语"食堂"和"馆子"与谓语动词"吃"因为经常搭配使用，已经与动词"吃"建立起了一种常规的联系，成为一种常规的代体宾语。

D. 宾语为代体、非常规宾语[1]。这类宾语和谓语动词之间在语义上还没有建立起一种常规性的联系，彼此之间的搭配具有偶发性，是一种超常规搭配。这种非常规代体宾语的语义类型十分复杂。以"吃"、"喝"带宾语的情况为例，大致就有以下几种类型：

类型一：宾语为处所代体宾语

（3）满子没事就喊何天请她去吃风味一条街，何天却常有任务走不开，只好今

---

[1]　宾语为纯修辞的借代这种情况，我们一般不把它看成代体宾语，仍把它处理为常规常体受事宾语。例如：陈维明吃着康师傅／他买了台小霸王。"康师傅"指的是一种方便面，"小霸王"指的是一种游戏机，都用了借代的修辞手法。这种宾语为纯修辞的借代，可以直接用本体事物来替换代体事物或本体事物与代体事物可以一起出现，而不影响语义表达，如可以说"吃方便面／吃康师傅方便面"，"买游戏机／买小霸王游戏机"。而代体宾语不能用常体宾语来替换，如"吃馆子"不能替换为"吃饭"，替换后意思有所改变。

天明天大后天地拖。（子鱼：《何天的故事》，载《小说月报》2002 年第 10 期，第 24 页）

（4）"是没什么，问题是我根本没跟人去逛过、吃过西单。"（王朔：《修改后发表》，载《王朔文集·谐谑卷》，华艺出版社 1994 年版，第 544 页）

例（3）中的"吃风味一条街"可以理解为"在风味一条街吃"，宾语"风味一条街"没有 [＋可食性] 这种语义特征，与动词"吃"之间也没有建立起某种常规的联系，只是在某种语境的支持下或在某种语用目的诱发下才与动词"吃"间接兼容，建立起一种"动作—处所"联系。这种联系不像"吃食堂"中的"食堂"跟"吃"之间的联系那样稳固，而是一种临时的偶发性的联系。例（4）中的"吃过西单"是"在西单吃过"的意思，宾语"西单"与动词"吃"之间的搭配也是一种偶发性的。"风味一条街"和"西单"都是非常规的处所代体宾语。

类型二：宾语为来源代体宾语

（5）"说说不要紧，都不是外人！"然后向大家低声的："孩子心重，甭提多么要强啦！媳妇也走了。我们爷儿俩就吃这辆车……"（老舍：《骆驼祥子》，人民文学出版社 2001 年版，第 88 页）

（6）领导也只知道我有慢性肺炎，长期休养，再过一个月，就该吃劳保了。（王朔：《一半是火焰，一半是海水》，载《王朔文集·纯情卷》，华艺出版社 1994 年版，第 140 页）

例（5）中的"吃这辆车"是"靠这辆车吃（饭）"的意思，例（6）中的"吃劳保"是"靠劳保吃饭生活"的意思，宾语"这辆车"和"劳保"跟动词"吃"没有建立起常规的联系，只是用来表示动词"吃"的受事的来源，是一种非常规的来源代体宾语。

类型三：宾语为工具代体宾语

（7）（小女孩）："我要吃爸爸的筷子！"（在朋友家吃饭时听他七岁的女儿说的）

（8）但凡客商在路，早晚安歇，有两件事免不得：吃癫碗，睡死人床。（施耐庵：《水浒传》，春风文艺出版社 1994 年版，第 369 页）

例（7）中的"吃爸爸的筷子"是"用爸爸的筷子吃（饭）"的意思，例（8）中的"吃癫碗"是"用癫碗吃（饭）"的意思。"筷子"和"癫碗"都没有 [＋可食性] 这种语义特征，不与动词"吃"直接兼容，也没有与"吃"建立起常规性的联系，只是用来表示动作"吃"所凭借的工具，是一种非常规的工具代体宾语。

类型四：宾语为方式代体宾语

（9）"慧芳，咱们得喝吧？老同学了，三杯对一杯。""国强，我沿着桌子喝一对角线，你喝一中心线。"（王朔：《刘慧芳》，载《王朔文集·矫情卷》，华艺出版社 1994 年版，第 144 页）

例（9）中的"喝一对角线"、"喝一中心线"都表示一种喝酒的方式，意思是"以一对角线／中心线的方式喝"。"对角线"和"中心线"与动词"吃"没有常规性的联系，是一种非常规的方式代体宾语。

类型五：宾语为目标代体宾语

（10）这种野菜以前是我们半年的口粮，现在成了吃稀罕了，人人都抢着吃。（阿宁：《无根令》，载《中篇小说选刊》1995年第5期，第3页）

例（10）中的"吃稀罕"意思是"图稀罕而吃"，"稀罕"与动词"吃"之间没有常规性的联系，是一种非常规的目标代体宾语。

在动词"吃"、"喝"所带的代体宾语中，常规代体宾语里的数量代体宾语和转指代体宾语一般为受事宾语，习用性的常规代体宾语和非常规代体宾语一般为非受事宾语。

上述分析表明：代体宾语是一种能够代入常体宾语位置的宾语，它一般是非常规的，但也有常规的（如"吃馆子"），一般是非受事的，但也有受事的类型（如数量宾语、转指宾语）。宾语与动词之间的语义联系是非常复杂的，代体宾语的情况尤其如此。把宾语区分为常体宾语与代体宾语、常规宾语与非常规宾语，有利于我们对动词与宾语之间的搭配情况从语义上进行更为深入的分析，为考察超常规的动宾搭配现象提供一些新的思路和方法。

二、代体宾语的形成原因

冯胜利（2000）用韵律促发机制来解释代体宾语形成的原因，他认为："代体宾语并没有占据常规宾语的位置，相反倒是动词占据了前面次动词的位置。从句法上说，代体宾语结构是核心词移位的结果；从韵律上说，核心词移位是焦点韵律强迫的结果。"例如"用毛笔写字"之所以可以说成"写毛笔"，冯胜利认为这是由于前面的"毛笔"要求后面的动词"写"给它重音而造成的。这种解释为说明代体宾语的形成原因提供了一种新的思路，但是我们认为这种解释有很多地方难以让人信服。一是句子的逻辑重音不一定就在句末，二是还可以通过重读来获得强调重音，而不一定非要通过移位来获得重音。韵律只是句法结构的一种外部表现，而不是决定句法结构的最主要的因素。

我们认为，代体宾语的形成主要是由以下四个方面的原因诱发促成的。

A.语言经济性原则的影响。[1]

---

[1] Chomsky（1989：69）认为，语言的发展过程多受经济原则的支配，并认为这是所有语言的共性表现。

　　语言的经济性原则（economical principle）是代体宾语形成的最直接的原因。任何一种语言都有追求缩短表达和接受时间的趋势，都力求做到用语简洁而表意完整，这就使任何一种语言在表达形式上都有一种追求简洁的趋势和倾向，即追求用语的经济性。汉语作为一种意合型语言，词语之间搭配的语义容忍度较大，语言的经济性原则体现得尤为充分。以"在食堂吃饭"和"吃食堂"这两种说法为例。这两种说法在日常用语中经常出现，例如：

　　（11）秦友三一声不响地听着。听完了，说："上面有规定的，乡镇有食堂我们就在食堂吃饭……"（陈世旭：《救灾记》，载《中篇小说选刊》2002年第6期，第37页）

　　（12）无论乡里怎样劝说，秦友三始终坚持要吃食堂，而且就在食堂门外的井台上吃。（陈世旭：《救灾记》，载《中篇小说选刊》2002年第6期，第38页）

例（11）中的"在食堂吃饭"和例（12）中的"吃食堂"意思基本相同，不同的是前者是个偏正结构，后者是个动宾结构。相比而言，后者比前者用语要经济一些。根据我们的调查，动宾结构出现的时间要晚于表示相同意思的偏正结构，也就是说，"吃食堂"这种表达方式相对"在食堂吃饭"而言，是一种后起的表达方式。造成"吃食堂"这种表达方式的一个最根本的原因就是受语言经济性原则的影响，而且汉语是一种意合型语言，词语之间搭配的语义容忍度较大，从而使"吃食堂"这类说法的产生具有可能性。

B.动宾格式的强类化作用。

　　邢福义（1997）认为："在现代汉语里，动宾格式是一种优化格式，有很强的促成力。"动宾格式的这种强制促成力就是一种很强的类化作用。以"吃馆子"为例。在日常生活语言中，以下四种说法都是实际存在的：

　　a.在馆子里吃饭

　　b.在馆子里吃

　　c.馆子里吃

　　d.吃馆子

　　在以上四种说法中，a是表意最完整、结构最稳定的一种表达方式。b、c是追求用语经济而造成的，二者均为状中结构的短语，b在结构上相对c要稳定一些，c是省略了介词的说法[1]，一般只出现于口语中，而且需要语境的支持才能成立。一个名词位于动词前所造成的结构，既可能是状中结构，也可能是主谓结构，结格不是

---

　　[1]　语言追求经济就必须简化，而实词比虚词携带的信息量要多，如果简化会导致一些信息的缺省，而虚词主要表示语法意义，如果简化掉对信息量的影响不大，因而虚词比实词要容易被简化掉。刘晓林（2004）也有近似的观点，但是他认为"食堂里吃"这种说法不能说，原因是名词"食堂"的格被悬空了。

很稳定。这时候，这种结构就有可能受动宾格式的强类化作用的影响，逐渐演变成一个格局稳定、用语经济的动宾式结构——"吃馆子"。由此可见，动宾格式的强类化作用是代体宾语形成的一个不容忽视的影响因素。

C. 新信息安排的需要。

现代汉语句子组织信息的一般原则是旧信息出现在前，新信息出现在后。例如"用大碗吃饭"，"大碗"相对"饭"而言是旧信息，"饭"是新信息。如果需要把"大碗"作为新信息来凸显，我们除了可以利用重音外，根据句子组织信息的原则，我们还可以把介词宾语"大碗"安排到动词宾语的位置，这样"大碗"便挤占了原来的宾语"饭"的位置，成为一个含有新信息的代体宾语。（当然，这种搭配最终能否实现，还需要满足代体宾语的形成条件。"大碗"具有可选择性，因而可以把它作为新信息凸显出来，安排在宾语位置上）此外，"吃大碗"、"吃劳保"这种"谓语动词＋代体宾语"格式，定、状、补一般不出现或虽然出现但比较简单，这就能使处于宾位的"大碗"和"劳保"所含的新信息更加得到凸显。

D. 认知思维模式的影响。

为什么"在馆子里吃饭"可以说成"吃馆子"，而"在门口吃饭"却一般不能说成"吃门口"？这些问题的存在与人的认知思维模式密切相关。在人们的普遍知识经验中，"馆子"是出售食物的场所，与食物之间有固定的联系，因而在人的认知思维中易于建立起相关的联想模式，一说到"吃馆子"，人们便会立刻联想到"馆子里的食物"。而"门口"这一处所与食物之间没有必然的联系，如无特殊的上下文，人们一般不会在"门口"与"食物"之间建立起某种关联，因而"吃门口"一般不说。

三、代体宾语的形成条件

语言经济性原则的影响、动宾格式的强类化作用、新信息安排的需要以及人的认知思维模式的影响是促成代体宾语形成的原因。在这些因素的作用下，代体宾语才有产生的可能。而要成为活生生的语言事实，代体宾语的形成还必须受到一些条件的制约。

邢福义（1991）讨论了代体宾语的形成条件，归纳起来有以下五条：

A. 有直接三角联系。代体宾语与动词和"常规宾语"之间必须形成一个"语义三角"，代体宾语与动词和"常规宾语"之间都要有直接关系。例如"打日本队"，由于"日本队"与"打"和"排球"之间能构成一个语义三角，因而能够成立。而"打教练"不能成立，因为"教练"不直接参加比赛，与动词"打"无直接联系，不能构成直接的语义三角。

B. 能够提供新信息。代体宾语必须能够提供新信息，如"听耳机"能够成立，因为"耳机"提供了"工具"这一新信息，而"听耳朵"却不能成立，因为"用耳朵听"不是新信息。

C. 不产生误解。代体宾语所提供的新信息必须是不存在歧解的。

D. 有言语背景。言语背景有的常识性较强，如"陪床"、"接车"；有的特殊性较强，如"写课桌"，必须在特定的上下文中才能成立。

E. V 是单音节及物动词。汉语动宾关系的复杂化，主要发生在单音节及物动词和宾语之间。

以上归纳的五条具有很强的概括力，能够用来概括许多代体宾语的形成条件。但是，仔细考察，我们认为对代体宾语的形成条件还有进一步讨论的必要。比如我们可以说"吃食堂"，"食堂"是生产和销售食物的地方，与常体宾语的联系比较直接，同时"食堂"与动词"吃"也有直接的关联，"食堂"是动作"吃"发生的场所，这是有直接三角联系的情况。但是，有些用例中代体宾语与常体宾语和动词之间的联系并非直接的，而是一种间接的三角联系。例如：

（13）乡里财务有规定，副科长一级的干部出差每天的生活补贴费只有 8 元。8 元在乡下跑跑还有剩余，可是到了省城，副乡长章天明每天就只有吃床腿的份了。(肖仁福：《官运》，中国青年出版社 2002 年版，第 157 页)

"吃床腿"意思是指"将超过标准的伙食费用计入住宿费中，以便报销"。"床腿"与常体宾语之间难以建立起直接的联系，必须通过一些中间环节才能联系起来。"床腿"与动词"吃"之间也没有直接的联系，不能直接兼容，如图二所示：

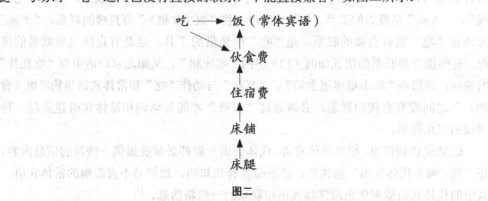

图二

与动词"吃"有直接三角联系的是"伙食费"，如可以说"每餐吃四块钱伙食费"或"每餐吃四块钱"。因为把"伙食费"计入了"住宿费"中，"住宿费"便间接与常体宾语和动词建立了联系。同样，"住宿费"是以"床铺"为单位来计算的，而"床腿"又可以用来借指"床铺"，这样，"床铺"和"床腿"也都通过层层联系与常体宾语和动词建立了一种间接的三角联系。

又如"不产生误解"，事实上，歧义的存在不完全归因于结构本身，例如"吃食堂"就有两种理解的可能：a.在食堂里吃饭，饭菜由食堂提供。b.食堂提供的饭菜，但不一定在食堂里吃。这种歧义的消除不依赖结构本身，而只能依靠具体的上下文。[1]

因此，我们在邢先生研究的基础上，对代体宾语的形成条件做了一些补充。我们认为，代体宾语的形成至少需满足以下几个条件：

A.代体宾语事物必须具有可对比选择性。[2]代体宾语事物必须有同类事物可供对比选择，这是代体宾语能够形成的一个非常重要的条件。例如"吃大碗"，"大碗"与"小碗"相比较，可供选择，因而可说。而"吃碗"却一般不说，因为"碗"作为吃饭的工具，一般情况下是不可选择的（除非有特殊语境的支持，使"碗"临时具有对比选择性，这时候"吃碗"才可说）。又如"吃公款"，"公款"与"私款"相比较，具有可选择性，因而可说。考察发现，动词"吃"、"喝"所带的处所、工具、来源、方式和目标这几类宾语都是可对比选择的。这种可对比选择性可以用来解释为什么"打二传手"可说而"打队长"却不能说的原因。在排球场上，场上队员的具体分工一般是按"二传手"、"主攻手"之类的角色进行分工，而没有"队长"、"副队长"之类的分工，"二传手"具有可对比选择性，而"队长"没有这种可对比选择性，因而前者可说，而后者却一般不说。

B.有直接或间接的三角联系。代体宾语必须与动词和常体宾语都有某种联系，这种联系可能是一种直接的三角联系，也可能是一种间接的三角联系。例如"吃大碗"，"大碗"是盛饭的工具，与常体宾语事物"饭（食物）"有直接的联系，"大碗"与动作"吃"也有直接的联系，是"吃"所凭借的工具，这是有直接三角联系的情况。有间接三角联系的情况如例（13）中的"吃床腿"。又如北京口语中有"吃瓦片"的说法，意思是"靠出租房屋生活"，"瓦片"与动作"吃"和常体宾语事物"饭（食物）"之间没有直接的联系，必须通过"房租"才能与动词和常体宾语建立起一种间接的三角联系。

C.能提供新信息。相对常体宾语，代体宾语一般都必须能提供一些新的信息内容。在"吃／喝＋代体宾语"格式里，必须隐含着共知的，最好是不言而喻的常体宾语，其中的代体宾语能提供出跟常体宾语相联系的一些新信息。[3]

---

[1] 关于动宾结构的歧义问题详细请参看马庆株（1985）。

[2] 高云莉、方琰（2001）也有类似看法。

[3] 详细参看邢福义（1991）的有关论述。

D. 宾语的音节不能太长 [1]。比如"吃湖南师范大学学生第三食堂"一般不说，但是却可以说"吃湖三"或"吃湖三食堂"，原因就在于前者的宾语音节太长。代体宾语的音节越长，宾语的语义重心（"食堂"）在形式上离动词的距离也就越远。形式距离越远，宾语与动词之间产生间接语义兼容匹配的可能性也就越小。

E.V 为单音节及物动词。

其他一些条件，如有言语背景等，都从属于以上几个条件。在这些条件的共同制约下，代体宾语才得以产生。

四、两类代体宾语

根据代体宾语与常体宾语和动词之间的语义联系，我们可以把代体宾语分成以下两类：

A. 直接关联类代体宾语。

代体宾语与常体宾语和动词之间有一种直接的语义关联。例如"喝大杯"，"大杯"不具有[＋可食性]这一语义特征，它是一个代体宾语，与常体宾语之间有"容器—食物"这样一种语义关联，与动词之间也有"动作凭借物—动作"这样一种语义关联，这是一种直接的三角联系。又如例（9）中的"喝一条对角线"，代体宾语"一条对角线"与常体宾语和动词之间有"方式—动作 / 食物"这样一种三角语义联系。我们把这种与常体宾语和动词之间有直接三角联系的代体宾语叫作直接关联类代体宾语。在及物动词"吃"、"喝"所带的代体宾语中，处所代体宾语、工具代体宾语、方式代体宾语和目标代体宾语一般为直接关联类代体宾语。

B. 间接关联类代体宾语。

代体宾语与常体宾语和动词之间没有直接的语义联系，而是一种间接的语义关联。这种间接语义关联可以表述为：A 事物与 B 事物有关联，B 事物与 C 事物有关联，从而 A 事物也间接与 C 事物建立起了某种关联。我们把这种与常体宾语事物之间有间接语义联系的代体宾语叫作间接关联类代体宾语。例如：

（14）治安区有车，汽油票可以报销，蔡所长吩咐了这一餐饭就吃汽油，用了餐开发票时就开二十公斤汽油票钱的发票。（肖仁福：《官运》，中国青年出版社 2002 年版，第 11 页）

例（14）中的"吃汽油"并非"把汽油吃下去"的意思，"汽油"不是动词"吃"的受事宾语，而是一种来源代体宾语，意思是"把饭钱开成汽油票，以便报销"，代体宾语"汽油"与常体宾语之间因为价值等同，二者之间通过中间事物的联系而

---

[1]　这一点是邢福义先生在我的博士毕业论文答辩会上为我指出来的。

建立起了一种间接的语义联系。这种间接语义联系可以图示如下：

图三

从图三我们可以看出，这种等同联系实际上就是一种间接的三角联系。

此外，"吃床腿"、"吃瓦片"这类宾语为来源代体宾语的动宾结构，宾语也属于这种间接关联类的代体宾语。由于这种间接关联的建立具有偶发性和临时性，因而"吃／喝"带间接关联类代体宾语的现象在实际语言中并不多见。

五、结　论

本文主要以及物动词"吃"、"喝"带宾语的情况为例，讨论了与代体宾语有关的几个问题。文章把及物动词所带的宾语区分为常体宾语和代体宾语、常规宾语和非常规宾语两组概念，认为代体宾语是一种能够代入常体宾语位置的宾语，它一般是非常规的，但也有常规的，一般是非受事的，但也有受事的。文章还分析了代体宾语形成的原因和条件，认为语言经济性原则的影响、动宾格式的强类化作用、新信息安排的需要以及认知思维模式的影响是代体宾语形成的主要原因，是否有可对比选择性、是否有三角联系、是否提供了新信息、宾语音节形式的长短以及 V 是否为单音节及物动词是制约代体宾语形成的主要因素。通过考察我们发现，代体宾语与常体宾语之间既可能是一种直接的三角联系，也可能是一种间接的三角联系。这种间接联系的中间环节越多，代体宾语与动词之间的语义关系就越不明显，考察动词与宾语的语义关系和类别也就越困难。

参考文献：

冯胜利 . "写毛笔"与韵律促发的动词并入 [J]. 语言教学与研究，2000（1）.

高云莉，方琰 . 浅谈汉语宾语的语义类别问题 [J]. 语言教学与研究，2001（6）.

李临定 . 宾语使用情况考察 [J]. 语文研究，1983（2）.

刘晓林.也谈不及物动词带宾语的问题 [J].外国语，2004（1）.

马庆株.述宾结构歧义初探 [J].语言研究，1985（1）.

马庆株.名词性宾语的类别 [J].汉语学习，1987（5）.

谢晓明.相关动词带宾语的多角度考察——"吃""喝"带宾语个案研究 [D].长沙：湖南师范大学博士学位论文，2002.

邢福义.汉语里宾语代入现象观察 [J].世界汉语教学，1991（2）.

邢福义.汉语语法结构的兼容性和趋简性 [J].世界汉语教学，1997a（5）.

邢福义.汉语语法学 [M].长春：东北师范大学出版社，1997b.

中国社会科学院语言所词典编辑室编.现代汉语词典（增补本）[Z].北京：商务印书馆，2002.

Chomsky, N. Some Notes on Economy of derivation and representation[J].MIT Working papers in linguistics，1989.

（本文原刊于《汉语学报》2004 年第 1 期）

宾语代入现象的认知解释

一、问题的提出

邢福义先生（1991）曾讨论了汉语里及物动词的宾语代入现象，这种宾语代入现象指的是代体宾语代入常规宾语位置的一类现象。[1] 例如：

（1）满子没事就喊何天请她去吃风味一条街，何天却常有任务走不开，只好今天明天大后天地拖。（子雨：《何天的故事》，载《小说月报》2002年第10期，第24页）

（2）我苦口婆心对她说，打电话其实不在于做生意。我说，那是打印象。（王手：《讨债记》，载《中篇小说选刊》2002年第6期，第95页）

例（1）中的"去吃风味一条街"意思是"到风味一条街去吃东西"，从语义上分析，及物动词"吃"所带的宾语事物应具有[＋可食性]语义特征，而"风味一条街"不具备[＋可食性]语义特征，与动词"吃"在语义上不直接兼容匹配。例（2）中的"打印象"意思是"为了获得对方的好印象而打电话"，语义上，动词"打"所带的宾语事物应为具体的事物，如"电话"，"印象"与及物动词"打"在语义上也不能直接兼容。"风味一条街"和"印象"都是代入常规宾语位置的代体宾语。可见，汉语里确实存在着宾语代入的现象，这种宾语代入现象是造成动宾超常搭配的一个极为重要的原因。

如果从逻辑和语义的角度看，这种宾语代入现象是一种不合格的表达形式，动词与宾语之间的语义并不直接兼容，如按早期生成语法建立在"选择限制规则"（selectional restrictions）基础上的"语义投射"（semantic projections）操作，这类搭配会因为得不到适当的语义解读（semantci construals）而不能成立。邢福义（1991）、谢晓明（2004）曾经从句法、语义以及信息安排等角度对这种宾语代入现象出现的原因和条件做了较为详细的讨论，但是出现这种超常规的动宾搭配现象的认知心理原因是什么，至今还没有一个完整的统一的理论解释。这里主要运用认知语言学的

---

[1] 谢晓明（2004）认为应区分"常规宾语和非常规宾语、代体宾语和常体宾语"两组不同概念。这里所说的"常规宾语"实际上应理解为"常体宾语"，一般指的是动词受事宾语。为了便于讨论，这里仍沿用"常规宾语"这一概念。

有关理论来阐释这种宾语代入现象的认知动因。文章以讨论及物动词（以动词"吃"、"喝"为考察的典型）的宾语代入现象为主，同时，为了扩大本书的理论涵盖度和解释面，我们把不及物动词带宾语的现象也看作是一种宾语的代入现象来加以讨论，尝试为所有的宾语代入现象从认知的角度来建立起一个统一的理论解释框架。

二、动宾结构与"图形/背景"理论

　　动宾结构是动词后面带宾语的结构，也就是小句构件的配置是动词与宾语，动词是宾语前边的动词性成分，宾语是动词后边的表示客体事物的成分。（参看邢福义，1996）动词与宾语之间的语义关系非常复杂，宾语可以是动作的受事，也可以是动作发生的时间、地点、方式、结果，以及动作所凭借的工具，还可以是动作的施事。

　　认知语言学对句子的分析不是区分为主语、谓语、宾语等，而是按照对事物不同程度的突显部分的认知——图形、背景、后景——来选择不同的表达方式，其中谓语动词是连接不同部分的纽带。（参看赵艳芳，2000）

　　图形（figure）、背景（ground）和后景（background 或 setting）是"图形/背景"理论中极为重要的一组概念。"图形"是指某一认知概念或感知中突出的部分，即注意的焦点，"背景"是为突出图形而衬托的部分，后景是用来突出背景和图形的部分。图形和背景不能同时被感知和理解为同一东西。

　　认知语法认为"图形/背景"区分的认知原则可以系统地解释句法的多样化。具体地讲，在一个简单的含有及物动词的句子中，主语部分一般用来提出主体事物，指明"谁"或"什么"，是被陈述的部分，相当于图形，谓语部分是用来陈述和说明主语是什么或怎么样的部分，大体相当于背景。在谓语部分中，述语动词是用来表示图形与背景之间的关系的，宾语一般是一个句子的新信息部分，相对而言比状语和补语等其他修饰性成分要显著一些，因而我们可以把谓语部分中的宾语看作背景，把状语等其他修饰性成分看作后景。[1] 图形在认知上是最容易被感知的，比背景事物要相对突显一些，而背景事物相对后景事物又要突显一些。例如：

　　（3）他手里拿着一朵玫瑰花。

例（3）所表示的场景中，"他"是图形，"玫瑰花"是背景，"手里"是后景。在这个场景中"他"相对而言是最突显的，"玫瑰花"次之，"手里"又次之。

　　决定何为图形的因素主要取决于个体的完型感知，容易被感知为图形的事物一

---

　　[1]　当然，主语与图形、宾语与背景、状语等修饰性成分与后景之间并非一种简单的一一对应的关系。主语也可能是背景，宾语也可能是图形，视具体情况而定。例如在存现句"教室里有一群学生"中，宾语"一群学生"是图形部分，主语"教室里"是背景部分。

般具有完整的形状和结构，具有连贯性和移动性。对图形的选择决定于个体注意的焦点、观察的方位以及事物移动的方向等因素。但是语言的运用涉及多种因素，情景对语言表达的选择也具有多种限制，如发话者对相关细节的判断，他意欲表达的语义重点，他与受话者之间的关系，以及他试图获取的表达效果等等，都会影响个体对语言的表达形式做出不同的选择。同一情景之所以会产生不同的意象，出现对图形和背景事物的不同选择情况，主要取决于四个方面的因素：选择（selection）、视角（perspective）、突显（salience）和详细程度（specificity）。选择是指在一个特定的认知域中，表达者只能根据表达的需要来选择他所关注的侧面，例如对"吃饭"这一动觉意象，表达者如果关注食物，可能会说"吃面条"，如果关注吃的方式，可能会说"用大碗吃"，这是由于个体选择的不同所造成的。视角指的是观察事物的角度，对同一情景，表达者可以从不同的角度来进行观察和理解，观察角度的不同会影响到语言的表达。比如"中国队大败美国队"和"中国队大胜美国队"所表达的意思是一样的，但是观察的视角却刚好相反，因而表达形式也有所不同。选择和视角影响了语言形式的选用，但是并不直接造成语言形式的变异。使语言结构形式出现变异的两个直接因素是突显和详细程度。

三、认知的突显程度与宾语的代入

认知语言学理论认为语言的运用不完全是由语法规则制约的，而是由人的经验结构和认知方式来决定的。语言结构是基于人们对世界的经验，对语言的运用与我们怎样感知周围事物的情景有密切的关系，所以，人的认知方式是影响语言结构的终极的"因"。语言的表达方式是基于人们对事物或事件的感知，而外界对大脑的刺激是杂乱的、复杂的。大脑要不断地对它们进行整理，根据最突显的物体以及事物的完整性来组织语言表达。

突显是指由于注意的焦点不同，因而事物所突显的侧面不同。个体对同一认知场景中不同事物的不同认知突显程度是造成宾语代入现象的主要原因之一。个体对事物进行认知时所产生的突显有两种情况。

A. 无意突显。

一般情况下，图形比背景要突显，背景比后景要突显，但是有时候由于某种原因，背景因为得不到突显或突显程度较弱，这时候，后景就有可能由于相对突出而显得比背景更为突显，从而占据背景的位置。这是一种无意的突显，这种突显是相对的。例如：

（4）a. 他在馆子里吃饭。

　　　　b. 他吃馆子。

例（4）的 a 句中"馆子"是作为后景的部分，而在 b 句中，"馆子"在认知上已经得到突显，成为了背景，并且代入了原有宾语"饭"的位置，成了一个代体宾语。a、b 两句背景事物的不同表明了发话者认知视角的不同。造成这种现象的原因是由于动词语义的影响。动词"吃"的原型意义是"把食物经过咀嚼咽下去"，根据这个语义，我们最可能立刻联想到的完形宾语是"饭"，因此可以说，在动词"吃"的原型意义中已经隐含着"饭"这样一个完形概念。当我们说"他在馆子里吃饭"时，作为背景的"饭"由于受动词"吃"的语义影响，其突显程度并不明显。这时候，人们的认知视角就有可能发生转移，转移到作为后景的"馆子"这一概念上，使"馆子"在认知上得到了相对突显，进而促使个体对句法结构的选择和安排发生改变。后景"馆子"由于突显而成为背景，而原来的背景由于可由动词的语义来激活因而可以不出现。[1] 这是由相对突显所造成的宾语代入现象。与动词"吃"有关的这种无意突显而造成的宾语代入的情况还有很多，除了例（1）中的"吃风味一条街"，还可以说"吃西单"、"吃大碗"、"吃劳保"……甚至还可以出现"吃斯文"、"吃心情"这样的说法。例如：

（5）中午，他们又一块儿在公园的"水上餐厅"吃了饭，吃饭也很累，那是要吃"斯文"的……（李佩甫：《会跑的树》，载《小说月报》2003 年第 2 期，第 51 页）

（6）一见面，那女人却说："粉浆面不好做，那是吃心情的。"（李佩甫：《会跑的树》，载《小说月报》2003 年第 2 期，第 58 页）

　　B. 有意突显。

除了由无意突显所造成的宾语代入现象外，在表达中还存在着许多由有意突显而造成的宾语代入现象。如例（2），"打印象"的完整语义是"为了获得好印象而打电话"，"印象"原本处于后景的地位，不如处于背景的"电话"地位显著。但是因为前一句中已经出现了"打电话"这一表达形式，所以后句有意突显了后景部分，把后景"印象"代入背景"电话"的位置，以求达到一种通过对比来突显语义的表达效果。又如"陪床"，意思是"在病床旁边陪伴照顾病人"。"病人"是有生命的活动体，比无生命的静止的事物"床"在认知上要显著一些。因此，一般情况下，处于显著地位的"病人"应出现在背景位置上，而"床"只能作为"病人"的后景事物出现。但是由于表达者观察事物的角度不同，因而对语言表达形式的选择也可

---

[1]　这里我们主要是从认知的角度来解释，忽略了其他的方面。其实句法也有管控作用。"吃馆子"，"馆子"占据了宾语位置，动词"吃"的受事"饭"在句法上就无法安排，只好不出现。不像"出兵到祁山"，可以说成"兵出祁山"，让"兵"占据主语位置。

能不同。如果表达者为了有意突显后景事物"床"，"床"就有可能因为这种突显而代入背景事物"病人"的位置，成为背景。出现这种有意突显的原因是由于背景事物并非动词语义所直接反映出来的完形事物，因而后景事物不可能随意占据背景事物的位置，只有在有意识有目的的情况下才可能出现这种代入现象。例如从动词"打"的原型语义我们很难立刻联想到它的完形宾语事物是"电话"，同样，从动词"陪"的原型语义我们也联想不到它的完形宾语事物是"病人"。下面这个例子就很能说明问题：

（7）这种野菜以前是我们半年的口粮，现在成了吃稀罕了，人人抢着吃。（阿宁：《无根令》，载《中篇小说选刊》1995年第5期，第3页）

在例（7）中，"吃稀罕"的完整的意思是"因为觉得稀罕而吃野菜"，"野菜"并非动词"吃"的完形宾语，这是一种通过对后景事物的有意突显而造成的宾语代入现象。

邢福义先生（1991）设定了一个区别代体宾语与常规宾语的方法，即一个VO结构，如果一出现表示V的对象或目标的宾语（记为O_1），就可以把原来V后边的宾语挤出宾语位置，让它出现在介词"用、在、到、跟"等后边，居于次宾位，那么，原来的宾语便是代体宾语（O_2）。如下所示：

$$VO_2 \rightarrow 用\ O_2VO_1，在\ O_2VO_1，$$
$$到\ O_2VO_1，跟\ O_2VO_1。$$

邢先生的分析说明了及物动词的代体宾语结构与常规宾语结构之间的某种内在的联系。实际的语言事实也表明，在语言运用中同时存在着这样两种表达形式：

A	B
在馆子里吃饭	吃馆子
用耳机听音乐	听耳机
以短平快的方式打球	打短平快

A组表达形式里的介词宾语在B组里都作动词的宾语，两组表达形式所表达的意思大体相同，但是语言形式不同，相对而言，B组比A组语言要简洁、含蓄一些。B组表达形式就是代体宾语代入常规宾语位置的现象。

根据邢福义先生（1991）的分析，代入常规受事宾语位置的代体宾语可以认为是从状语位置上迁移过来的。但是这样一来，我们就无法解释"吃新鲜"这类超常规的动宾搭配现象出现的原因，因为"吃新鲜"是"吃新鲜的食物"的意思，并非"因为新鲜而吃"。

根据认知语言学的观点，除了图形和背景事物外，其他的都是用来突显图形或背景的后景。也就是说，在动宾结构中，后景除了在状位出现外，还可以是用来直接修饰限定背景的成分，这样，类似"吃新鲜的食物"中的"新鲜"这类成分也应看作是一种后景成分。例如：

吃食堂里的饭　　　　　　　吃食堂

听梅兰芳的戏　　　　　　　听梅兰芳

喝老陈的酒　　　　　　　　喝老陈（的）

根据"图形/背景"理论，上述例句中的宾语的中心成分相当于背景，宾语的修饰成分定语相当于后景。一般情况下，背景比后景要突显一些，但是有时因为表达的需要，后景获得了有意的突显并使背景在句中的地位显得相对下降，并从而导致了句法的重新选择，后景由于得到认知上的突显而成为背景，并占据了原有背景的句法位置，变成了后面这种省略的表达形式。这种句法成分重新选择是通过转喻或转指的途径来完成的。转喻是一种认知方式，它注重对事物的突显属性的认知。（参看沈家煊，1999）

由此可见，可以代入宾语位置的成分既有可能来自状语位置的后景成分，也有可能来自直接修饰背景成分的后景成分。这两种后景事物的突显所造成的宾语代入的句法结果从形式上看是一致的，但是在语义上却有明显的差异。状位的后景成分是整个事件过程的后景成分，而直接修饰背景成分的后景成分只与背景之间有关联，突显了背景成分的属性。这一点从句法成分的形式距离上也可以反映出来，状位后景成分比直接修饰背景的后景成分在语言形式上离背景成分的距离要大，中间有动词的间隔。语言成分之间的距离反映了所表达的概念成分之间的距离（Haiman，1983）：形式距离越远，意义联系越疏远；形式距离越近，意义联系越紧密。这就是语言成分之间的距离相似动因。因此，类似下列的语言表达形式实际上都是有歧义的结构，应区别对待：

吃食堂

吃父母

"吃食堂"这种表达形式既可能是由"在食堂里吃饭"的后景成分的突显而造成的，也可能是由"吃食堂里的饭"的后景成分的突显而造成的。因此，"吃食堂"就可以有两种理解，第一种理解"食堂"应分析为处所宾语，第二种理解"食堂"应分析为受事宾语。"吃父母"也可以做两种理解："靠父母吃饭"或"吃父母的饭"，"父母"依前一种理解应分析为来源宾语，依后一种理解应分析为受事宾语。

四、认知的详细程度与宾语的代入

同一情形由于观察的详细程度不同，因而可以采用不同详细程度的词或句子来进行描述。认知的详细程度也是造成宾语代入现象的一个重要因素。

认知的详细程度受主客观两方面因素的影响：一方面，个体的认知取向制约了认知的详细程度，如果个体对客体事物在认知心理上很重视，那么他对客体事物的认知也就相对较为详细，反之，就可能比较简单；另一方面，客体事物对主体的刺激程度的强弱也制约了主体对客体事物在认知上的详细程度，刺激程度越大，主体对客体事物的认知越详细，反之，就会越简单。认知的详细程度必然会影响和制约到表达的详细程度。表达的详细程度也受到两方面因素的影响：一方面，个体根据对同一情形的认知的详细程度的不同，而采用不同详细程度的表达形式来进行表达；另一方面，个体主观的表达意图也制约了表达的详细程度。认知上很详细，但是表达上却要求尽可能的简省，个体仍然会选用相对简单的语言形式来进行表达。这就是说，认知的详细程度虽然对表达形式的繁简有影响，但是最终采用何种表达形式来进行表达还是取决于表达的具体需要（即必须满足一定的表达意图）。如果对同一情形观察的详细入微，主观上也需要做出详细的表述，那么这时候，在语言表达形式上，有关这一情形的图形、背景和后景事物都要求同时出现。这种图形、背景和后景的同现制约了后景事物的突显，句法结构此时很难出现变异。例如要详细描述一个人"在食堂里用一只大碗吃饺子"这样一个情景，如果说成"在食堂里吃／吃食堂／用大碗吃／吃大碗／吃饺子"等都不能完整地再现事件的具体细节过程，必须完整地表述为"他在食堂里用一只大碗吃饺子"。此时作为后景的"食堂"和"大碗"因为背景成分"饺子"的存在，在认知上很难得到突显而成为背景成分，不可能出现句法结构的变异而出现代入现象。只有在观察不细致或无需要详细表达的时候，可能出现"在食堂里吃／用一只大碗吃"这种相对简单的表达形式，这时候，后景事物才有可能因为背景事物的缺省而得到突显，从而促使句法结构形式产生变异，造成"吃食堂"和"吃大碗"这种宾语代入现象。这也说明了追求语言表达的经济性动因是促成语法结构形式出现变异的一个重要的原因。汉语是一种意合型语言，词语之间搭配的语义容忍度较大，因而出现宾语代入这种语言变异现象的可能性也较大。

五、余　论

"图形／背景"理论不但可以用来解释及物动词的宾语代入现象，还可以用来解释不及物动词带宾语的现象。[1]

朱德熙（1982）认为不及物动词就是只能带准宾语（包括动量宾语、时量宾语和数量宾语三类），不能带真宾语的一类动词。我们如果换个角度来理解，可以认为所谓不及物动词就是动词所带的常规宾语位置为空位的一种零形式宾语。宾语为空位，从认知的角度来理解，就是一种背景的缺省。背景的缺省必然会对图形和后景等成分的认知产生影响，造成相关事物的认知地位的改变，从而导致句法结构的变异，出现宾语的代入现象。这种相关成分代入宾语位置的现象可能由两种形式的变异而造成。

A.后景由于背景的缺省而得到突显，提升为背景。这种提升后的背景成分既可能处于原位不动，也可能代入原来缺省的背景的空位，使后景向背景的突显在句法形式上得到验证和巩固。例如：

（8）宝雅你听我说，我不是叫你跟我回家去睡猪栏，不是的！（转引邢福义 1991 例）

例（8）中的"睡"是通常所说的不及物动词，"睡猪栏"就是"在猪栏里睡"的意思，"猪栏"原本是说明"睡"的处所的后景，因为背景的缺省而得到相对突显，提升为背景，句法形式上表现为"猪栏"可以代入缺省背景的空位。

B.图形因为背景的缺省，也可以代入缺省背景的位置，原来的后景相应地提升为背景。例如：

（9）a.两个人在一张床上睡。

b.两个人睡一张床。

c.一张床睡两个人。

例（9）中，a 句"睡"后宾语位置为空位，"一张床"因为"睡"后背景事物的缺省而提升为背景.而"睡"后的空位，既为提升后的背景成分"一张床"提供了代入宾位的可能（如 b 句），也为图形成分"两个人"提供了代入宾位的可能（如 c 句）。

这两种形式的代入现象，就是我们通常所说的不及物动词也可能出现带处所宾语 [如例（8）] 或施事宾语 [如例（9）c 句] 这样一些非常规宾语的现象。[2]

这种由后景事物的突显而产生的宾语代入现象，其句法地位并不稳固。除了少

---

[1] 我们在前文中所讨论的"吃父母"、"吃大碗"这类动宾结构是把"吃"看成及物动词对待，但是也有一些学者不这么认为，他们把"吃情调"、"吃大户"等这种带代体宾语的动词"吃"看作不及物动词，如郭继懋（1999）、徐盛桓（2003）、刘晓林（2004）等。不管把"吃"分析为及物动词还是不及物动词，我们的讨论都具有同样的解释力。这里附带讨论不及物动词带宾语的情况，目的就在于此。

[2] 朱德熙（1982）把"睡"、"笑"、"来"、"清醒"这类动词处理为兼类动词，即兼属不及物动词和及物动词两类。带准宾语时为不及物动词，带真宾语时为及物动词。

数经过概念整合已经概念化的表达形式（如"吃食堂"、"吃馆子"、"写毛笔"、"洗冷水"）外，多数情况下，一旦原来的背景成分被突显，这些代入的宾语成分又必须回到其原来的后景位置去，不能继续占据背景的句法位置。这也是邢福义先生用来判断代体宾语与常规宾语的方法在认知上的一种解释。

理论上，所有的后景都有可能因为被突显而成为背景，但是，实际上，除了直接修饰背景成分的后景因为与背景成分之间语义关系比较紧密，因而可以通过转喻思维得到突显而代入背景位置外，多数情况下，后景的突显要受到许多因素的制约。例如前面谈到的选择、视角、详细程度等等，都是影响后景突显的重要因素。除此以外，还有一个重要的因素制约了后景的突显，即后景是否提供了新信息，这种新信息又是否与后景和动词之间有常规关系。提供了新信息容易被突显，例如在家里吃饭是常识性的日常行为，而"在食堂吃饭"相对而言提供了新信息，而且，"食堂"与"饭"和动作"吃"之间有常规性联系，因而可以说"吃食堂"。而"在门口吃饭"，虽然"门口"也提供了新信息，但是却一般不说"吃门口"，这是因为后景"门口"与背景"饭"和动词"吃"之间在认知上还没有建立起常规联系"[1]。

本文我们主要以认知语言学的"图形/背景"理论为指导，讨论了及物动词和不及物动词中的宾语代入现象，并从理论上为汉语中的这类宾语代入现象建立了一个统一的解释框架。通过讨论，我们认为：后景与背景的不同突显程度，说话者的认知详细程度以及对图形、背景和后景的主观选择差异，是宾语代入现象产生的认知基础。

参考文献：

李裕德. 现代汉语词语搭配 [M]. 北京：商务印书馆，1998.

林书武.《隐喻与像似性》简介 [J]. 国外语言学，1995（3）.

沈家煊. 转指和转喻 [J]. 当代语言学，1999（1）.

王纯清. 汉语动宾结构的理解因素 [J]. 世界汉语教学，2000（3）.

王占华. "吃食堂"的认知考察 [J]. 语言教学与研究，2000（2）.

谢晓明. 代体宾语的理解因素 [J]. 汉语学报，2004（1）.

邢福义. 汉语里宾语代入现象之观察 [J]. 世界汉语教学，1991（2）.

---

[1] 当然，可以说"吃在门口"，这时候"吃"是主语（图形），"门口"是宾语（背景），"在"是动词。也就是说，这里的结构中心不再是"吃"，而是动词"在"了。因此，它不属于我们所说的宾语代入现象。

邢福义 . 汉语语法学 [M]. 长春：东北师范大学出版社，1996.

张敏 . 认知语言学与汉语名词短语 [M]. 北京：中国社会科学出版社，1998.

赵艳芳 . 认知语言学概论 [M]. 上海：上海外语教育出版社，2001.

朱德熙 . 语法讲义 [M]. 北京：商务印书馆，1982.

（本文原刊于《湖南大学学报》2004 年第 3 期）

方式宾语的鉴定模式及其典型性

一、方式宾语的界定

汉语宾语的语义类型主要是根据动宾之间的语义关系来划分的。《语法讲话》认为："有各种不同的动词，因此动词跟宾语也有各种不同的关系。有的宾语是动词行为的受事；有的宾语表示处所；存在的事物；主语的类别；动词行为产生的结果。"（丁声树等，1961）这是较早关于宾语语义类别的分类。但是，汉语有无方式宾语成分？如果有范围应该如何界定？各家说法不一。马庆株（1987）认为方式宾语表示动作的方式，可以用"按……的方式"把宾语提到动词之前。例如：唱小生（按小生方式唱）、写仿宋体（按仿宋体的方式写）。陈小明（1995）认为：凡能变换为"按O的方式V"的VO，其中O为方式宾语。孟琮等（1999）认为：方式宾语是用某种方式进行。形式特点是，一般都可用"用"把名词提到动词的前面，提前后，名词往往变成定语，后面加上"方式"或类似的词语，如：唱A调→用A调唱。高俊霞（2006）认为：凡是可用"按……（的方式）"将宾语提到动词之前的都是方式宾语。周国辉（2003）不同意有方式宾语的存在，他根据格语法理论，认为"方式"属于状语的范畴，汉语中所谓的方式宾语实际上是一种抽象的工具格，如"打游击"、"存活期"中的"游击"、"活期"是动作行为的方式，但其深层格框架为工具格。

我们认为方式语义类宾语是客观存在的，根据《现代汉语词典》（第5版）给"方式"一词的释义"说话或做事所采取的方法和形式"，我们把方式宾语定义为：动作行为在实现过程中所直接涉及的方式。但是这种抽象定义并不能解决具体用例的语义归类问题。因此必须要有一套便于把握、形式语义相结合的鉴别模式。

二、方式宾语的鉴定模式

（一）单一形式标准存在的主要问题

方式宾语的判定，以什么形式为依据？已有研究成果一般认为可以用"用/按O的方式V"这种变化形式来判定方式宾语。这种鉴别标准虽然简洁方便，但是存在不少问题。首先，"用/按O的方式V"格式不能鉴别出所有的方式宾语，而且，能进入"用／按 O 的方式 V"转换格式的，可能是方式宾语，也可能是其他语义类型的宾语。比如："绑死扣"可以变换成"按照死扣的绑法绑"，但是并不能就此判定"绑死扣"中的"死扣"就是方式宾语，因为"死扣"还可以受数量词的修饰（"绑两个死扣"）。在具体语言环境中，"死扣"如果受数量成分修饰，就是结果宾语，反之就是方式宾语，不能一概而论。其次，有些不能进入"用／按 O 的方式 V"格式的 O，也有可能是方式宾语。比如："读住校"，我们一般不能变换成"按照住校的方式读书"，但是却可以变换成"上寄宿（式）学校"、"住校读书"、"住校（和走读一样）是读书的一种方式"等，所以不能因为"读住校"不能变换成"用／按 O 的方式 V"就说它不是方式宾语，因为它可以变换成"住校（和走读一样）是读书的一种方式"等格式，所以也属于方式宾语类型。类似的例子还有"玩丢手帕"、"跳三级跳"、"唱小生"、"唱青衣"、"相走田，马走日"、"织元宝针"等。

（二）复合标准的提出及其验证

我们提出应该采用形式语义相结合的办法，用一套复合模式来鉴定方式宾语成分。这套复合模式包括：

1. 主要标准（形式标准）

标准一：提问形式 [看能否用"（谁）怎样做"、"（谁）做成什么样"、"怎么 V"形式来提问]。

标准二：变换形式（看能否用六种变换格式中的一式或多式来进行变换）。

2. 辅助标准（句法语义标准）

标准三：语义标准（宾语成分在语义上有方式语义特征）。

标准四：句法标准（不具备其他语义类宾语的典型句法表现）。

说明：a. 鉴别标准以形式标准为主，句法语义标准为辅，先形式标准，后句法语义标准；b. 采用形式标准步骤有先后，先使用标准一，如果符合标准一再采用标准二来进行鉴别。

标准一：提问形式

语义关系的细微差别往往可以通过不同的询问方式鉴别出来。对方式宾语的鉴别，我们首先看 VO 结构在形式上能否进入以下三种提问形式之一：a. 用／以／按照什么方式 V；b."（谁）V 成什么样"；c. "（谁）怎样／怎么 V"。

根据这个标准，我们可以把方式宾语与典型的工具宾语、受事宾语区分开来。因为典型工具宾语和受事宾语成分都不能用以上三种形式来提问（当然，含有方式义的工具宾语和受事宾语可以用这些提问形式来进行提问）。

标准二：变换形式

方式宾语成分至少要能变换成下列六种格式中的一式或几式。

格式一：以 / 用 / 按 O 的（形式 / 式样 / 样式 / 格式 / 方法 / 规则……）V

格式二：以 / 按 O 的身份 / 角色 / 位置 V

格式三：V 的角色是 O

格式四：（把××）V 成 O（的字形 / 样式 / 形式 / 发型 / 形状……）

格式五：V 的是 O 字形

格式六：O 是（V 的）一种方式 / 步法 / 针法……

说明：a. 变换式与原式意思应基本保持一致；b. 格式一、格式二、格式六中的 V 可以被同义或近义动词性成分替换，如"演丑角→扮演的角色是丑角"。

举例分析如下：

格式一：方式宾语可以用"用 / 按 / 以 O 的方式 / 标准"提到动词之前。例如：

打双十字→按双十字的方式打

走八字步→按八字步的方式走

格式二："以 O 的身份（角色）/ 位置 V"，这个变换式专门用来鉴别体育运动中的一些角色类方式宾语。例如：

打前锋→以前锋的身份打球

打后卫→以后卫的身份打球

格式三："V 的角色是 O"，这个格式主要用来鉴别表演类角色宾语。例如：

演花旦→扮演的角色是花旦

唱青衣→唱的角色是青衣

格式四："（把××）V 成 O（的字形 / 样式 / 形式 / 发型 / 形状……）"，这个变换式可以用来判别有结果义的方式宾语。结果义方式宾语的特点是宾语不仅是动作行为的方式，而且当动作行为结束时这种方式会以结果的形式保留下来，例如"打井字"，当"打"（捆扎）这一动作完成时，其方式"井字"就会保留在受事（如行李、箱子等）成分上，成为结果状态。例如：

种宽垄→种成宽垄的样式

捆十字→捆成十字的形状

绑死扣→绑成死扣的形状

理平头→理成平头的发型

格式五："V 的是 O 字形"，这个变换式用来鉴别动作 V 的动作方式。例如：

相走田→相走的是田字形

马走日→马走的是日字形

格式六："O是V的一种方式"，这个格式主要用来鉴别类别式方式宾语，例如：

存活期→活期是存款的一种方式

寄平信→平信是寄信的一种方式

寄特快专递→特快专递是寄信的一种方式

游蛙泳→蛙泳是游泳的一种方式

标准三：语义标准

做方式宾语的名词性成分，在语义上一般具有方式义。很多词语的方式义在词典释义中已经反映出来。比较下面这些词语在《现代汉语词典》（第5版）中的释义及其在动宾组合中的语义类型：

快件：运输部门托运货物的两种方式之一。　　寄快件（方式）

包裹：包扎成件的包儿。　　寄包裹（受事）

分头：短头发向两边分开梳的式样。　　梳分头（方式）

头：头发。　　梳头（受事）

有些名词性成分虽然词典释义没有反映出方式义，但是在长期使用过程中实际上已经发展出了方式义，对动作行为有方式上的要求，因而也应该归入方式宾语。例如："走正步"、"唱高音"等。

那些在词典释义中没有反映出方式义，在语言的组合发展过程中也没有对动作行为产生方式要求的名词性成分不能归入方式宾语，如："优待一辆自行车"、"处罚三十块钱"、"编号"等，我们认为这些宾语成分都是对象宾语，而非方式宾语。

标准四：句法标准

这条标准主要用来辨别一些兼有其他宾语语义类型特点的结构，主要有以下三条句法鉴别标准：

A. 对数量成分和指量成分的适应情况。

有些方式宾语，不仅在动作进行的过程中对动作方式有限制要求，而且还会随着动作的实现以结果的形式保留下来，这类方式宾语比较接近结果宾语，比如"邮平信"、"打井字"、"理平头"等。这类宾语可以通过加数量词或指量词来鉴别，宾语成分受到数量或指量成分修饰的不是方式宾语，而是结果宾语，没有受到数量或指量成分修饰的是方式宾语。例如：

方式宾语　　　结果宾语

邮<u>平</u>信　　　他邮了<u>两封</u>平信。

打<u>井</u>字　　　他打了<u>一个</u>井字。

理<u>平</u>头　　　他们理了<u>两个</u>平头，<u>三个</u>分头。

类似的动宾结构如：画水彩、画素描、画油画、理平头、理分头、梳背头、梳分头、盖大屋顶、烫青年式、劈十字叉、写草字、写隶书、写篆书、写魏碑、抄小楷字、绑死扣、绑活扣、绑大五花、打十字、打井字、捆井字、捆十字、拴活扣、拴死扣、裹十字、裹井字、寄平信、寄挂号、邮挂号、邮平信、寄快件、寄航空、邮快件、邮航空。

B. 对介词"把"、"被"的适应情况。

受事宾语句一般可以转换成"把"字句和"被"字句，方式宾语句一般不能变换成"把"字句和"被"字句。例如"走正步"就不能转换成："* 他把正步走了。/* 正步被他走了。"但是方式宾语如果含有结果义，一般可进入这两种变换式。例如：

寄快件：他把快件寄了。/他把快件寄出去了。/快件被他寄出去了。

排方阵：他把方阵排了。/他把方阵排好了。/方阵被他排好了。

因此，在满足前面三条标准的情况下，如果不能转换成"把"字句、"被"字句，那么宾语成分就是非结果性方式宾语，如果能够转换成"把"字句、"被"字句，那么宾语成分就是结果性方式宾语。

C. 对时体助词的适应情况。

方式宾语句的动词后面一般不能加时体助词"着"、"了"、"过"。（杉村博文，2006）有些方式宾语句的动词后面虽然可以加上时体助词"着"、"了"、"过"，但是加了之后宾语的语义类型发生了改变，变成了结果宾语。例如：

行李她结结实实地打了十字。

毛衣她织过元宝针。

她认认真真地写了两页大楷。

她以前理过分头，这次剪了个平头。

需要强调的是，我们提出的这四条标准，其中前两条对于所有的方式宾语都适用，是鉴别方式宾语的主要标准，而后面两条是补充性的，在鉴别时应以前两条为主、后两条为辅。

三、方式宾语的典型性考察

（一）方式宾语与结果宾语

方式宾语与结果宾语存在很多纠缠不清的现象，比如"写大楷"、"打井字"、"绑死扣儿"、"梳分头"、"画油画"等，如果没有语境，它们都既可以理解成方式宾语又可以理解成结果宾语。根据马庆株（1987）对结果宾语的分类，既能理解成方式宾语又能理解成结果宾语的结果宾语一般都是积极的名词结果宾语，有以下的变换形式：VO → V 成了 O → 把 OV（成）了。如：

写信→写成了信→把信写（成）了

盖房子→盖成了房子→把房子盖成（好）了

孵小鸡→孵成了小鸡→把小鸡孵成（出来）了

但是根据我们的鉴定模式，其中有些宾语成分的意义不是具体实指的结果宾语，应该归入方式宾语。上面例中的"信"、"房子"、"小鸡"都比较具体有形，所以一般不能理解成为方式宾语。而"理平头"、"打井字"、"绑死扣儿"中的宾语成分既有结果宾语特征，又有方式宾语特征，且宾语成分相对比较抽象，不表示具体事物，我们把这种宾语成分称为结果性方式宾语。据此，我们把方式宾语与结果宾语的区分模式总结如表一（能说的用"＋"表示，不能说的用"—"表示，下同）：

表一

语义角色	以何种方式 V	按 O 的方式 V	V 成了 O	把 OV（成／好）了	举例
典型方式宾语	＋	＋	—	—	走正步
结果性方式宾语	＋	＋	＋	＋	打井字
典型结果宾语	—	—	＋	＋	盖房子

（二）方式宾语与受事宾语

方式宾语和受事宾语也存在一定的纠结现象，如"寄快件"、"邮平信"、"唱民歌"、"唱通俗"、"拉二簧"、"吃麦当劳"、"打擦边球"等，结构中的名词宾语既可理解成方式宾语，也可理解成受事宾语。根据鉴定模式，受事宾语是动作或行为直接及于事物，使事物发生了一定的变化所形成的宾语，其形式特点是，一般都可以用介词"把"字把宾语提前（当然也有一些例外，如"受风"就不能变换成"把风受了"），可以用"V 什么"提问，受数量成分修饰。如：

砸玻璃→把玻璃砸了→砸什么→砸了一块玻璃

叠被子→把被子叠了→叠什么→叠了一床被子

而像"寄快件"这类动宾结构，宾语成分既可以按受事宾语的鉴定模式进行变换，也可以按方式宾语的鉴定模式进行变换，如何进行语义归类呢？通过对宾语成分的语义考察，我们发现这些名词性成分都有两种义项，不同义项的组合形成不同语义类型的宾语，比如："快件、平信、特快专递、挂号"既可以表示一种特殊方式的信件或者包裹本身，同时又可以专门表示某种特殊的邮递方式；"民歌"既可以指民歌歌曲，也可以指民歌唱法；"二簧"既可以表示一种乐器，又可以指在此基础上形成的一种二簧腔调，等等，宾语成分属前种义项时是受事宾语，属后种义项时是方式宾语。可见，方式宾语和受事宾语的纠结，主要是由宾语的不同义项造成的，一种义项对应一种宾语类别。我们称这种方式宾语为受事性方式宾语，区分模式总结如表二所示：

表二

语义角色	以何种方式 V	按 O 的方式 V	V 什么	把 OV 了	举例
典型方式宾语	+	+	—	—	砌单砖
受事性方式宾语	+	+	+	+	寄快件
典型受事宾语	—	—	+	+	叠衣服

（三）方式宾语与工具宾语

方式宾语和工具宾语都是由用事成分发展而来的，都是状语宾语化形成的，也都可以变换成"用"字结构（参看吴继光，2003），但是它们表示的意义和动宾结构内部的关系有很大差异，鉴别模式也有不同，工具宾语可以转化成"用"字结构，其中的"用"是"使用"的意思，也可以转化成"O 是 V 的一种工具"、"O 可以用来 V"等格式。如：

　　写毛笔→用毛笔写字→毛笔是写字的一种工具→毛笔可以用来写字

　　抽鞭子→用鞭子抽打→鞭子是（抽）打人的一种工具→鞭子可以用来抽人

但是，在实际语言使用中存在这样一类动宾结构，宾语成分既可以按照工具宾语的鉴定模式进行转换，也可以按照方式宾语的鉴别模式进行转换，存在两种语义归类的可能。如：

　　打横拍：a.用横拍打→横拍是打球的一种工具→横拍可以用来打球

　　　　　　b.用横拍的方式打→按横拍的方式打

a 组转换式表明"横拍"是工具宾语语义成分，b 组转换我们把"横拍"叫作工具性方式宾语，意即含有工具语义的方式宾语。

有些动宾结构，宾语成分只能用工具宾语的转换形式进行转换，不能用方式宾语的转换形式进行转化。如：

　　吃大碗→用大碗吃→大碗是吃东西的一种工具→大碗可以用来吃东西

　　　　　→*用大碗的方式吃→*按大碗的方式喝

　　写毛笔→用毛笔写字→毛笔是写字的一种工具→毛笔可以用来写字

　　　　　→*用毛笔的方式写→*按毛笔的方式写

但是因为宾语成分含有对比选择性（谢晓明，2004），整个动宾结构含有一定的方式义，可以用"怎么 V"形式来进行提问。如：

　　吃大碗——怎么吃啊？

　　写毛笔——怎么写呀？

　　"怎么 V"是鉴定方式宾语的提问方式之一，因此类似"吃大碗"、"写毛笔"这种动宾组合中的宾语成分我们认为是含有一定方式义的工具宾语，可以称为方式性工具宾语。

　　由此可见，方式宾语和工具宾语的纠结主要表现在两个方面：工具名词本身的方式性和工具宾语结构整体的方式性。相比而言，前者可以划入方式宾语的范畴之内，作为非典型成员对待，后者可以归入含有方式义的工具宾语。区分模式见表三：

表三

语义角色	以何种方式 V	按 O 的方式 V	用 OV	O 是 V 的一种工具	举例
典型方式宾语	＋	＋	－	－	游蛙泳
工具性方式宾语	＋	＋	＋	＋	打横拍（b）
方式性工具宾语	－	－	＋	＋	写毛笔
典型工具宾语	－	－	＋	＋	刷石灰

（四）考察总结

　　根据我们提出的方式宾语鉴别模式，我们给方式宾语范畴列出了一个大致的典型性序列。先看表四：

表四

鉴定形式 论旨角色	以何种方式 V	按 O 的方式 V	V 成了 O	把 OV（成／好）了	V 什么	把 OV 了	O 是 V 的一种工具	举例
典型 方式宾语	＋	＋	－	－	－	－	－	走正步
结果性 方式宾语	＋	＋	＋	＋	－	－	－	绑死扣
受事性 方式宾语	＋	＋	－	－	＋	＋	－	寄快件
工具性 方式宾语	＋	＋	－	－	－	－	＋	打直拍

　　从表四可以看出，除了典型的方式宾语结构外，每种结构都有不止一种语义特征，这也是以前研究者产生分类差异的原因所在。根据前面的分析，我们给方式宾语列出了一条典型性序列：典型方式宾语＞工具性方式宾语＞结果性方式宾语＞受事性方式宾语＞其他方式宾语。

四、余　论

根据方式宾语的鉴定模式，我们对《汉语动词用法词典》里所举各种语义类宾语的用例进行了再次鉴别，发现有些归入方式宾语的用例其实不是方式宾语。有些应归入依据类，比如：划成分、排修改本、织第一种图案、敲秧歌点、踩鼓点/秧歌调、包小包；有些应归入结果类，比如：编号/号码/次序/顺序、跑圈儿、凿长方形/圆眼儿；有些应归入材料或工具类，比如：标红色/箭头、印宋体；有些应归入受事类，比如：包散装、罚钱/东西/三杯酒、照半身。而词典中有些归入其他语义类宾语的用例，根据复合鉴定模式我们认为都有可能成为方式宾语，只是典型性程度不一，例如（"[ ]"里面是词典中的分类）：

典型方式宾语：[工具] 打麻雀战、[等同] 打外围/前锋、[等同] 演阿庆嫂/反派英雄人物；

工具性方式宾语：[受事] 吃棍子/嘴巴（＝吃耳光）、[工具] 说普通话/广州话/英文；

结果性方式宾语：[结果] 推光头/分头/寸头/平头。

语义分析必须要有形式上的验证，语义范畴的设置应该有可以观察得到的形式上的依据，对方式宾语进行系统详尽的探讨，不仅对《汉语动词用法词典》今后的补充修正有一定的参考价值，有利于描写和解释现代汉语方式宾语，有利于汉语动宾结构特点的发掘，而且有助于对方式宾语的计算机自动识别，甚至对对外汉语教学也具有十分重要的意义。

参考文献：

陈小明 . 方式宾语初探 [J]. 天津师范大学学报，1995（2）.

丁声树等 . 语法讲话 [M]. 北京：商务印书馆，1961.

高俊霞 . 现代汉语方式宾语研究 [D]. 武汉：华中师范大学硕士学位论文，2006.

马庆株 . 名词性宾语的类别 [J]. 汉语学习，1994（5）.

孟琮等 . 汉语动词用法词典 [Z]. 北京：商务印书馆，1999.

[日] 杉村博文 . "VN" 形式里的 "现象" 和 "事例" [J]. 汉语学报，2006（1）.

吴继光 . 现代汉语的用事成分与工具范畴 [M]. 武汉：华中师范大学出版社，2003.

谢晓明 . 代体宾语的理解因素 [J]. 汉语学报，2004（1）.

中国社会科学院语言研究所词典编纂室.现代汉语词典（第5版）[Z].北京：商务印书馆，2005.

周国辉.格语法与汉语非常规谓宾结构[J].外语与外语教学，2003（7）.

（本文原刊于《语言研究》2009年第2期，署名：谢晓明、谷亚丽）

工具宾语的鉴定模式及其典型性

一、引　　言

朱德熙（1982）首次提出工具宾语概念，指出宾语的语义性质可以是动作凭借的工具，确立了工具语义类宾语的地位。工具宾语提出后，其范围应该如何界定，意见不一。李临定（1983）、马庆株（1987）认为汉语中的名词性宾语，除了"吃大碗、写毛笔"等是比较典型的工具宾语外，"浇水、捆绳子、盖锅盖"等也属工具宾语；孟琮（1987）、朱景松（1992）指出工具宾语不仅包括"捅刀子、过筛子"等，还包括后来细化出来的材料宾语，如"涂脂粉、点唇膏"等；谭景春（1995）从语义特点、形式特点、变换方式等方面把工具宾语和材料宾语区分开来；陈昌来（2001）又从工具宾语中分离出了一部分受事宾语。

有两点学者们基本达成了共识：a. 都把工具宾语归入语义类，根据动词与宾语之间的语义关系来判定；b. 将是否可以转化为工具状语（VO→用 OV）作为判断工具宾语的形式标准。我们认为运用这种单一形式标准虽然简洁方便，但是存在不少问题。首先，能够转化为工具状语的宾语不一定是工具宾语。比如"煨排骨"，虽然可以转化为"用排骨煨"，但是"排骨"与动词"煨"之间在语义上并非动作—工具关系，而是动作—对象关系。其次，并非所有的工具宾语都可以转化为工具状语，比如"乘飞机"就不能转换成"用飞机乘"。因此，我们认为有必要为工具宾语的判定建立一套科学合理的模式。[1]

二、复合鉴定模式的提出及其验证

我们提出采用形式语义相结合的办法，用一套复合模式来鉴定工具宾语成分。这套复合鉴定模式包括：

（一）主要标准（形式标准）[2]

标准一：提问形式

语义关系的细微差别往往可以通过不同的询问方式鉴别出来。对工具宾语的鉴

---

[1]　本文主要讨论动词直接带宾语的情况，其他情况暂不讨论。

[2]　鉴别标准以形式标准为主，句法语义标准为辅，先形式标准，后句法语义标准，形式标准没有主次差别。

别，我们首先看 VO 结构是否可以用以下两种提问形式之一来提问。

A. 用什么工具来 V？

B. 动作 V 所凭借的工具是什么？

根据这个标准，我们可以把工具宾语与方式宾语、受事宾语区分开来，因为典型的方式宾语和受事宾语成分都不能用以上形式来提问。[1] 比如"走正步"和"想问题"，前者属于方式宾语，后者属于受事宾语，都不能用 A、B 两种形式进行提问。

标准二：变换形式

工具宾语成分一般能变换成下列三种格式中的一式或几式 [2]：

格式一：用 O（这种工具）V。

格式二：用来 V 的工具是 O。

格式三：O 是 V（所凭借）的工具。

举例分析如下：

写毛笔：用毛笔（这种工具）写（字）/ 用来写（字）的工具是毛笔 / 毛笔是写（字）所凭借的工具

捆纸绳：用纸绳（这种工具）捆 / 用来捆的工具是纸绳 / 纸绳是捆所凭借的工具

吃大碗：用大碗（这种工具）吃（饭）

坐火车：用来乘坐的工具是火车 / 火车是乘坐的工具 [3]

煨排骨：*用排骨这种工具煨 /* 用来煨的工具是排骨 /* 排骨是煨所凭借的工具

救济了大量药品：*用大量药品这种工具来救济 /* 用来救济的工具是大量药品 /* 大量药品是救济所凭借的工具

通过分析可知，"煨排骨"和"救济了大量药品"都不能用其中任何一种变换形式进行变换，因此宾语成分可以排除工具宾语的可能性。其他几例可以用其中的一式或几式进行变换，宾语成分都有属于工具宾语的可能。

---

[1]　含工具义的方式宾语也可以用这些提问形式来进行提问，比如"打横拍"，就可以用 A、B 两种形式进行提问，但是"横拍"也可以用鉴别方式宾语的提问形式来提问或用转换形式进行转换，可以说"用什么方式打？""用横拍的方式打"等。详见后面的典型性分析。

[2]　变换式与原式意义应基本保持一致：V 可以用同义、近义词替换，后面可以带受事宾语。

[3]　《汉语动词用法词典》（孟琮等编，1999）把"坐火车"里的"火车"分析为处所宾语，形式特点是可以放在"在……里"，"坐火车→坐在火车里"。我们认为"坐火车"这个动宾结构虽然可以进行这种转换，但是放在具体语句里却是一般不能进入"在……里"的，"坐火车"往往不是"坐在火车里"的意思，比如"我喜欢坐火车"，就不是"我喜欢坐在火车里"的意思，而是"我喜欢乘坐火车这种交通工具"的意思。

（二）辅助标准（句法语义标准）

标准三：语义标准

做工具宾语的名词性成分，在语义上也有其相应特征。大部分词语的工具义在词典释义中可以反映出来，例如下列词语在《现代汉语词典》（2005 年第 5 版）中的释义就包含有明显的工具语义特征（下划横线处反映了这种语义特征）。

箱子：<u>收藏衣物的方形器具</u>，用皮子、木头、铁皮、塑料等制成。

毛笔：用羊毛、鼬毛等制成的笔，<u>供写字、画画等用</u>。

当然，并非所有含有 [＋工具] 语义特征的宾语都是工具宾语，含有工具语义特征的宾语成分在与动词的语义关系上并不等同于宾语本身的语义特征。例如"制飞机"，"飞机"具有工具语义特征，但是与动词之间却是一种"动作—结果"关系。因此，语义标准只能用来作为鉴别工具宾语的一条辅助标准参考使用。

标准四：句法标准

句法标准主要有以下两条：

A. 看宾语成分对介词"把"、"被"的适应情况。工具宾语成分一般不能变换成"把"字结构和"被"字结构。例如"吃大碗"一般不能转换成："＊把大碗吃了 /＊大碗被吃了"，如果在特殊语境里可以进行此类转换，宾语在语义上也不属于工具宾语而属于受事宾语。

B. 看宾语成分对数量成分的适应情况。除乘坐类动词带交通工具名词作宾语外，大部分工具宾语成分一般不能受数量成分修饰。例如"写毛笔"一般不能说成"写一支毛笔"，"打棍子"一般不能说成"打一根棍子"。这种句法上的约束条件表明宾语为工具宾语的动宾结构大多具有熟语性，一般不能进行扩展。

三、工具宾语的典型性

工具宾语与方式宾语、材料宾语、处所宾语在语义分类时存在一些纠结，下面我们对其进行区分。

（一）工具宾语与方式宾语的纠结

工具宾语和方式宾语都是由用事成分发展而来的，都可以变换成"用"字结构。（吴继光，2003）但是它们表示的意义和动宾结构内部的关系有很大差异，鉴别模式也有不同，工具宾语可以转化成"用"字结构，其中的"用"是"使用"的意思，也可以转化成"O 是 V 的一种工具"、"O 可以用来 V"等格式。如：

写毛笔→用毛笔写字→毛笔是写字的一种工具→毛笔可以用来写字

但是，在实际语言使用中存在这样一类动宾结构，宾语成分符合工具宾语的鉴定模式进行转换，也符合方式宾语的鉴别模式。如：

　　打横拍：a.用横拍打→横拍是打球的一种工具→横拍可以用来打球

　　　　　　b.用横拍的方式打→按横拍的方式打

　　a组转换式表明"横拍"是工具宾语，b组转换式表明"横拍"是方式宾语，含有工具义，我们称其为工具性方式宾语。

　　有些动宾结构，宾语成分只能用工具宾语的转换形式进行转换，不能用方式宾语的转换形式进行转化。如：

　　吃大碗→用大碗吃→大碗是吃东西的一种工具→大碗可以用来吃东西

　　　　　→＊用大碗的方式吃→＊按大碗的方式吃

　　写毛笔→用毛笔写字→毛笔是写字的一种工具→毛笔可以用来写字

　　　　　→＊用毛笔的方式写→＊按毛笔的方式写

　　但是因为宾语成分含有对比选择性（谢晓明，2004），整个动宾结构含有一定的方式义，可以用"怎么V"形式来进行提问。如：

　　吃大碗——怎么吃啊？

　　写毛笔——怎么写呀？

　　"怎么V"是鉴定方式宾语的提问方式之一，因此类似"吃大碗"、"写毛笔"这种动宾组合中的宾语成分我们认为是含有一定方式义的工具宾语，可以称为方式性工具宾语。

　　可见，工具宾语和方式宾语的纠结主要表现在两个方面：工具名词本身的方式性和工具宾语结构整体的方式性。相比而言，前者可以划入方式宾语的范畴之内，作为非典型成员对待，后者可以归入含有方式义的工具宾语。区分模式见表一：

表一

语义角色	以何种方式 V	按 O 的方式 V	用 OV	O 是 V 的一种工具	举例
典型方式宾语	＋	＋	－	－	游蛙泳
工具性方式宾语	＋	＋	＋	＋	打横拍（b）
方式性工具宾语	－	－	＋	＋	写毛笔
典型工具宾语	－	－	＋	＋	打棍子

（二）工具宾语与材料宾语的纠结

　　谭景春（1995）从语义特点、形式特点、变换方式等方面对工具宾语和材料宾语进行了区分。他认为"材料宾语表示的是一种材料，它往往随动词表示的动作附加在别的物体上，而工具宾语表示的只是凭借的工具，不会随动词表示的动作附加在别的物体上。比如，'（给窗户）糊纸'，'纸'随着'糊'动作附加在别的物体（窗户）上。而'吃大碗'的'大碗'只是'吃'凭借的工具、不会随'吃'的动作附加在别的物体上。表示材料的物体往往随着使用而被消耗掉，如'浇水、堵水泥'，'水、水泥'会随着'浇、堵'被消耗掉。而表示工具的物体往往能多次重复使用，如'打棍子'的'棍子'、'写毛笔'的'毛笔'"。谭文从五个方面对材料宾语和工具宾语进行了细致区分，这种分析很有启发意义。

我们认为材料宾语主要用来表明宾语成分是动作受事的组成材料，例如"织毛线"，"毛线"是织成衣服的材料，又如"刷油漆"，"油漆"通过涂刷之后成为了受事的一部分。材料宾语和工具宾语之间存在一定的纠结。材料宾语都具有一定的工具义，"织毛线"中的"毛线"既是受事的组成材料，也是动作所凭借的一种工具。但是工具宾语不一定都具有材料语义，如"写毛笔"，"毛笔"与受事之间没有组成关系，不是受事的组成材料。有些工具宾语与受事之间通过动作有了一定的接触，如"捆绳子"，"绳子"通过捆绑与受事有了接触，看起来可以归入材料宾语，其实并非受事的组成材料，而应归入工具宾语成分。[1]

（三）工具宾语与处所宾语的纠结

有些工具宾语成分具有一定的空间义，可以用处所宾语的某种转换形式进行转换，与处所宾语存在一定的纠结。[2] 例如：贵重物品装箱子，其他东西装麻袋。这里的"装箱子、装麻袋"既可以用处所宾语的转换形式进行转换，也可以用工具宾语的转换模式进行转换。

a.贵重物品装在箱子里，其他东西装在麻袋里。

b.贵重物品用箱子（这种工具）装，其他东西用麻袋（这种工具）装。

那么"箱子、麻袋"与动词"装"之间的语义关系到底如何？我们认为工具义是主要的语义关系，处所语义是次要的，可以把"箱子、麻袋"看成是含有一定处所义的工具宾语成分。

根据我们对大量语料的考察分析，没有发现含有工具语义的处所宾语。工具宾语和处所宾语的纠结大致可以通过表二举例来澄清。

---

[1]　谭景春（1995）根据动词具有附加义特征，把"盖油毡／棉被／报纸／锅盖／锯末／沙子、绑绳子、压一块砖、拴铁链子、扎红绸子、罩纱布"等结构中的宾语成分都归为材料宾语，我们认为动词的语义对宾语成分的出现及其语义归类固然重要，但材料宾语主要还应看其与受事宾语之间是否具有组成关系。

[2]　关于处所宾语的鉴定模式详见储泽祥（2004）。

表二

动宾短语	工具性	处所性	语义角色	举例
吃大碗	+	—	典型工具宾语	你吃大碗,我吃小碗。
盛大碗	+	+	处所性工具宾语	将鸡肉盛大碗放糯米酒。
装箱子	+	+	处所性工具宾语	把衣服装箱子。
	—	—	典型受事宾语	卡车里装箱子。
住宾馆	—	+	典型处所宾语	出差住宾馆很花钱。

四、余　论

根据工具宾语的鉴定模式,我们对《汉语动词用法词典》里所举的 127 个动词带工具宾语的用例进行了重新鉴定,发现有些用例(共有 27 例)其实不是工具宾语。鉴定结果如下:

应归入受事宾语的有 13 例:搭把手、安慰了几句话、帮助点钱、照顾了一辆小汽车、帮个块儿八毛的、咬牙、打枪、抬杠、舔舌头、找零钱、套公式、赛足球、套毛衣。

应归入材料宾语的有 11 例:刮糨糊、滴醋、掺酒精、擦唇膏、涂墨水、打毛线、砌石头、织红线、编柳条、浇铁水、拼了一块三合板。

应归入方式宾语的有 3 例:请电影、说普通话、打两包烟的赌。

本文研究表明,对工具宾语鉴定模式及其典型性问题的讨论,有利于描写和解释现代汉语里的工具宾语成分,对《汉语动词用法词典》今后的修定工作具有一定的参考价值,而且这种复合鉴定模式对工具宾语成分的计算机识别和对外汉语教学也具有十分重要的意义。

参考文献:

陈昌来.工具主语和工具宾语异议 [J].世界汉语教学,2001(1).

储泽祥.处所角色宾语的判定及其典型性问题 [J].语言教学与研究,2004(6).

李临定.宾语使用情况考察 [J].语文研究,1983(2).

马庆株.名词性宾语的类别 [J].汉语学习,1987(5).

孟琮,郑怀德,孟庆海,蔡文兰.动词用法辞典 [Z].上海:上海辞书出版社,1987.

孟琮，郑怀德，孟庆海，蔡文兰.汉语动词用法词典 [Z].北京：商务印书馆，1999.

[日]杉村博文."VN"形式里的"现象"和"事例"[J].汉语学报，2006（1）.

谭景春.材料宾语和工具宾语 [J].汉语学习，1995（6）.

吴继光.现代汉语的用事成分与工具范畴 [M].武汉：华中师范大学出版社，2003.

谢晓明.代体宾语的理解因素 [J].汉语学报，2004（1）.

谢晓明，谷亚丽.方式宾语的鉴定模式及其典型性考察 [J].语言研究，2009（2）.

朱德熙.语法讲义 [M].北京：商务印书馆，1982.

朱景松.与工具成分有关的几种句法结构 [J].安徽大学学报，1992（3）.

（本文原刊于《汉语学习》2009 年第 2 期）

第三章 句法格式与特殊句式研究

异类词联合短语研究

一、前　　言

联合短语已有不少研究成果，如朱德熙（1982）、徐枢（1988）、周荐（1987）、廖秋忠（1992）等，都对联合短语做了基本的或专门的研究。在语言类型和语言共性研究方面，联合结构也是关注的重要对象。如 Ross（1967）提出著名的"并列结构限制"原则；Schacher（1977）也提出一条"并列结构限制"原则，强调并列的成分必须属于同一个语法范畴，并且具备相同的语义功能，即并列成分在句法上、语义上是对称的；Haiman（1985）在前人研究的基础上，用对称象似动因来解释联合结构。（转引自张敏，1988：167—177）汉语里，有些联合短语的联合项，并不是同一类词，不属于同一个语法范畴，这是与语言共性不同的地方，邢福义（1997：262）指出了这一点，并做了简明的论述，詹卫东（2000）也有一些讨论。本文研究的就是书面语中词性不同的词即异类词造成的联合短语。

汉语联合短语的强式是同类词的联合，本文讨论的异类词联合，是联合短语的弱式，是不典型的联合短语。联合短语方面，前贤的研究多在强式用法上，我们以此为基础，尽力做到强式、弱式用法并重，重视联合短语内部的非离散性特点及典型程度的差异性。储泽祥（1995、1999）侧重弱式，本文的研究也属于弱式用法的研究。

A. 为使问题集中、明晰，本文讨论的异类词联合，联合项限于单个的词。

B. 本文要利用统计进行分析，统计的对象限于联合项为两项的异类词联合短语。

C. 异类词联合短语记为：X conj Y，X 与 Y 表示词性不同的两个词，conj 表示各种关联词语或停顿。本文的材料主要是书面上的。

D. 异类词联合使用是一种不太稳定的现象，涉及到词的兼类问题、词的临时转用问题等等，本文做出如下说明：

a. 词的兼类问题。兼类词参与构成的联合短语，可能是同类联合，也可能是异类联合。如果兼类词（X）所兼的类里有一类与另一联合项（Y）词性相同，一般都是同类联合，如"（人生的）归宿和依靠"、"理论与实际"、"安定团结"、"认真负责"等，"依靠"是名兼动，这里用作名词，"实际"是名兼形，这里用作名词，"团结"、"负责"都是动兼形，这里都用作形容词。它们都是词性一致的联合短语，由于兼类的影响，给人一种异类联合的假象。如果兼类词 X 所兼的任何一类与另一联合项 Y 的词性都不相同，那么一定是异类联合，如"幻想"是兼属动词和名词的兼类词，与形容词"浪漫"构成联合短语"浪漫和幻想"，一定是异类联合。至于"幻想"词性如何确定，要看相关成分是什么，如在"充满浪漫和幻想"里，"充满"主要带名词宾语，据此可以确定"幻想"在这里用为名词。

b. 词的临时转用问题（修辞上叫"转类"或"转品"）。主要是名词的临时转用，与异类词联合性质上似同实异。当名词（不兼属其他词类）进入"又＋形＋又＋X"格式、表示事物的性状时，会出现临时转用现象，例如"秃鹰的爪子又大又钩"，"钩"在这里临时活用为形容词，表示属性。"又大又钩"类是说话者有意打破常规的、个人化的临时说法，不是异类词联合短语。

二、异类词联合短语的体词性倾向与词类成员的非范畴化

（一）异类词联合短语的句法功能

本文收集到异类词二项联合短语 96 例，只见到名词（N）、动词（V）、形容词（A）三者之间两两联合，没见到其他类词参与的异类联合。邢福义（1997）认为数量词、代词等都可以参与构成联合短语，如"三排和五排"、"他和父亲"，但异类词联合短语里，看不到数量词和代词。联合标记主要是"和/与/而/并"等连词以及"又……又……"的副词联合框架，少数用停顿的办法标记，只有固定的说法如"流氓盗窃（团伙）"没有明确的标记，但不表示兼容属性时，在"流氓"的后边也有停顿的可能。因为异类词联合短语主要出现在书面语中，所以联合标记用"和"的最多，有 79 例，占 82.79%。异类联合的情况统计如下：

A conj V（包括 V conj A）	42 例	43.75%
N conj V（包括 V conj N）	28 例	29.17%
N conj A（包括 A conj N）	26 例	27.08%

从统计数据中可以看出，A conj V 要略多一些。N 为体词，V、A 为谓词，体词与谓词的对立性即使在异类词联合里也能有所体现：A conj V 是谓词内部的联合，要

容易一点，数量就多一些；N conj V 与 N conj A 都是体词与谓词的联合，限制大一些，数量就少一些。这说明，在异类词联合里，词性仍然在起作用。

异类词联合短语句法功能情况统计如下（"兼语后项"即兼语短语里兼语的谓语，本文这样临时称说，是为了把它与主谓短语里的谓语区别开来的缘故）：

表一

	宾语	定语	主语	兼语后项	谓语	状语	补语
A conj V	20 例	10 例	3 例	5 例	2 例	1 例	1 例
N conj V	21 例	5 例	2 例	0 例	0 例	0 例	0 例
N conj A	20 例	2 例	4 例	0 例	0 例	0 例	0 例
96 例	61 例	17 例	9 例	5 例	2 例	1 例	1 例
100%	63.54%	17.71%	9.38%	5.21%	2.08%	1.04%	1.04%

统计数据显示，异类词联合短语主要作宾语（或宾语中心语），其次是定语和主语（或主语中心语），三项合计 87 例，占 90.63%。可以肯定地说，异类词联合短语是倾向体词性的。A conj V 可以作兼语后项、谓语及状语、补语，说明它仍然有谓词性。但实际例句显示，这是有限制的。例如：

（1）师兄的声音像一位年轻力强的乞丐，不但不使人同情，反而让人厌恶和恐慌。（张者：《传呼》，载《人民文学》2000 年第 6 期，第 73 页）

（2）月英心里又紧张又怕，不能答应又不敢拒绝，不知说什么好了。（季宇：《证人》，载《中篇小说选刊》2000 年第 4 期，第 138 页）

（3）当时她又羞又笑地转身便走，说：我以为你们多文明，原来一个好的都没有！（严歌苓：《谁家有女初养成》，载《中篇小说选刊》2000 年第 5 期，第 69 页）

（4）虽然大伙对她爱理不理的，但她还是礼数周到地和大伙打招呼，笑得十分谦卑和巴结。（黎泉：《我梦中的青云巷》，载《小说选刊》2000 年第 9 期，第 85 页）例（1）"厌恶和恐慌"作兼语"人"的谓语，例（2）"又紧张又怕"作"心里"的谓语，例（3）"又羞又笑"作状语，例（4）"谦卑和巴结"作补语。首先，我们要注意的是，直接作谓语，只能是"又 X 又 Y"，而带"地"作状语的，也只能是"又 X 又 Y"，"X 和 Y"不能直接作谓语。"又"是副词，能标示、强化 X、Y 的谓词性，"又……又……"不能联合 N 与 V/A，而"和"是连词，起不到副词的修饰作用。"和"与"又"作为联合标记的差别，朱德熙（1982）已经注意到。其次是"X 和 Y"作为谓词性成分使用的限制，作补语，要带"得"，尤其是要有程度修饰语 [如例（4）的"十分"]，"X 和 Y"不能作主语的谓语，只能作兼语的谓语，处在结构的底层，底层的宽容性、降级述谓性是"X 和 Y"用为谓词性成分的依托。

（二）词类成员的非范畴化及形式标记

参与构成异类词联合短语的名词、动词、形容词，是汉语最基本的三类词。人类认知机制的一个重要机能是：从差异性中把握相似性。语言学家据此对语言单位进行分类，词类得以形成，这可以说是"语言的范畴化"。名词、动词、形容词的对立，可以说是不同范畴的对立。

每一个语法范畴，都有典型性问题。典型的名词，是占有空间的实体名词，汉语里表现为受数量词修饰；典型的动词，是表示具体可见的动作过程（时间性）的词，汉语里表现为带"了/着/过"，带宾语；典型的形容词，是表示空间侧面、时间属性、价值属性、真值属性的，汉语里如"大/小/新/旧/好/坏/真/假"等，它们大多是单音节的，具有可目视性，有程度差异（邢福义等，1993；张敏，1998；张国宪，2000）。词类的成员有典型的，自然也有不典型的，不典型的成员，功能易发生游移（张伯江，1994）。典型的成员，处在某个话语环境或句法环境里，也可能出现范畴解体，丧失带上某些显现其词性的形式标记的能力，从词类的范畴化角度看，这是非范畴化。非范畴化为异类词联合提供了重要基础。

根据我们的观察，96 例异类词联合短语里，名词只有"学校/眼泪/皱纹/流氓"4个是具体名词，其他的都是抽象名词，动词只有"笑/旋转"是动作动词，其他的都是不能表示具体动作的动词，形容词只有"宽"一个是表示空间侧面的，其他的大多是表示心理或人际关系的。可以说，96 例异类词联合短语里的名词、动词、形容词，绝大多数都不是各类词里的典型成员，它们的功能容易游移，词性容易中和，容易非范畴化。正是因为如此，功能稳定的数量词、代词，一般不会参与构成异类词联合短语。

非范畴化，形式上有标记。第一个明显的标记是，它们大多出现在宾语、主语位置上（共 70 例，占 72.92%）。宾语、主语位置，并不是动词、形容词的典型位置。例如：

（5）和平和发展是当今世界的两大主题。

（6）在他最美好的一天，却要忍受讥笑和耻辱，他简直不知如何面对这残酷的现实。（葛翠琳：《奇事 2 则》，载《北京文学》2000 年第 10 期，第 58 页）

（7）我们有生以来从未像此刻这样对水声充满警惕，充满了恐惧和恨意。（尤凤伟：《蛇会不会毒死自己》，载《收获》1998 年第 4 期，第 79 页）

A conj V "和平和发展"在例（5）里作主语，V conj N "讥笑和耻辱"在例（6）中作宾语，A conj N "恐惧和恨意"在例（7）里也是作宾语。在主语、宾语位置上，动词不能带"了/着/过",形容词单独不能带修饰语,总之,作为类特征的标记形式,出现要受到抑制。

第二个形式标记是,异类词联合短语在句中作定中短语的中心语,如"她的温柔和体贴(让他感到十分幸福)",整个定中短语体现为体词性,动词的时间性、形容词的变化性均被抑制,词性被中和。(张伯江,1993)

第三个形式标记是指称化标记,具体表现是在异类词联合短语前边用上名量性的表数词语。例如"没有一点离别的依恋和伤感"、"他那神情里分明含着一种莫名的戒备和敌意"里,异类词联合短语的前边分别用上了"一点"和"一种"。这些名量性的表数词语,使联合短语整体上指称化了(马庆株,1995),也使短语联合项的动词、形容词指称化了。指称和陈述是语用范畴,它们的对立性也可以中和或非范畴化。另外,指称和陈述本是可以兼容的(姚振武,2000),实体由名词指称,动作、属性由什么来指称?可以由名词指称,也可以由动词、形容词来指称,不过要受到限制:汉语用名量性的表数成分修饰动词、形容词来实现指称,从广义范围看,主语、宾语位置,定中短语的中心语位置,都是汉语营造指称化环境的位置。

应该强调的是,话语环境也会为词类成员的非范畴化提供帮助,比较突出的是无指性用法。当动词失去时间、对象无指,形容词所示个体无指时,它们的词性就容易中和。例如:

(8)同情和慈悲是女人的天性,如果产生升华,那就成了伟大的母爱。(野莽:《打你五十大板》,载《小说选刊》2000年第10期,第104页)

例(8)中,"同情和慈悲"是无指的,"同情"的对象无指,"同情"的时间无指,"慈悲"不是哪一个具体的"女人"的属性,这时候,它们都表示抽象的属性,语义功能相近,词性的对立也大大减弱了。

词类成员的非范畴化,反过来也能说明为什么异类词联合短语主要作宾语(61例):一是宾语位置是适合非范畴化的位置;一是联合项意义抽象的占大多数,不符合汉语主语有定性的要求。只有周遍性的或指称化了的异类词联合短语才能作主语。

(三)异类词联合短语里名词、动词、形容词发生"转义"的方向性问题

词性对立被中和,往往与意义的临时转化(转义)相关联。Halliday(1992)认为,语义不是僵化的成品,而是一种动态的过程(转引自朱永生、严世清,2000)。名词表示实体,动词表示过程,形容词表示属性,在使用过程中,这种相互区别的语义功能可能会发生转化。异类词联合短语里,名词、动词、形容词就可能发生转义现象。从总体上看,转义的方向是:

A. 过程→属性。例如"怀疑和奸诈的眼神/礼貌而蔑视的微笑"里,动词"怀

疑 / 蔑视"都表示属性，向形容词的语义功能靠拢。

B. 过程→实体。例如"期望和现实的落差 / 机遇和挑战 / 理想和追求"里，动词"期望 / 挑战 / 追求"都表示抽象的实体，语义功能向名词靠拢。

C. 属性→实体。例如"太多的难堪与隐痛 / 我的骄傲和资本"里，形容词"难堪 / 骄傲"都表示抽象的实体，语义功能向名词靠拢。

少数的情形是：实体→属性。如"流氓盗窃团伙"里名词"流氓"在这里表示属性。也有少数情形如"又气又笑"，转义并不明显。

应该说明的是，这种"转义"是词在具体句子中语义功能的临时变化。Halliday把它归入语法隐喻的范围，认为它是句法语义交互匹配的结果。这种临时的转义现象，也是兼类词产生的一个重要途径。

三、异类词联合在句法语义上的互补现象

词性不同，必然造成异类词联合短语的不平行性。异类词联合短语是如何克服这种不平行性的呢？或者说，异类词联合的基础是什么呢？这是本文要探讨的主要问题。

（一）句法组合上的可分说情况

朱德熙（1982：157—158）把联合短语分为两类：一类是可以拆开分说的，一类是不能拆开分说的。本文收集的 96 例异类词联合短语，绝大多数可以拆开分说。例如：

佩服她的精明和胆量→佩服她的精明＋佩服她的胆量

热爱学校和学习→热爱学校＋热爱学习

向您表示尊敬和谢意→向您表示尊敬＋向您表示谢意

出于善良和同情→出于善良＋出于同情

似乎可以这样认为，词性不同的两个词，拥有共同的组合成分，句法上具备了联合的基础。尤其是"热爱 / 表示"这些既可以带谓词宾语又可以带体词宾语的动词，"出于"类既可以带动词宾语又可以带形容词宾语的动词，为异类词联合提供了句法条件。这类动词后的异类词联合短语，是该类动词不同性质宾语合并或归并的结果。我们把这类动词记作"动 <N/V/A >"。

本文考察的 96 例异类词联合短语里，"期望和现实（的巨大的心理落差）"不能拆开分说。心理上的"落差"是 2 价名词（类似的如"合金 / 距离"等），蕴含着"关系"的概念，要求两个从属成分都要同现，因此不好拆开分说。"流氓盗窃（团伙）"如果表示兼容属性，也不好拆开分说。虽然任何异类词联合短语都不等于联

合项的简单相加，但在一定程度上还是可以这样说：不能拆开分说的，是联合项化学性的化合，而可以拆开分说的，是联合项物理性的拼合。

（二）细节的相似情况

两个联合到一起的东西，语义细节上往往有相似相关之处。为了考察这一点，我们把96例异类词联合短语里的名词、动词、形容词按相似相关的语义细节分成甲、乙、丙三类，甲类是心理的或与心理有关的，乙类是与人际、礼节有关的，丙类是普通的抽象的词或一般的词。结果如下：

名词（N）：

甲 N 类：a.心理名词：信心　感情　兴趣　智慧　真情　敌意　恨意　醋意
　　　　　　　　心思

　　　　b.与心理有关的名词：母爱　耻辱　睡意　隐痛

乙 N 类：与人际、礼节有关的名词：友谊　谢意　见面礼

丙 N 类：a.抽象名词：现实　反响　力量　机遇　处境　资本　烟瘾　趣事

　　　　b.具体名词：学校　皱纹　眼泪　流氓

这里的分类有交叉现象，如"谢意"也与心理有关。"见面礼"比较抽象概括，前面出现"一份"等数量词时，要具体一些。兼类词以在例句中体现的词性为准，如"幻想"兼属名词和动词，这里归入名词，例句是"夏冰这个名字富有诗意，又充满浪漫和幻想"。

动词（V）：

甲 V 类：a.心理动词：怕　厌恶　讨厌　同情　自爱　喜爱　尊敬　怀疑
　　　　　　　　期望　期待　蔑视　钦佩　依恋　关注

　　　　b.与心理有关的非动作动词：慰藉　依赖　解脱　巴结　应付　探询
　　　　　　　　讨好　放纵　体贴　冷落　戒备　鼓舞　讥笑　支持

乙 V 类：与人际、礼节有关的非动作动词：亲吻　问候　感谢　谦让　看重

丙 V 类：a.一般的非动作动词：发展　学习　工作　盗窃　追求　挑战

　　　　b.动作动词：笑　旋转

这里要说明的是，与心理有关的动词，在例句中一定表现出了心理细节。"支持／依赖"包含心理上的因素；"解脱"本是佛教用语，指摆脱苦恼，得到自在，与心理有关；"放纵"包含"由着心性"的语义细节。

形容词（A）：

甲 A 类：a.心理形容词：紧张　恐慌　恐惧　害羞　闷　狂傲　慈悲　聪明
　　　　　　　　天真　奸诈　小心　幸福　善良　虚伪　着急　急　骄傲　伤感

　　　　　　谦卑　难堪　忧愁　兴奋　精明　绝望　细心　诚挚　气　自信

　　　　坚韧　羞

　　　b. 与心理有关的形容词：温柔　轻松　温暖　炽热　浪漫　幽默　无知

　　　　大方　无奈　新奇

　　乙A类：与人际、礼节有关的形容词：友好　礼貌　客气　亲昵

　　丙A类：一般的形容词：和平　辉煌　艰难　饥饿　困倦　在行　宽

　　与心理有关的形容词，也是在例句中一定表现出心理细节。如"轻松"指心情，"温暖/炽热"的比喻义都可以是心理情感上的属性。N、V、A甲乙丙三类数量统计如下：

表二

	N	V	A	130 例	100%
甲	23 例	28 例	40 例	91 例	69.77%
乙	3 例	5 例	4 例	12 例	9.30%
丙	12 例	8 例	7 例	27 例	20.93%

　　显然，96 例异类词联合短语里，联合项主要是心理或与心理有关的词，共 91 个，约占总量的七成。这说明，心理细节以及人际、礼节细节的相似性，是大多数异类词联合短语的语义基础，是保持异类词联合短语内部平行性的语义条件。

　　我们发现，96 例异类词联合短语里，有 81 例是按类组配的，例如（为了节省篇幅，这里只列单纯的异类词联合短语）：

甲 V conj 甲 A：厌恶和恐慌　　　　甲 A conj 甲 N：幽默和智慧

甲 V conj 甲 N：关注和兴趣　　　　乙 V conj 乙 A：看重和友好

乙 N conj 乙 A：谢意和亲昵　　　　乙 V conj 乙 N：问候和见面礼

丙 A conj 丙 V：和平和发展　　　　丙 N conj 丙 A：处境和艰难

丙 N conj 丙 V：学校和学习

不按类而是跨类联合的有 15 例，全部摘录如下：

A conj N：细心和友谊（甲乙）　　骄傲和资本（甲丙）　　聪明和力量（甲丙）

N conj A：皱纹和忧愁（丙甲）　　睡意和困倦（甲丙）　　眼泪和绝望（丙甲）

A conj V：狂傲和笑（甲丙）　　　又气又笑（甲丙）　　　又羞又笑（甲丙）

　　　　　礼貌而蔑视（乙甲）

V conj A：喜爱并在行（甲丙）

V conj N：期望和现实（甲丙）　　关注和反响（甲丙）

N conj V：理想和追求（甲丙）　　亲吻和唾沫（乙丙）

（三）配价指数的同异情况

根据袁毓林（1994，1995）、张国宪（1995）等人的研究，我们考察了 96 例联合短语里异类词的配价指数情况。考察发现：

A. 联合项 X 与 Y 配价指数不一致的，绝大多数是甲类词与甲类词的异类联合。例如：

    同情和慈悲（2 价甲 V conj 1 价甲 A）　温柔和体贴（1 价甲 A conj 2 价甲 V）
    怀疑和奸诈（2 价甲 V conj 1 价甲 A）　轻松和解脱（1 价甲 A conj 2 价甲 V）

上述各例都是甲类 A 与 V 之间的联合形式，它们的配价指数不一样，A 都是 1 价的，V 都是 2 价的。

B. 配价指数不同，又不是甲类词与甲类词联合的短语，只有以下 6 个：

    机遇和挑战（1 价丙 N conj 2 价丙 V）　流氓盗窃（团伙）（0 价丙 N conj 2 价丙 V）
    学校和学习（0 价丙 N conj 2 价丙 V）　期望和现实（2 价甲 V conj 1 价丙 N）
    理想和追求（1 价甲 N conj 2 价丙 V）　亲吻和唾沫（2 价乙 V conj 1 价丙 N）

如果把是不是"动〈N/V/A〉"的宾语（属句法组合上的可分说情形）、是否按类组合、配价指数是否一致三个因素综合起来考察，我们发现，这三个因素在维持异类词联合短语的平行性方面是互补的。列表举例分析如下：

表三

	"动〈N/V/A〉"的宾语	按类联合	配价指数一致
流氓盗窃（团伙）	−	+	−
同情和慈悲	−	+	−
喜爱并在行	−	−	+
狂傲和笑	−	−	+
细心和友谊	−	−	+
皱纹和忧愁	−	−	+
眼泪和绝望	−	−	+
（对他人生活缺乏）兴趣和关注	+	−	+
（表示）尊敬和谢意	+	−	+
（面临着）机遇和挑战	+	+	−
（热爱）学校和学习	+	+	−
（表示）礼貌和感谢	+	+	+

从表三中可以看出，为维持异类词联合短语的平行性，句法、语义呈互补态势：三个因素中如果有两个取"－"值，必有一个取"＋"值。也就是说，三个因素中，至少有一个取"＋"值。本文所收96例中，不能直接用上述三个因素解释的，只有以下3例：

（9）成为一个生物学家是我的理想和追求。

（10）"爸！"……我抱住他的脖子，在他的脸上留下无数亲吻和唾沫。（白连春：《身体里的感觉》，载《人民文学》1999年第11期，第54页）

（11）援引这种会话程式来作答，形成期望和现实的巨大的心理落差，造成幽默的表达效果。（袁毓林：《一价名词的认知研究》，载《中国语文》1994年第4期，第251页）

例中"理想和追求"、"亲吻和唾沫"、"期望和现实"都是名词与动词构成的异类词联合短语。从N与V的语义关系看，"理想"与"追求"是广义的同义关系（"理想"的内容与"追求"的目标的内容一致），"亲吻"与"唾沫"有因果关系（亲吻导致留下唾沫），"期望"与"现实"有两者之间的关系，也就是说，语义上N与V有密切的联系。从关涉成分看，"无数"是"亲吻和唾沫"指称化的标志，"我的"修饰"理想和追求"，是体词化的标志，而"落差"是2价名词，要求"期望与现实"同现，这些关涉成分，都不能不出现。因此，N与V语义上有密切联系，句法上有强制要求，这仍然是语义和句法两个方面相互配合，维持了它们作为异类词联合短语的平行性。

四、余　　论

（一）语用对异类词联合也有影响

一是为了经济。从微观上看，联合的总比分说的简洁一些，如"热爱学校，热爱学习"没有"热爱学校和学习"简洁；从宏观上看，不可能针对每一个动作或每一种属性再造一个指称性的词，只好利用句法条件，让它们自己指称自己，这样做才最省力。二是为了新奇或俏皮。异类联合，有反常性，本身就容易引起读者注意。异类词联合短语常充当宾语，位于句末常规焦点位置，使新奇或俏皮的功效更加明显。三是为了列举或数排。列举或数排时，并不要求各项词性完全一致，也可以造成异类词联合短语。例如"接、送、安全、陪同（等事宜）"是列举式，"汤啊，药啊，煮啊，煎啊"是数排式，每项的后边缀有语助词，储泽祥（1995、1999）对此做过一些探讨。

（二）异类词联合短语具有距离象似性

除极少数固定说法或命名说法外，绝大多数异类词联合短语都有联合标记。联合标记也是一种距离标记：词性不同，词所包含的类意义也不同（如实体不同于过程和属性），联合的词与词之间虽然有相似的语义细节，但语义上仍然有差别，这种句法语义上的距离，照映在形式上，就是使用"和"等联合标记。

（三）关于异类词联合的语序问题

联合结构内部语序问题，前贤论述颇多，如王国璋（1979）、周荐（1987）、廖秋忠（1992）等，都有精彩的论述，所总结的规律大多也适合异类词联合短语，如按语义轻重排位（"喜爱并在行的杂活儿"）、按显著性成分在前排位（"佩服她的精明和胆量"）、按因果关系排位（"留下无数亲吻和唾沫"）等。如果没有这些限制，语序要灵活一些。异类词联合短语，由于联合项词性不同，制约语序的因素也有它特殊的地方，如时间先后对语序的影响不大，而像"（九妹明白了她在城市的）处境和艰难"类的异类词联合短语，其语义结构是"事物＋该事物突出（个体）的属性"，语序的安排只能与语义结构一致。

（四）关于异类词联合的规范性问题

首先，在具体句子中，如果异类词联合形式与相关成分不能匹配，就不是规范的说法。如"觉出一阵踏实和依赖感"整体上不能构成动宾结构，"展开这次晚餐和谈话"本可以拆开分说，但"展开这次晚餐"局部上不能匹配，例中的异类词联合都是不规范的说法。其次，如果异类联合没有平行性，也不是规范的说法。如"狂傲和说"，"狂傲"是甲类1价心理形容词，"说"是丙类2价行为动词，语义类不同，配价指数也不等，所以，这种联合没有基础，无法保持平行，是失败的异类词联合。

（五）本文十分强调句法语义的互补作用

它可以说明异类词联合短语的平行性是如何维持的，同时也能说明异类词联合短语为什么单说能力弱，一是异类词联合短语主要分布在宾语位置，而述语动词只带体词宾语的居多，这就要求异类词联合短语体词化、指称化，通常的手段是前加修饰语。这种要求，降低了异类词联合短语的单说能力。二是异类词联合项上的名词，大多是与心理、人际、礼节有关的名词，这类名词一般都有配价要求（袁毓林，1995），动词、形容词当然有配价要求。如果联合项上的词是支配成分，往往要求配价成分同现。看下面的例子：

（12）观点不一致，这是很正常的，这倒更可以引起大家对配价语法的兴趣和关注。（陆俭明："序"，载沈阳、郑定欧：《现代汉语配价语法研究》，北京大

学出版社1995年版，第7页）

例中，"兴趣"和"关注"都是2价，都是支配成分，配价成分"大家"、"配价语法"出现在定语位置，靠近支配成分。支配成分要求配价成分共现，在很大程度上降低了异类词联合短语的单说能力。

　　这可以启发我们思考："我走"、"买书"、"北京和天津"、"伟大而光荣"、"讨论并通过"、"在酒楼上"、"补好"等几类短语，之所以前边的比后边的单说能力强一点，是因为前边的短语配价要求比后边的低一些的缘故（至少是重要原因之一）。短语的自足性问题似乎可以从这里找到进一步探讨的线索。

参考文献：

储泽祥．现代汉语后缀语助词的数排式[J]．湖北大学学报，1995（6）．

储泽祥．"连用"手段下的多项NP[J]．中国语文，1999（2）．

桂诗春．实验心理语言学纲要[M]．长沙：湖南教育出版社，1991．

郭凤岚．"又A又B"格式的认知基础[J]．世界汉语教学，2000（3）．

胡壮麟．语篇的衔接与连贯[M]．上海：上海外语教育出版社，1994．

梁晨．两种名·名结构[J]．中国语文，1981（4）．

廖秋忠．现代汉语并列名词性成分的顺序[J]．中国语文，1992（3）．

刘丹青．"唯动词"初探[J]．汉语学习，1994（3）．

刘坚．试论"和"字的发展，附论"共"字和"连"字[J]．中国语文，1989（6）．

陆俭明．同类词连用规则刍议[J]．中国语文，1994（5）．

马彪．运用统计方法进行词类划界的一个尝试[J]．中国语文，1994（5）．

马庆株．指称义动词和陈述义名词[C]//语法研究和探索（七）．北京：商务印书馆，1995．

唐爱华．动动并列结构考察[D]．长沙：湖南师大硕士学位论文，2000．

王国璋．论汉语并列结构的复杂性[J]．中国语文，1979（4）．

肖旸．定语位置上A1＋A2的并列[D]．长沙：湖南师大硕士学位论文，2000．

邢福义．汉语语法学[M]．长春：东北师范大学出版社，1997．

邢福义，李向农，丁力，储泽祥．单音形容词的AABB反义叠结[J]．中国语文，1993（5）．

徐枢．"又＋形₁＋又＋形₂"格式的限制[C]//中国语言学报（三）．北京：商务印书馆，1988．

姚振武．指称与陈述的兼容性与引申问题[J]．中国语文，2000（6）．

袁毓林．一价名词的认知研究 [J].中国语文，1994（4）．

袁毓林．现代汉语二价名词研究 [C]// 沈阳，郑定欧．现代汉语配价语法研究．北京：北京大学出版社，1995.

袁毓林．并列结构的否定表达 [J].语言文字应用，1999（3）．

曾庆香．主宾位名名并列情况考察 [D].长沙：湖南师大硕士学位论文，2000.

詹卫东．面向中文信息处理的现代汉语短语结构规则研究 [M].北京：清华大学出版社，2000.

张伯江．"N 的 V"结构的构成 [J].中国语文，1993（4）．

张伯江．词类活用的功能解释 [J].中国语文，1994（5）．

张伯江，方梅．汉语功能语法研究 [M].南昌：江西教育出版社，1996.

张国宪．论双价形容词 [C]// 沈阳，郑定欧．现代汉语配价语法研究．北京：北京大学出版社，1995.

张国宪．现代汉语形容词的典型特征 [J].中国语文，2000（5）．

张健．论组合性并列连词 [J].汉语学习，1993（5）．

张敏．认知语言学与汉语名词短语 [M].北京：中国社会科学出版社，1998.

周荐．并列结构内词语的顺序问题 [J].天津师范大学学报，1987（1）．

朱德熙．现代汉语语法研究 [M].北京：商务印书馆，1997.

朱德熙．语法讲义 [M].北京：商务印书馆，1982.

朱永生，严世清．语法隐喻理论的理据和贡献 [J].外语教学与研究，2000（2）．

（本文原刊于《中国语文》2003 年第 3 期，署名：储泽祥、谢晓明）

"A 加 B" 格式之考察

一、引　言

先看两个例子：

（1）在现有的大锅饭加铁饭碗的人事制度下，效率是永远提不高的。（《吕叔湘全集》第十九卷，辽宁教育出版社 2003 年版，第 19 页）

（2）还有……，还有就是自己这些年谨慎加小心，凡是涉及到个人家里的事，能随大流就随大流，能对付就对付。（何申：《秘书长》，载《中篇小说选刊》2003 年第 4 期，第 20 页）

例（1）中的"大锅饭加铁饭碗"和例（2）中的"谨慎加小心"就是本文所要讨论的"A 加 B"格式。这种"A 加 B"格式中的"加"是一个动词，由于它的词义是"把两个或两个以上的东西或数目合在一起"（《现代汉语词典》2002 年增补本），因此我们把它称为"加合义动词"。在语义上，这种格式的整体意义也不是 A、B 项语义的简单相加，比如例（2）中"谨慎加小心"，"谨慎"和"小心"的意思大致相近，可以说成"小心谨慎"。

动词"加"表示"添加"义的情况不在本文的讨论范围之内。例如：

（3）那些外国人常把整磅的茶叶放在一锅子水里，到水烧开，泼了水，加上胡椒和盐，专吃那叶子。（钱钟书《围城》）

例（3）中的动词"加"是"添加"的意思。这种情况本文不予讨论。

二、格式构成与句法功能

（一）格式构成

"A 加 B"格式是由 A、B 两个变化因子和固定因子"加"一起构成的一个短语性结构。根据 A、B 的不同，可以把"A 加 B"格式分成以下几种类型：

Ⅰ类：A、B 均为体词性成分。

构成"A 加 B"格式中的变化因子 A、B 均为体词性词语。例如：

（4）既然老乡都三分亲，那么老乡加同学不是更亲？（丁力：《为女老板打工》，

载《小说月报》2003 年第 3 期，第 111 页）

（5）"内伤加外伤……内伤懂不懂？就是这个地方……"他指了指心口，"可能叫人给扎了一下。"（老张斌：《反动艳史》，载《收获》2003 年第 2 期，第 148 页）例（4）中的"老乡"和"同学"，例（5）中的"内伤"和"外伤"都是体词性成分，整个结构为一个主谓结构。

Ⅱ类：A、B 均为谓词性成分。

构成"A 加 B"格式中的变化因子 A、B 均为谓词性词语。例如：

（6）"咱们坐车加步行，一天之内就能赶回来，如果不想回来，就住在山那面的横涧乡。"（郑彦英：《熊耳考水》，载《十月》2003 年第 1 期，第 99 页）

（7）章子怡在国际影坛人气急升，最近更有机会与"007"扮演者布鲁斯南在电视广告中合作，演绎惊险加浪漫的约会。（《楚天金报》2002 年 12 月 13 日，第 13 版）

例（6）中的"坐车"和"步行"都是动词性的词语，例（7）中的"惊险"和"浪漫"都是形容词性的词语，整个结构是一个主谓结构。

Ⅲ类：A、B 一个为体词性成分，一个为谓词性成分。

构成"A 加 B"格式中的变化因子 A、B 一个为体词性词语，一个为谓词性词语。例如：

（8）我入选十大杰出青年，纯粹是金钱加炒作的结果。（卢万成：《阳光灿烂》，载《中篇小说选刊》2003 年第 1 期，第 20 页）

例（8）中构成"A 加 B"格式的两个词语，"金钱"是名词，"炒作"是动词。A、B 两个词语的词性不同，一起构成了一个主谓结构。

构成"A 加 B"格式的 A、B 两项也可以是同一个词语，表示"程度或情况更进一步"。例如：

（9）以前，他以为胜利等于勇敢加勇敢；后来，他才明白过来，胜利等于勇敢加战术。（老舍《无名高地有了名》）

（10）那要是你对你爱人再好点儿，那不是好上加好了？（王朔《编辑部的故事》）

例（9）中的"勇敢加勇敢"比单说一个"勇敢"在程度上要深，意思是"不是一般的勇敢，而是十分的勇敢"。例（10）中的"好上加好"就是"更好"的意思，比单用一个"好"程度要深。

下面是我们对"A 加 B"格式所做的一个调查统计数据，调查材料以《王朔文集》、《小说月报》2003 年全年、《当代》2003 年全年为主，统计结果如下：

格式类型	用例数	百分比
Ⅰ类	31 例	75.6%
Ⅱ类	8 例	19.5%
Ⅲ类	2 例	4.9%

调查结果表明：A、B 为同类成分的"A 加 B"格式比较常见，有 39 例，约占调查总数的 95.1%，其中又以 I 类格式类型最为常见，约占调查总数的 75.6%，而 A、B 为不同类成分的"A 加 B"格式的用例情况比较少见，只发现 2 例，约占调查总数的 4.9%。可见，A、B 为同类成分构成的"A 加 B"格式是一种典型格式，A、B 为不同类成分构成的"A 加 B"格式是一种非典型格式。在典型格式中，又以 A、B 均为体词性成分的用例情况最为典型。

对"A 加 B"格式典型性情况的考察表明："A 加 B"格式中的 A、B 有趋向由同类成分组构的特点。

（二）句法功能

"加"一般认为是一个动词，因此从句法结构分析，"A 加 B"格式是一个主谓结构。主谓结构具有多功能性，它通常作为一个整体，在句子里充任多种句法成分。上述例句表明，"A 加 B"格式在句中可以充任主语 [如例（4）]、谓语 [如例（6）]、宾语 [如例（9）]、定语 [如例（7）、例（8）] 和小句 [如例（5）] 等多种句法成分。

三、A、B 的位序与格式义

（一）A、B 的位序

"A 加 B"格式中 A、B 两项的位序从理论上讲，应该是可以自由互换的，"A 加 B"的语义基本上等于"B 加 A"。如例（1）中的"大锅饭加铁饭碗"，也可以说成"铁饭碗加大锅饭"，意思基本不变。但是在语言实际中，A、B 的位序要受到许多因素的制约和影响，常常不能任意变换位序。制约 A、B 位序的因素主要有以下三个方面：

1. 主次因素的制约

如果 A、B 两项所代表的事物或行为有主次轻重的分别，一般把主要的重要的一项排在前面，次要的不太重要的一项排在后面。例如：

（11）走廊里贴满了我的大字报，我的反动（加黄色）日记一页一页地撕开，贴了一面墙，总有一百多米吧？（老张斌：《反动艳史》，载《收获》2003 年第 2 期，第 148 页）

例（11）中"反动"是"日记"的主要方面，"黄色"是次要的，因而排在后面，例中的括号也表明了这种主次分别，说明"黄色"是附加的一项"罪名"。

主次之分有客观的，也有主观的。客观的如例（6）中的"坐车加步行"，就是按客观的主次排位的，"坐车"是保证"一天之内赶回来"的主要方式，"步行"

只是一种辅助的方式。主观的主次之分与说话者的主观认识有关，因而不一定符合客观实际。如例（9）表明"他"的主观认识里"勇敢"是取得胜利的主要因素，因而说成"勇敢加战术"。事实上，"战术"对于取得战争胜利也许更重要。

2. 语境因素的制约

语境因素的制约主要是指格式受上下文的影响，只能说成"A 加 B"，而不能说成"B 加 A"。如例（4），由于前面已经先提到"老乡"，因而后面只能说成"老乡加同学"。又如：

（12）"你过去是我的兄长，今后也是我的兄长，还要加一层意思，兄长加上级。"（龙志毅：《政界》，百花文艺出版社 1999 年版，第 340 页）

例（12）中先提到"你"是"我"的兄长，后面受前文影响，只能说成"兄长加上级"。

3. 时间先后因素的制约

如果 A、B 两项所代表的事物或行为有时间先后的分别，一般把出现时间在前的排在前项，出现时间在后的排在后项。例如：

（13）我们已经认识很多年了，是老相识加朋友了，还有什么话不能说呢？（龙志毅：《政界》，百花文艺出版社 1999 年版，第 193 页）

例（13）中，"老相识"所指时间出现在"朋友"前，因而排在前项，用来表明这种时间上的先后关系。

以上因素并非同时都在制约 A、B 的位序排列，一般是受一种因素的制约，兼及其他。

（二）"A 加 B" 格式的格式义

加合义动词"加"的词义是"把两个或两个以上的东西或数目合在一起"，动词的语义特征规约了"A 加 B"格式的格式义。对格式类型的考察表明："A 加 B"格式在语义上具有"把多项事物、动作或性状累加在一起"这种格式义。"A 加 B"格式的这种格式义对格式的构成有一定的制约作用，具体表现在：

① "A 加 B"格式一般只有 A、B 两项，但是受格式义的影响，也可能出现多项事物的累合。这种多项累加一般采用两种形式：

第一种："AB 加 C"式。例如：

（14）我呢，爱好广泛，喜欢唱歌跳舞加旅游。（郑彦英《熊耳考水》）

第二种："A 加 B 加 C 加……"式。例如：

（15）再看看某些人的升官途径，也许是溜须拍马加金钱加女人，污七八糟不堪入目呢。（冯印谱：《官气与奴气》，载《杂文选刊》2003 年第 3 期，第 29 页）

②"A 加 B"格式中，A、B 趋向由同类成分组构。这是因为一般只有同类事物才有可能出现累加的情况。

在"A 加 B"格式中，A、B 之间的语义关系不是均衡的，前项 A 被视为基底，后项 B 被视为累加物。即使客观上并无轻重高低之分的两个事物，只要一进入"A 加 B"格式中，就会产生主观的语义偏向，即"A 加 B"格式在语义上是偏向前项 A 的，后项 B 只是在前项 A 基础上的一种累加，A 项是结构的语义重心。比如例（12）中的"兄长加上级"，"兄长"在"你我"之间的关系中是排在第一位的，不仅时间上比"上级"长，而且相对稳固。下面这个例子更能说明问题：

（16）唐朝阳打破沉默，叹息着对林永强道："林市长啊，我们在一个班子里合作共事，是同志加兄弟的关系，这没错，可你这个同志一定要弄清楚，同志是摆在第一位的，是同志就要讲原则，你说是不是啊？"（周梅森：《国家公诉》，载《收获》2003 年第 1 期，第 206 页）

例（16）先说两人之间的关系是"同志加兄弟"，接着又补充说明"同志是摆在第一位的"，这充分说明"A 加 B"格式的语义重心是偏向 A 项的。

四、"A 加 B"和"A 加上 B"

"A 加 B"格式早在中唐以前就已经出现了，例如：

（17）天书加羽服，又许归东川。（唐·储光义《献八舅东归》）

（18）插秧适云已，引溜加灌溉。（唐·杜甫《行官张望补稻畦水归》）

往后，这种格式在语言事实中一直存在，略举几例：

（19）僧问："如何是学人自己？"师曰："雪上更加霜。"（南宋·普济《五灯会元》）

（20）卖弄你仁者能仁，依仗你身里出身；至于你官上加官，也不合亲上做亲。（元·王实甫《西厢记杂剧》）

（21）首先严核捐职人员，说他们未诵试书，不辨菽麦，只知倚官生财，限他们三个月逐一面加考试一次，取得高等者，方许得差。（清·李宝嘉《官场现形记》）

从例（19）至例（21），再结合前面所引的例句，我们可以发现加合义动词"加"从中唐一直到现在，其前后所加合的 A、B 两项从句法成分上看，都是一些相对简单的词语。

从明代开始，书面语中开始出现"A 加上 B"这种用法。例如：

（22）忽然大雷大雨，加上冰雹，落到半夜方止，坏却房屋无数。（明·罗贯中《三国演义》）

（23）决心加上细心才是更大的决心！（老舍《无名高地有了名》）

例（22）和例（23）中的"加上"都用作动词，语义上表示把动词前后所关涉的事物合在一起，表加合义。这个表加合义的动词"加上"可以看作是加合义动词"加"后面带一个方位词"上"作补语而构成的一个动补结构。例（23）也可以说成：

（24）决心加细心才是更大的决心！

到了明末清初，"A加上B"格式的前后语言成分开始变得复杂起来，可以是一些在结构上和语义上相对独立的小句。例如：

（25）一连几日接交代，点剥料，核库册，又加上安顿家眷，把个安老爷忙得茶饭无心，坐卧不定，这才料理清楚。（清·文康《儿女英雄传》）

（26）我想找工作，没路子，再加上我打小就爱好文艺，觉得你们这儿都是了不起的文化人儿，不像别的地方，鱼龙混杂的，所以我就来了。（王朔《编辑部的故事》）

例（25）和（26）中的"加上"从形式上看也是把前后两个部分加合在一起，只是前后两项的语言形式相对而言要复杂得多，都不止一个小句，这些小句在语义和语气上都相对较为独立，整个句子是一个表示因果关系的多重复句。"加上"在这个复句中把两个表原因的事实合在一起，客观上起了连接的作用，而这个连接两个小句的"加上"只能分析为一个连词，表示一种递进关系。

从动词"加"到动词"加上"到连词"加上"，大致反映了加合义动词"加"在语言运用过程中的两个发展轨迹：一方面，从初现到现在，"加"的加合义动词用法还一直沿用；另一方面，又经历了从加合义动词"加"到加合义动词"加上"到加合义连词"加上"的词义虚化过程。动词"加"虚化的诱因主要有两个方面：

a. 类推：动词受双音化的影响，附加了一个词汇意义比较虚化的方位词"上"。

b. 重新分析：在明末清初的时候，动词"加上"的前后成分出现变化，开始出现一些小句成分，这时候"加上"联系的是两个小句，主要起连接的作用，应重新分析为连词。加合义动词"加"的发展演变轨迹，从一个侧面也说明了汉语词汇的演变过程是极其复杂的，在语法化的过程中还可能伴有词汇形式的一些变化。

五、相关格式比较

在汉语中，动词"兼"的用法与加合义动词"加"比较相近，也是表示"把两个或以上的事物合在一起"。例如：

（27）她经过一段时间的痛苦抉择，终于屈服于现实，与她的同事兼上级组成了一个革命家庭。（刘平：《内部档案》，上海文艺出版社2001年版，第425页）

（28）冯竹人原本在一家小医院扫地，兼清洗厕所，月生活费八元。（王松：《竹人》，载《小说选刊》2003年第1期，第2页）

（29）这次晚餐意义非常，赵雅莉明知吊带小背心好看兼时尚，但她必须顾忌那个五十多岁的梁主任。（王海玲：《"四张"女人》，载《中篇小说选刊》2003年第2期，第126页）

以上这三个例句分别是由名词性、动词性和形容词性词语构成的"A兼B"格式的用例。

"A加B"格式和"A兼B"格式有许多相同点，主要表现在：

①两种格式都有累加义。因而，一般情况下，"A兼B"也可以说成"A加B"。如例（27）也可以说成"同事加上级"，例（28）也可以说成"扫地加清洗厕所"，例（29）也可以说成"好看加时尚"。

②和"A加B"格式一样，"A兼B"格式的语义重心也偏向前项A，后项B是次要的附带的。

③"A兼B"格式在句中也可以充任主语、宾语、定语和小句等多种句法成分。

"A加B"格式和"A兼B"格式之间也有一些不同点，主要表现为：

①"A兼B"格式中的A、B两项不但要求是同类成分（即同为名词、动词或形容词），而且要求是同位成分（即必须是同一层次范畴的词语，一般是处于基本层次范畴的词语，如一般不说"工人兼磨砂工"）。而"A加B"格式中的A、B虽然倾向于由同类成分相加，但是也有不同类成分相加的情况。如例（8）中的"金钱加炒作"。

②语体风格不同。"A加B"格式比较口语化，在口语中经常出现，运用得当，往往能收到生动形象的表达效果。例如；

（30）你也是有家室的人了，眼看着自己的丈夫堕落成这样儿，你能不急吗？啊？别人咱不敢说，对自己家人，爱上加恨，大嘴巴就上去了。（王朔《编辑部的故事》）

"爱上加恨"就是"爱上有恨，又爱又恨"的意思，这种表达形式非常口语化。此外又如"流氓加才子"、"小米加步枪"等，都是在口语中出现较多的例子。

而"A兼B"格式是一种书面语体格式，一般出现在书面语中（出现在口语中一般是在一些比较正式的场合）。与相关格式的比较表明，"A加B"格式除了可以表示累加义外，还具有口语性强、使用面广等语用方面的价值。

六、余 论

加合义动词"加"可用数学符号"＋"来表示，因此，在语言实际中，"A加B"也常有用"A＋B"来表示的，一般出现在标题语言和新闻广告中。例如：

（31）名校专科何以如此诱人？ "专升本"捷径＋光鲜文凭。（《楚天都市报》2003 年 8 月 13 日，第 6 版）

这是报纸上的一则新闻标题，不用动词"加"，而用数学符号"＋"，可以收到重点突出、简单醒目的视觉效果。

如果把"A 加 B"格式对译成英文，应该是"add A and B"或"add B to A"。但在整句翻译时我们却一般只能翻译成"A and B"，比如例（11）中的"（我）喜欢唱歌跳舞加旅游"翻译成英文就是：

I like singing，dancing and traveling.

翻译成英文后，"A 加 B"格式变成了一个并列结构。

因此，对"A 加 B"格式的全面考察和讨论将有助于对外汉语教学，可以帮助那些学习汉语的外国朋友解决一些实际问题。

"A 加 B"格式虽然不是一种十分常见的语言格式，但是它在结构形式、句法功能、语义特征和语用风格上的特有表现，要求我们必须重视对此类格式的考察和研究。本文通过考察发现：在结构形式上，构成"A 加 B"格式的 A、B 项可以是同类体词性或谓词性成分，也可以是不同类成分；在句法功能上，"A 加 B"格式经常充任主语、谓语、宾语、定语和小句等多种句法成分；在语义上，"A 加 B"格式主要用来表示累加义，格式的语义重心偏向前项 A，在语体风格上，"A 加 B"格式是一种口语化较强的语言格式，经常用于口语中，具有其他相关格式无法取代的独特语用价值。

参考文献：

戴浩一. 时间顺序和汉语的语序 [J]. 国外语言学，1988（1）.

刘坚. 论诱发汉语词汇语法化的若干因素 [J]. 中国语文，1995（1）.

宛新政. 试论"＋"式短语 [J]. 语言教学与研究，2004（2）.

谢晓明. 现代汉语表人的"A 兼 B"格式 [J]. 华中师范大学学报，2004（2）.

邢福义. 汉语语法结构的兼容性和趋简性 [J]. 世界汉语教学，1997（3）.

邢福义. 说"句管控" [J]. 方言，2001（2）.

张斌. 现代汉语虚词词典 [Z]. 北京：商务印书馆，2001.

中国社会科学院语言研究所词典编辑室. 现代汉语词典（增补本）[Z]. 北京：商务印书馆，2002.

（本文原刊于《零陵学院学报》2004 年第 5 期）

现代汉语表人的"A 兼 B"格式

一、引　言

本文讨论的现代汉语中表人的"A 兼 B"格式，是指 A、B 同时为 X（某人）所有，即 X 既是 A，又是 B 这种情况。例如：

（1）新建的东风啤酒集团，由田克任董事长兼总经理，程东任副总经理兼总设计师。（谈歌：《雪崩》，载《当代》1996 年第 4 期）

例（1）中的"田克"既是"董事长"又是"总经理"；"程东"既是"副总经理"又是"总设计师"。两组表人的职务名都分别指向 X——"田克"和"程东"。

指人名词 A、B 必须是 X（某人）实际所有的角色，而非用来形容 X 在某方面性状的名词性词语。例如：

（2）至于那些先生们，往往都有杂货店老板兼日本大臣的混合脸型。（《王朔文集》，华艺出版社 1997 年版，第 595 页）

"杂货店老板"和"日本大臣"都不是"那些先生们"实际所有的社会角色，而是用来形容他们的脸部表情，因而不在本文的讨论范围之内。

文中所说的指人名词，主要指职务名、职称名、关系名和职业名。从词性看，除了名词，还包括一些指人的名词性短语，但不包括代词。

二、格式构成

（一）固定因子和变化因子

在"A 兼 B"格式中，"兼"是一个固定不变的因子，而指人名词 A、B 由于人物角色的复杂多变，因而都是变化不定的因子。我们通过对《当代》、《人民文学》、《青年文学》等书刊杂志约 400 万字的广泛查阅，共收集到 139 例表人的"A 兼 B"格式的用例。根据 A、B 的变化，我们把这些用例分成九种类型。

1. 职务名兼职务名

指人名词 A、B 均为职务名，这种兼属现象比较常见，有平级兼和不平级兼两种情况。例如：

（3）在扶川，他们又吃了一惊：县委书记兼县革委会主任率领党政军领导列队在县委大门口迎候石油人。（常弼宇：《搬家》，载《青年文学》1998 年第 2 期）

（4）"文化大革命"后，原来的党委书记、团长都头朝下了，团里的事由"四人帮"的亲信——文化部副部长兼剧团总导演虞桧一手掌握。（汪曾祺：《当代野人》，载《当代》1996 年第 6 期）

例（3）是平级兼的情况，"县委书记"与"县革委会主任"为同一级别的职务名。例（4）是不平级兼的情况，一般来说，"文化部副部长"在职务上要比"剧团总导演"的职位高。

2. 职业名兼职业名

指人名词 A、B 均为职业名。例如：

（5）我开始准备自己的养老金了，到时候我要请一个管家兼保姆，稍不满意就辞掉，也来过一把炒人鱿鱼的瘾。（姚鄂梅：《恋爱手记》，载《青年文学》2002 年第 9 期）

例（5）中的"管家"和"保姆"都是职业名。

3. 职称名兼职称名

指人名词 A、B 均为职称名。例如：

（6）美国哈佛大学教授兼波斯顿儿童医院研究员朱达，福克斯发明的这种癌症治疗方法是用两种药物混合治疗。（《羊城晚报》1998 年 5 月 6 日，第三版）

例（6）中的"教授"和"研究员"都是专业技术职称名。

4. 关系名兼关系名

指人名词 A、B 均为社会关系名。这里所说的社会关系是广义的，包括亲缘关系。例如：

（7）谜被她破解了："这是桩乱伦的婚姻——姨妈做了外甥的妻子。外甥死了，她以妻子和姨妈的双重身份，在坟前哭吊自己的丈夫兼亲外甥。"（许志强：《北斗不朝北》，载《收获》1993 年第 4 期）

例（7）中的"丈夫"和"亲外甥"都是表示亲缘关系的指人名词。

5. 职务名兼职称名

指人名词 A、B 分别为职务名和职称名。例如：

（8）现在，不该发生的事情终于发生了，这使中文系主任兼现代文学教授熊太平一下子感到如临深渊……（衣向东：《目视前方》，载《小说选刊》1998 年第 11 期）

例（8）是由职务名"中文系主任"与专业技术职称名"现代文学教授"构成的相兼。

6. 职务名兼职业名

指人名词 A、B 分别为职务名和职业名。例如：

（9）作为白水中学教导主任兼初二（3）班语文教师的王亚辉现在正面临着人生的又一次考验……（衣向东：《目视前方》，载《小说选刊》1998 年第 11 期）

例（9）是由职务名"教导主任"与职业名"语文教师"构成的相兼。

7. 职务名兼关系名

指人名词 A、B 分别为职务名和关系名。例如：

（10）袁振东嘴上不说什么了，心里却隐隐觉得这个"总经理助理"兼"表妹"很有点僭越之心。（小叶秀子《红尘陷落》）

例（10）是由职务名"总经理助理"与关系名"表妹"构成的相兼。

8. 职称名兼职业名

指人名词 A、B 分别为职称名和职业名。例如：

（11）没有什么比钱更能耐，大学教授兼广告策划师，地位有了，钱也有了，真是一件两全其美的事。（许志强：《活着要有理由》，载《当代作家》1997 年第 5 期）

例（11）是由职称名"大学教授"和职业名"广告策划师"构成的相兼。

9. 关系名兼职业名

指人名词 A、B 分别为关系名和职业名。例如：

（12）"喂！"我对着话筒对我哥说，"又来了一位香港嘉宾兼记者。"（王璞：《送父亲回故乡》，载《收获》1998 年第 3 期）

例（12）中，"嘉宾"指的是来者与主人之间的关系，而"记者"指的是来者的职业。

（13）众说纷纭中，记者采访了正在为自己转会而奔波的江洪，请他从守门员兼兄长的角度，对江津的表现进行评点。（《体坛周报》1998 年 12 月 22 日，B4 版）

例（13）是由职业名"守门员"和关系名"兄长"构成的相兼。从上述例句中我们可以看出，由指人名词 A、B 构成的"A 兼 B"格式在句中可以充任主语 [如例（3）]、宾语 [如例（12）]、定语 [如例（9）] 和小句 [如例（11）] 等句法成分，前面可有共同的限定性成分 [如例（12）中的"一位"和"香港"]，并能与同指中心语 X 一起构成同位性结构时，X 一般位于格式之后，如例（8）中的"中文系主任兼现代文学教授熊太平"。有时候 X 也可位于格式之前，例如：

（14）女儿自豪地对父亲说："我们厂这个新班子怎么样？大贵厂长兼书记二十六岁，汤副厂长二十三岁……"（周梅森：《人间正道》，载《当代》1996 年

第 4 期)

同指中心语"大贵"位于"厂长兼书记"之前,与后者一起构成一个同位性结构。

(二)典型格式和非典型格式

上述九种类型的"A 兼 B"格式在实际语言运用中出现的频率并不均等,表一是对收集到的 139 例语料所做的数据分析,通过分析我们可以看出哪些类型是典型格式,哪些类型是非典型格式。

表一表明,由同类指人名词构成的"A 兼 B"格式出现的频率最高,约占例句总数的 95.1%,而由非同类指人名词构成的"A 兼 B"格式出现的频率较低,只占例句总数的 4.9%。根据出现频率的高低,我们把由同类指人名词构成的前四种类型称为"高频度类型",把由非同类指人名词构成的后几种类型称为"低频度类型"。

表一

格式类型	例句数	百分比
职务名兼职务名	98 例	70.5%
职业名兼职业名	13 例	9.1%
职称名兼职称名	5 例	3.5%
关系名兼关系名	17 例	12.0%
职务名兼职称名	1 例	0.7%
职务名兼职业名	1 例	0.7%
职务名兼关系名	1 例	0.7%
职称名兼职业名	1 例	0.7%
关系名兼职业名	3 例	2.1%

特征理论把事物特征区分为两类:限定特征(defining features)和标志特征(characteristic features)。限定特征是一个事物要归为某一范畴所必须具有的特征,而标志特征只是这一范畴中多数个体所具有的特征,并非所有的个体都具有这些特征。一个范畴的典型成员不仅需要具备这个范畴的限定性特征,而且还需要具备这个范畴的很多标志性特征。(桂诗春,1991:295—301)表人的"A 兼 B"格式的限定特征是:指人名词 A、B 必须为 X(某人)所同时拥有,X 既是 A,又是 B。上述九种类型都具有这个限定特征。而四种高频度类型除了具有这些限定特征外,在语义上指人名词 A、B 还具有趋同的标志性特征。这种趋同主要表现在以下两个方面:

1. 趋向同类性

四种高频度类型都是由同类指人名词构成的，这表明在"A 兼 B"格式中，A、B 有趋向同类相兼的倾向。这一点在三个指人名词连用，其中两个同类，另一个不同类时可以反映出来。一般是同类的相兼，不同类的不相兼。例如：

（15）7 年了，托尔斯泰和索尼娅又一次遇到婚姻危机，因为索尼娅和家里的老朋友、钢琴家兼作家谢尔盖·塔纳耶夫有了私情。（《北京文学》1998 年第 10 期）"钢琴家"和"作家"同为职业名，因而易于构成"A 兼 B"格式，而"老朋友"是关系名，不与其他两者同类，因而不易与之相兼。

2. 趋向同位性

在高频度的四种表人的"A 兼 B"格式中，指人名词 A、B 不仅具有同类性，而且还具有同位性，也就是说，A、B 必须是同位的指人名词才能相兼。上下位的两个指人名词由于一方的内涵在另一方的辖域之内，因而必然会受到另一方的制约和限定，如果相兼，两者在语义内涵上必然会发生部分重叠。例如"工人"与"服务员"是两个上下位关系的指人名词，"工人"可以有"服务员、门卫、司机、清洁工……"等下位职业分工，因而一般不说"工人兼服务员"，而只能说"服务员兼司机"。"A 兼 B"格式要求 A、B 之间的语义关系只能是一种互补兼容的关系，这一点限定了 A、B 只能是同类指人名词。

上述分析表明，由同类指人名词构成的"A 兼 B"格式是表人的"A 兼 B"格式的典型格式，不但出现频率高，而且还具有许多标志性特征。而由非同类指人名词构成的"A 兼 B"格式是非典型格式，由于受到很多因素的制约，出现频率很低。

（三）格式特点和构成理据

1. 格式特点

①语义上的单向性和同时性。

单向性是指在"A 兼 B"格式中，A、B 之间的语义关系不是双向的（A ←→ B），而是单向的（A → B）。表现在施受关系上，A 为施事，B 为受事，"A 兼 B"不等于"B 兼 A"，A、B 在语义上不平行，A 优先于 B，居于显著地位。B 作为兼属角色，在 A、B 的语义关系中总是居于次要的、从属的地位。

同时性是指"A 兼 B"格式中的 A、B 必须是 X（某人）同时所具有的两种社会角色。"兼"的词典释义是"同时涉及或具有几种事物"[《现代汉语词典》（增补本）]，受动词语义的制约，A、B 在语义上表现出同时性。

②结构上的稳定性和趋简性。

"A 兼 B"格式在结构上是一个"主—述—宾"结构，谓词"兼"在整个格式中居于核心地位，具有使结构稳定的作用，"兼"前可有状语修饰，"兼"后可以带上结构助词。如：

（16）你大概还不清楚，兆鹏是共产党的省委委员，还兼着省农协副部长，你是他爸，咋能不疑心你？（陈忠实《白鹿原》）

"A 兼 B"格式在结构上的这种稳定性，还表现为"A 兼 B"格式不但句法位置相当灵活，而且格式相对稳定。它既能充任主语、宾语、定语等多种句法成分，又能单独成句。

趋简性是指在"A 兼 B"格式中，动词"兼"受格式的影响，在结构上表现出趋简的倾向，"兼"后常常省略了可表 [＋担负] 义的动词，如"任、为、做……"等。当格式发生变化时，这些动词往往需要突显出来，变成"兼任 B 的 A"、"兼做 B 的 A"、"兼着 B 的 A"等，而不能变换成"兼 B 的 A"。例如我们可以说"兼任班主任的语文老师"，却一般不说"兼班主任的语文老师"。这是由于谓词受双音节化的影响而造成的。而在"A 兼 B"格式中，谓词"兼"却可以不受这种双音节化的影响，表现出趋简的倾向。

2. 构成理据

人物角色的多重性是构成"A 兼 B"格式的认知基础。认知语言学理论认为"语法结构来自对现实的象征"，"语法不是任意的、自主的形式系统，它原本是观念化的现实的符号表达"（戴浩一，1991）。"A 兼 B"格式的构成也是源于对现实世界的符号映射。在社会现存系统中，作为个体的人都是社会的人，马克思主义哲学认为"人就是各种社会关系的总和"。在错综复杂的各种社会关系中，作为个体的人扮演着各种不同的角色，具有角色多重性。比如，某人从事着一定的职业，可能还承担了一些社会职务，还可能拥有一定的专业技术职称，在外面他跟周围的人可能是同事关系、朋友关系、同学关系，也可能是上下级关系、敌对关系……在家里，他是孩子的父亲，父母的儿子，妻子的丈夫……角色错综复杂。但是在交际过程中，这些错综复杂的人物角色所得到的突显程度并不一致。有时候，可能只需突显其中的某一项角色，便可以使交际顺利进行；而有时候，因为表达的需要，可能需要突显其中的两项甚至多项角色，才能达到交际的意图。这种多重角色在话语表达中的突显，必然要求有相应的语言形式与之对应，这样便出现了"AB"、"A 和 B"、"A 兼 B"、"既是 A 又是 B"这样一些相应的语言表达形式。

三、语义分析

（一）A、B 的语义关系

1. 互补兼容性

互补兼容性是指 A、B 相对 X 而言不能相互排斥，X 既可是 A，也可是 B，A、B 之间互补兼容，不是一种是 A 非 B，或非 A 即 B 的语义关系。以下四组表人名词由于各组内部不能互补兼容，因而不能构成"A 兼 B"格式。

a. 王二　麻五　李三　赵四
b. 李四　瘟三　记者
c. 爸爸　妈妈　爷爷　奶奶
d. 工人　农民　军人　学生　商人

a 组是一组专名，专名具有较强的指称性，X 是"王二"便不可能是"麻五"，两者之间不能互补兼容。b 组的"李四"也是专名，与表通指的指人名词"瘟三"和"记者"也不能互补兼容，不能说"李四兼记者"或"李四兼瘟三"，而只能构成"记者李四"、"李四瘟三"这种同位性结构。可见，专名由于不能与其他指人名词互补兼容，因而不能与其他指人名词一起构成"A 兼 B"格式。c 组是关系名中的亲缘关系名。一般情况下，男女性别特征明显，X 是男性就不可能又是女性，因而一般不说"爸爸兼妈妈"、"爷爷兼奶奶"。d 组是宽泛的社会职业名，带有区别性特征，一般用来标示某人的社会成分（过去用来指家庭出身），个体社会成分具有单一性，X 是"工人"就不可能又是"农民"，两者只能居其一，因而一般不说"工人兼农民"。[1]

互补兼容性是指人名词 A、B 能够构成"A 兼 B"格式的语义前提。

2. 同 指 性

同指性是指指人名词 A、B 必须都指称同一对象 X，在"A 兼 B"格式中，不可能出现 A、B 分指不同对象的情况。如例（12）中的"嘉宾"和"记者"因为指的是同一个人，因而格式前面可以有共同的限定成分"一位"和"香港"。

同指性是指人名词 A、B 能够构成"A 兼 B"格式的语义基础。

3. 同时称呼性

同时称呼性是指 A、B 可以被同一个体（假设为 Y）用来同时称呼 A、B 的同指

---

[1]　随着社会的发展，这种标明社会身份的职业名，界限已经逐渐变得模糊，"农民"进城打工又成了"工人"，"工人"工作之余做点生意又成了"商人"。这种情况下的"农民"和"工人"，"工人"和"商人"应看作是一种单纯的职业名，可以相兼，可以说某某是一个"农民兼工人"。

中心语 X（某人），也就是说，在同一时间 Y 既可以称呼 X 为 A，也可以称呼 X 为 B。在 "A 兼 B" 格式中，不可能出现 A、B 分指不同个体和分属不同时间的情况。例如：

（17）帅孟奇 1939 年 12 月前往延安，先后担任中共中央农民运动委员会的政治秘书兼党支部书记、陕甘宁边区政府党委委员兼物资局党支部书记。（《湖南日报》1998 年 4 月 21 日，第一版）

"先后" 表明顿号前后的职务名是 "帅孟奇" 同志在不同时期所担任的职务，在时间上有先后顺序，可图示如下：

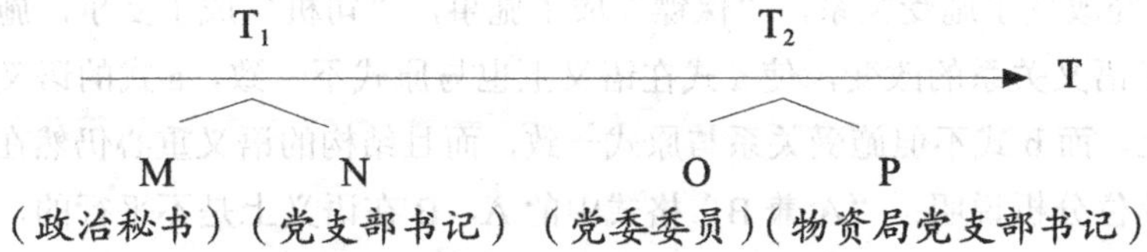

图一

图一表示，M 和 N 是 T_1 时间 X（帅孟奇）同时担任的职务，在 T_1 时间可以用来同时称呼 X；O 和 P 是 T_2 时间 X 同时担任的职务，在 T_2 时间也可以用来同时称呼 X。由于 M 和 N、O 和 P 分别具有同时称呼性，因而可以分别构成 "M 兼 N" 和 "O 兼 P"；但是 M 和 N 与 O 和 P 不是 X 在同一时间所担任的职务，不能用来同时称呼 X，因而不能构成 "M 兼 O" 或 "N 兼 P"。

X 的职务、职称和职业一旦拥有，便相对稳定，不会随着 Y 的改变而改变。假如 X 的职业既是 "司机"，又是 "保镖"，那么 Y_1 可以称呼 X 为 "司机兼保镖"，Y_2 也可以称呼 X 为 "司机兼保镖"，这些职业名不随 Y 的改变而改变。但是 X 与不同个体之间的关系却随着个体的改变而改变，例如在单位里，相对下级 X 是 "领导"，相对上级 X 又是 "下级"。这些关系名对 X 而言既兼容，又同指，但是却不能用来同时称呼 X，不能说 X 是 "领导兼下级"。这是因为 X 的关系对立体不是同一个人，因而没有同时称呼性。

同时称呼性与同指性既有联系又有区别。同指性强调 "共同指称"，而同时称呼性强调 "同时称呼"，后者以前者为基础，如果 A、B 不同指，也就不可能用来同时称呼 X。

4. 不平行性

不平行性是指指人名词 A、B 在语义上不平行，A 显著于 B（A、B 如果语义上平行，无需用 "兼" 来表达，用并列表达式即可，如 "A 和 B" 格式）。这种语义不平行是由于在表达过程中表达者主观价值评判的介入而造成的，可以通过格式的转换来进行验证。这种转换是把"A兼B"格式变换成一个定心结构，以"司机兼保镖"为例：

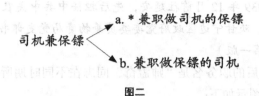

图二

a式已经改变了施受关系，"保镖"成了施事，"司机"成了受事，施受关系的改变导致了语义关系的改变，使a式在语义上也与原式不一致，a式的语义重心落在"保镖"上。而b式不但施受关系与原式一致，而且结构的语义重心仍然在"司机"上。这种移位分析说明："A兼B"格式中的A、B在语义上是不平行的，A居于主要的、显著的地位，B次之。

5. 相 近 性

A、B在语义上虽然不平行，但也不能相差太远，A只能比B相对显著一点，也就是说，A、B在语义上具有相近性。这种相近性表现在以下两个方面：

①地位相近。指人名词A、B在社会地位上应大体相当，而不能相差太远，如一般不说"军长兼团长"、"教授兼清洁工"。这是因为在现实生活中，同一个体的不同社会角色的社会地位不可能相差太远。

②序列相近。指人名词A、B如果同为职务名或职称名，一般应处于同一序列或相近序列，A、B才能相兼（没有定语限定的职称名与职称名的相兼只能是相近序列）。如一般不说"市长兼总经理"，但可以说"国务院副总理兼卫生部部长"，不说"教授兼副教授"，但可以说"教授兼主任医生"或"M大学教授兼N大学副教授"。

（二）A、B的排位顺序

A、B之间的语义关系表明在"A兼B"格式中A、B不是任意无序的，而是有一定的排位要求。这种排位要求表现在两方面：结构上，A、B不能随意换位，"A兼B"不等于"B兼A"；语义上，A处于显著地位，呈现出A优先于B的语义倾向。

A、B的这种排位要求促使A、B在构成"A兼B"格式时，总是遵循从主到次、从显著到一般的排位原则来排列。具体来说，A、B在排位时大致遵循以下一些排位原则：

1. 自然位序的排位原则

自然位序就是常规的位序，它以感知为基础，A、B的排位与人们对事物的认知倾向基本吻合。这类排位原则大致有以下三种：

原则一：按顺序义的强弱排位。

马庆株（1991）认为一部分体词有顺序义。这种有顺序义的体词可以分成两类：a. 词义本身含有顺序义的，叫固有顺序义；b. 词义本身没有顺序义，是上下文使之临时取得的顺序义，叫临时顺序义。在四类指人名词中，职务名和职称名有高低大小之分，含有固有顺序义。职业名和关系名虽然没有高低大小之分，不含固有顺序义，但职业有本职与兼职、固定与临时之分，关系有亲近与疏远、血亲与姻亲之别，这些名词在上下文中，会产生临时顺序义。这些顺序义体词在构成"A 兼 B"格式时大致按顺序义的强弱来排位：有固有顺序义的体词一般排列在无固有顺序义的体词之前，固有顺序义较强的职务名一般排位在固有顺序义相对较弱的职称名之前。关系名和职业名之间没有顺序义的强弱之分，因而 A、B 的位序相对比较自由，既可以是"关系名兼职业名"[如例（12）]，也可以是"职业名兼关系名"[如例（13）]。而在同类指人名词相兼时，临时顺序义相对较强的关系名和职业名一般位于临时顺序义相对较弱的关系名和职业名之前。这样，四类指人名词在"A 兼 B"格式中的排位大致遵循以下序列（">"读作"优先于"）：

职务名＞职称名＞关系名＞职业名

">"前的指人名词既可与同类指人名词相兼 [如例（3）的"县委书记兼县革委会主任"]，也可与">"后指人名词相兼 [如例（12）的"嘉宾兼记者"]；不仅相邻的两项可以相兼 [如例（8）的"中文系主任兼现代文学教授"]，而且不相邻的两项也可相兼 [如例（11）的"大学教授兼广告策划师"]。">"前的指人名词一般位于 A 项。

原则二：按主次顺序排位。

个体的社会角色有主次之分。这种主次之分有些是客观存在的，比如职业有本职和兼职之分，那么相对而言本职是主，兼职是次。A、B 的位序就按这种客观存在的主次顺序排列，A 为主，B 为次。例如：

（18）这是一个清洁女工兼野鸡的生存智慧。这种生存智慧令下容大自叹弗如，感慨万千。（池莉：《有了快感你就喊》，载《小说月报》2003 年第 2 期）

"清洁女工"是个体的本职工作，"野鸡"（妓女）只是业余的，因而只能说"清洁女工兼野鸡"，而不能说"野鸡兼清洁女工"。如果换位，意思刚好相反。

有些社会角色客观上不存在主次之分，但是在表达过程中，由于个体主观价值评判的介入，从而形成主次差别，说话者通常把自认为主要的、相对显著的角色名排在相对次要的角色名之前。例如：

（19）老人名叫张立林，是我父亲的邻居兼同学。（王璞：《送父亲回故乡》，

载《收获》1998年第3期）

（20）他曾不无得意地向老同学兼邻居夏纪平炫耀自己教子有方。（《王朔文集》，华艺出版社1997年版，第595页）

在"同学"和"邻居"之间，有的人认为"邻居"比"同学"关系要密切，如例（19）；有的人认为"同学"比"邻居"关系要密切，如例（20）。说话者总是不自觉地把他认为是主要的、关系较密切的一项摆在前面。

原则三：按时间先后顺序排位。

指人名词A、B的时间顺序大致有三种：a.同时出现或存在；b.先后出现或存在，但在时间上部分重合；c.先后出现或存在，时间上不重合。前两种情况可以构成"A兼B"格式。其中第二种情况的指人名词A、B由于时间上有先后之分，因而在构成"A兼B"格式时倾向于按时间的先后顺序来排列，一般把出现时间在先的角色名排在前面，把出现时间靠后的角色名排在后面。例如：

（21）她彻底否定鲁迅的想法，坚定地拉着老师兼恋人的手，冲破人、我设置的桎梏和障碍，勇敢地去开辟前进的道路。（林志浩《鲁迅传》）

"她"（许广平）与"鲁迅"之间的关系，先是师生关系，然后才发展为恋爱关系。因此，作者把"老师"放在"恋人"前面，目的是为了表明这种时间上的先后顺序。

2. 凸显位序的排位原则

凸显位序是说话者出于某种特殊的表达目的而采取某种打破常规位序的表达方式。这类排位原则一般出现于同类相兼的情况，主要有以下两种：

原则一：照应性凸显排位。

照应性凸显排位是指说话者受上下文的影响而采取的一种非常规位序的排位方式，主要是指由于前后照应而造成的角色凸显。例如：

（22）雅茹一本正经地说：别自作聪明好不好？他是我的小车司机。是司机兼私人保镖吧？琳琅斜睨着她道。（黄灿：《轻歌》，载《当代作家》1997年第6期）

因为前面已经出现了"司机"，因而后面把"司机"排在"司机兼私人保镖"的前面，与前文形成一种照应。事实上，在小说中"保镖"才是"他"的主要工作，"司机"是临时性的。

原则二：焦点性凸显排位。

焦点性凸显排位是指在具体语境中，说话者为了突出表达的焦点信息而采取的一种打破常规位序的排位方式。通过对比来突出焦点信息是较为常见的一种方式。例如：

（23）中方代表兼港府政策事务局局长孙明扬，要求英方……（《半月谈》1997年第22期）

"中方代表"只是"孙明扬"的一项临时性身份，而"港府政策事务局局长"相对来说要稳定一些，如果按自然位序的原则来排列，后者应排在前面。但是说话者为了凸显出"中方代表"这一特殊身份，并使之与后面的"英方"构成鲜明的对照，因而打破常规，把"中方代表"排在了前面。

上述排位原则并非同时都在制约着 A、B 的位序。在由非同类指人名词相兼时，A、B 一般按顺序义的强弱进行排位；由同类指人名词相兼时，A、B 以主次顺序排位原则为主，兼顾其他排位原则。

四、相关格式比较

（一）"A 兼 B"格式的相关格式

人物角色的多重性必然要求有相应的语言形式与之对应。在汉语里，这种多重人物角色的表达有很多种语言形式，如"AB"式、"A 和 B"式、"A 兼 B"式、"既是 A 又是 B"式等。为了便于讨论，我们只选用与"A 兼 B"格式形式上相似的"A 和 B"格式来进行比较。

由指人名词 A、B 构成"A 和 B"格式有同指和分指两种情况，例如：

（24）我跟在树生和爹的身后，走进了河边的树林。（格非：《湮灭》，载《收获》1993 年第 4 期）

（25）他知道自己真正的仇人和对手是马林，这口恶气他一定要出。（石钟山：《快枪手》，载《小说选刊》1998 年第 10 期）

例（24）是分指的情况，"树生"和"爹"指的是两个不同的人。例（25）是同指的情况，"仇人"和"对手"指的都是"马林"一个人。而"A 兼 B"格式中的指人名词 A、B 必须是同指的，不可能出现分指的情况，因而与分指性的"A 和 B"格式之间没有相同点。

在英语里，"A 兼 B"格式和"A 和 B"格式对应的翻译都是采用同一种表达形式。因此，对"A 兼 B"格式与"A 和 B"格式的比较不仅可以使我们弄清两种相关格式在句法、语义和表达上的异同，也可以为对外汉语教学和机器翻译提供一些有益的参考。

由于分指的"A 和 B"格式与"A 兼 B"格式之间没有共同点，因而这里只比较同指的"A 和 B"格式与"A 兼 B"格式之间的异同。

（二）与同指性的"A 和 B"格式的比较

1. 相同点

与"A 兼 B"格式一样，由指人名词构成的同指性"A 和 B"格式也具有如下一些特点：

①指人名词A、B在语义上也具有互补兼容性。相对同指中心语X而言，X既可是A，也可是B，而不是非A即B这样一种不相兼容的情况。如例（25）中的"马林"既是"他"的"仇人"，也是"他"的"对手"，"仇人"和"对手"是相互兼容的。专有名词由于不与其他指人名词互补兼容，因而也不能与其他指人名词一起构成同指性的"A和B"格式。

②指人名词A、B在语义上具有同指性。指人名词A、B必须都同时指称X（某人）。

③句法功能上，"A和B"格式是一个体词性结构，能自由地充任主语、宾语、定语、小句等多种句法成分，前面也可以出现共同的限定成分 [如例（25）]，并能与同指中心语一起构成一个同位性结构，如"仇人和对手马林"。

2. 不 同 点

表人的"A兼B"格式与同指性的表人"A和B"格式也有一些不同之处，主要表现在以下三个方面。

①结构上：

"A和B"格式是一个并列结构，指人名词A、B通过连词"和"结合得比较紧密，表现在A后面不能出现语音停顿。而"A兼B"格式是一个主谓结构，不如"A和B"格式那样结构紧密，在A后面有时可以有短暂的语音停顿，书面上一般用逗号表示，而且，动词"兼"的前面还可以出现"还"、"又"等副词修饰限定，后面可带动态助词"着"、"了"、"过"，如例（16）。

"A兼B"格式中的A、B语义上具有不平行性，不能随意换位，必须遵循一定的排位原则。而"A和B"格式中的A、B在排列上虽然也讲究一定的逻辑次序，但是由于A、B之间的语义关系是平行的，因此A、B的位序相对来说比较自由，既可说"A和B"，也可说"B和A"，位置变换后不改变原有的语义。例如"他是小李的朋友和同事"，也可以说"他是小李的同事和朋友"，两者在语义上基本一致。

同指性的"A和B"格式在句中必须与A、B的同指中心语一起对应出现，否则，格式容易产生歧解。如例（25），如果"马林"不出现，"仇人和对手"就既可理解为同一个人，也可理解为不同的人，而且，更倾向于理解为不同的人。而"A兼B"格式却不一定要求A、B的同指中心语在句中同现，即使同指中心语没有出现，A、B也只能被理解为同一个人，不会产生歧解。如例（3）的"县委书记兼县革委会主任"就只能理解为一个人。

"A和B"格式与同指中心语X一起构成同位性结构时，X只能位于格式之后，不能位于格式之前。例如：

（26）我的朋友和同事小王昨天去美国了。

例（26）中的"小王"只能位于"朋友和同事"之后，一般不说"小王朋友和同事"。而"A兼B"格式与同指中心语一起构成同位性结构时，X既可位于格式之后，如例（8），也可位于格式之前，如例（14）。

②语义上：

"A兼B"格式中的A、B在语义上不平行，A显著于B，A、B的语义重心落在A上面。而在"A和B"格式中，A、B的语义关系是平行的，没有语义重心（或者说语义重心是平衡的）。

"A兼B"格式中的A、B必须具有同时称呼性，而"A和B"格式中的A、B却不一定能用来同时称呼A、B的同指中心语X，表现在以下两种情况中：

第一种情况：A、B不是X在同一时间的角色名，A、B同指不同时。例如：

（27）作为一代名将和名帅，李玲蔚对女子羽毛球的发展做出了巨大的贡献。

"名将"和"名帅"是"李玲蔚"在不同时期的身份，因而不能用来同时称呼她，也不能说"名将兼名帅"。

第二种情况：当A、B同为关系名时，如果其关系对立体不是同一个人，那么A、B也不能被某一个体用来同时称呼X，A、B同指不同呼。例如：

（28）作为丈夫和父亲，他感觉肩上的胆子越来越重了。

例（28）中的"丈夫"是相对妻子而言的，"父亲"是相对孩子而言的，两者的关系对立体不是同一对象。因而，对妻子和孩子来说，都不能同时称呼X为"丈夫"和"父亲"。

③表达上：

"A和B"格式在表达上容易产生歧义，因此对语境的依赖性较强。产生歧义的原因之一是由于"A和B"格式本身就存在同指和分指两种语义类型。如例（26）中的"我的朋友和同事小王"就可以作两种理解：理解为同指结构，是一个人；理解为分指结构，是两个人。原因之二是"和"的词性多样，既可以作连词用，也可以作介词用。例（26）中的"和"也可以看作是一个介词，作介词用时这个句子可以理解为"我的朋友，和同事小王昨天去美国了"。"和"用作介词时，A、B所指的是两个不同的人。而"A兼B"格式在表达上不会出现这种歧解现象，因为"A兼B"格式中的A、B在语义上没有分指的情况，"兼"也只能用作动词。

"A兼B"格式的书面语色彩较浓，经常出现于书面语体中，用于口语，一般是出现在一些比较严肃正式的场合。而"A和B"格式没有这种语体上的限制，既可以出现在书面语中，也可以随意出现在口语中。

五、余　论

表人的"A 兼 B"格式早在中唐以前就已经出现于书面语中。例如：

（29）京兆尹卢士玫除检校左散骑常侍兼〔御史〕中丞、瀛〔莫〕二州观察等使制。（《白居易集》卷三十五）

（30）前谷熟县令李季立授奉天丞兼监察御史，充回鹘使判官制。（《白居易集》卷三十五）

由于人物角色的多重性，"A 兼 B"格式不一定只出现 A、B 两项，有时候还可能出现更多的角色名，与之一起构成"A 兼 B 兼 C"、"A 兼 B 和 C"、"A、B 兼 C"、"A 兼 B、C"等格式。例如：

（31）身为董事长兼总经理兼法人代表的曹务成被迫同时面对着八场经济官司。（周梅森：《人间正道》，载《当代》1996 年第 4 期）

（32）吴支书抓全盘，伍明龙是副支书兼村长和治保主任。（向本贵：《粟坡纪事》，载《中篇小说选刊》1997 年第 4 期）

有时候，"A 兼 B"格式中的"兼"也可以用与之近义的词来替换，如"A 加 B"。例如：

（33）他喝一口梦妮端给他的浓的有些苦的咖啡，看着这位他大学时期的同学加情人，不禁长长地叹了一口气。（鄢元平：《背后手》，载《当代作家》1997 年第 4 期）

本文主要运用"表—里—值"小三角理论，从格式构成、语义分析和相关格式比较三个方面来进行讨论。通过讨论，本文认为，造成现代汉语表人的"A 兼 B"格式的认知基础是人物角色的多重性，语义基础是指人名词 A、B 之间的互补兼容性、同指性和同时称呼性。

参考文献：

戴浩一.以认知为基础的汉语功能语法刍议 [J].国外语言学，1990（4）、1991（1）.

桂诗春.实验心理语言学纲要 [M].长沙：湖南教育出版社，1991.

马庆株.顺序义对体词语法功能的影响 [C]// 中国语言学报（2）.北京：商务印书馆，1991.

邢福义.汉语语法结构的兼容性和趋简性 [J].世界汉语教学，1997.

中国社会科学院语言研究所词典编辑室.现代汉语词典（增补本）[Z].北京：商务印书馆，2002.

（本文原刊于《华中师范大学学报》2004 年第 2 期）

"很不……"和"不很……"对形容词的量性规约

一、引 言

程度副词"很"与否定副词"不"的双项连续连用情况有两种[1]："很不X"和"不很X"，X代表能够进入这两种格式的形容词性成分和动词性成分。从实际语言使用情况看，"很不X"和"不很X"都很常见。但在书面语中，"很不X"比"不很X"的使用频率更高，每百万字语料中"很不X"的出现频率是"不很X"的五倍以上。[2]由于X以形容词性为主，因此本文主要讨论"很不……"和"不很……"修饰形容词的情况。[3]

吕叔湘（1965）、马真（1986）、周时挺（1988）曾讨论过"很不……"与形容词的匹配情况。三位先生都指出如果一对形容词具有褒、贬意义或者积极、消极意义的差别，那么表示褒义或积极意义的形容词可以进入"很不……"中，而表示贬义或消极意义的形容词不能受"很不……"修饰和限定。如：

很不诚实 /* 很不狡猾　很不熟悉 /* 很不陌生　很不聪明 /* 很不愚蠢

表示度量性质的"大、小、长、短"等形容词，吕叔湘先生和马真先生认为表示量小的一类形容词能进入"很不……"，表示量大的形容词则不能。如：

很不轻 /* 很不重　很不小 /* 很不大　很不浅 /* 很不深

周时挺先生则提出了不同的观点，他指出"大、小、多、少、轻、重"等一些真正单纯表示数量、容量、重量的形容词其否定形式一般是不加"很"的，即不能被"很不……"修饰；当需要在数量、容量、重量上表示程度差别，一般直接用"很"修饰。如：

---

[1] 从副词连用的排列方式看，双项连续连用是指在状语位置上两个副词不间断共现。本文探讨的范围是程度副词"很"与否定副词"不"两者之间的双项连续连用，不包括它们与其他副词的不间断共现所构成的多项连续连用。关于副词的连用类别请参看张谊生（2000：211—215）。

[2] 此处的词频统计出自厦门大学语料库。"很不"在语料库中合计出现633例，排除以"不"开头的固定短语27例、词94例后，符合"很不A"格式的语料剩下510例。"不很"在语料中合计出现了102例。

[3] 以"不"作为第一个语素的词或固定短语，如"不错、不伦不类、不好意思"，它们都已不是"很＋不＋被修饰成分"的形式，不属于本文所要探讨的"很不A"格式的范围。

很轻 /* 很不重　很重 /* 很不轻　很少 /* 很不多　很多 /* 很不少

三位先生的研究结果表明，能受"很不……"修饰和限定的形容词在词语显性评价意义上都具有褒义或在语境中含有表示"容易"的隐性评价意义。但是在实际语言现象中，我们发现有一些褒义形容词，如"庄严、壮丽、崇高、卓越、神圣"等，都不能受"很不……"的修饰。而且，我们还发现了一些"少、小"类形容词与"很不……"组合的情况。例如：

（1）一些干部利用职权，非法安排家属亲友进城、就业、提干等现象还很不少。（《邓小平文选》第二卷）

（2）这一件极平常的事情，在县城里居然也耸动了视听，而在我们的家庭里，却引起了一场很不小的风波。（郁达夫《书垫与学堂》）

语言事实表明，对"很不……"修饰形容词的情况还有进一步讨论的必要。本文在已有研究成果的基础上，根据形容词的量性特征分别讨论了"很不……"和"不很……"修饰形容的情况。[1] 文章首先对"很不 A"和"不很 A"（A 表示形容词）的结构层次进行了分析，然后根据其结构特征分别阐明了"很不……"和"不很……"对形容词的量性规约，指出受"很不……"和"不很……"修饰的形容词所必须具备的一些条件。

二、结构层次分析

（一）"很不 A"的结构层次

在"很不 A"结构中，"A"与否定副词"不"直接组合在一起，然后再受程度副词"很"的修饰。从副词连用的内部结构看，"很不 A"属于左向结构，即后面的副词先修饰中心语，然后再一起受前面副词的修饰（张谊生，2000：212）。持这一观点的还有马真（1986）、周时挺（1988）等。如"很不干净"的结构层次就只能分析为图一 a：

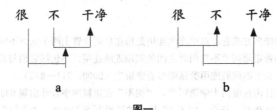

图一

---

[1] 张国宪（2000）也认为不同量度的形容词对句法位置有不同的感受度，表现出类型上的差异。

为什么只能把"很不干净"分析为图一 a 而不能分析为图 b 呢？这可以从"很"和"不"的语义特征和语法功能上得到解释。程度副词的语义特征是表示性质状态或某些动作行为的程度，"很"具有标明和显示程度的规约作用（参看储泽祥、肖旸、曾庆香，1999），这就要求被修饰成分在量上具有伸缩性，是非定量的。而副词在量性特征上一般具有凝固性，是定量的，因此否定副词"不"不能被"很"直接修饰，这样也就不能把"很不 A"分析为右向结构。而"干净"被"不"否定后，所组成的短语在量上仍然具有伸缩性，仍然可以被程度副词"很"切分出不同的量级来。当然，并不是所有的形容词被"不"否定后在量上都具有伸缩性，都能再用"很"来修饰，如"狡猾、野蛮、陌生、愚蠢"等。这一点，下文将会论及。

（二）"不很 A"的结构层次

关于"不很 A"的结构层次，语法学界的观点很不一致。[1]

观点一：认为"不很 A"与"不太 A"、"不十分 A"这些短语一样都是由否定副词"不"对"程度副词＋A"所构成的整个短语的否定（石毓智，2001：130—131）。也就是说"不很 A"的内部结构应分析为左向结构（如图二 a）。

图二

从历时的角度看，我们认为在上古汉语中把"不＋程度副词＋形容词"做如是分析是正确的。如：

（3）贾素骄贵，以为将己之军而己为监，不＋{甚＋急}……（《史记》卷六十四，《司马穰苴列传》）

（4）表以粲貌寝而体弱通，{不＋{甚＋重}}也。（《三国志》卷二十一）

这两例中的"甚"都表示"程度严重"，义同"很、非常"。在近、现代汉语中，"很"逐渐取代了"甚"，并且随着"不很 X"使用频率的提高，还有可能是受"不大、不太、不甚"这些语法化程度更深、凝固性更强的结构的类推作用，"不很 A"中的"很"

---

[1]　"那不很好吗？我正愁着不知道资方工作从何下手哩，这一来，倒好办了。"（周而复《上海的早晨》）和"这不很好嘛"。我们根据上下文语境的帮助，把两个例句中"不"读作轻声，并且很短暂，此时只是表示某种语气，不起否定作用，而"很"在句中则一定要重读，表示程度之高。它们都不属于本文探讨的"不很 A"格式。但是当"那不很好吗？"作为一个独立的问句，把"不"读成本音或变调音时，表示否定的用法，此时则属于"不很 A"格式的探讨范围。

在语义上已不同于"很 A"中的"很"，其原本表程度高的意思在此结构中已发生了一定程度的弱化，"很"具有减缓语气的作用，不能用表程度高的副词"相当、非常、十分"来进行替换。[1]而且，"不"与"很"之间的边界已逐渐淡化，整体性增强。如果在"不"与"很"之间插入判断词"是"，结构的整体意义会发生一些变化。此外，在口语中，"不很 A"中"很"在语音上也有一些变化，通常发音短促，念为轻声。[2]所有这些都说明"不很 A"中的"很"已开始语法化，对这一结构必须要进行重新分析。因此，如果我们认为把"不很 A"分析为左向结构就不大妥当。

观点二：认为"不很 A"和"不太 A"都不是"程度副词＋A"的否定式，其内部结构是一种非线性的嵌加组合式，如图二 b 所示（李宇明，1997、1999）。李宇明（1997）指出在"不很 A"和"不太 A"格式中，"很"和"太"在语义和语气的表达上都有变化。"很"不再表程度高，"太"也没有感叹意味，它们的作用是用来减缓语气。他认为除"很、太"以外，其他程度副词不能构成此类结构。他还认为"不很 A、不太 A"在结构上与"不大 A、不怎么 A"具有平行性，并且"不大 A、不怎么 A"分析为左向结构或右向结构时，"不＋大/怎么 A"、"不大/怎么＋A"要么不成立，要么与整体意义不符。基于这些考虑，他把"不很 A"和"不太 A"分析为非线性的嵌加组合结构。

其实"不大、不怎么"是成立的，吕叔湘（1980：73）指出它们是习用语。我们认为这些结构都已产生了重新分析，"大"在古汉语中已有表程度高的意义，在此处已和"不"凝固为一个词。李泉（1996）列出的 76 个程度副词和张谊生（2000）列举的 89 个程度副词中都收录了"不大"。李宇明（1997）把"不很 A"和"不太 A"分析为是由"否定词＋A"中间嵌加上"大、怎么、很、太"所形成的一种嵌加组合结构，这种分析也值得讨论。

观点三：将其分析为右向结构，如图二 c 所示。张谊生（2000；217—225）列出了一个副词连用共现骨牌图，指出程度副词和否定副词分属不同的级位，它们共现时，程度副词在否定副词前面；当程度副词"很、太、大、甚、十分"等在否定副词"不"后出现时，认为是出现了否定副词的越位连用现象，其实是已构成减弱程度式的副词性短语。显然，张谊生的观点是将"不很 A"和"不太 A"分析为右向结构。

我们基本赞同把"不很 A"分析为右向结构的观点，因为从语法化的角度看，这一结构已经产生了重新分析。但是我们认为不可以把"不大 A、不太 A、不很 A、

---

[1]　"十分"可出现在"不"后，但很少是双项连用，而常常有其他副词在"不"前与它们形成副词多项连续连用现象，如加强否定的语气副词"并、也"等。这里的副词"十分"的主要作用是表示程度高。

[2]　当"不很"后面为动词性成分时更为明显。如：

（1）他不很吃菜。单是把酒喝个不停。（鲁迅《在酒楼上》）。

不十分 A"看作是同一层次上的减弱程度式的副词性短语。因为这些"副词性短语"
在结构的凝固性上和意义的融合性上存在着一个连续统（见图三）。

$$\text{不十分}\quad\quad\text{不很}\quad\quad\text{不太}\quad\quad\text{不大}\quad\longrightarrow$$

图三

　　相比之下，"不大"的意义较为凝固，整体性最强，在张斌先生主编的《观代
汉语虚词词典》（2005）中，"不大"作为一个副词收录在内。"不十分"结构意
义的整体性最差，"不太"和"不很"居中。这可以通过前加评注性语气副词"并"
来加以检验，因为"并"能够增强否定的语气。当"不＋程度副词"的凝固性较弱时，
它就先同否定副词"不"组合然后再一起修饰别的成分。"不大"前面一般不能加"并"。
它已经完全凝固为一个表程度的双音节副词；"不太"、"不很"前都可以加"并"，
且"并"出现在"不很"前的频率要比"不太"高，而"不十分"前面则通常有"并"
与之连用。例如：

　　（5）后者虽然担心讲话，对这个问题感到并不太难……（李英儒《野火春风斗
古城》）

　　（6）河水并不很深，但是足以没过我那矮小的身子。（张洁《挖荠菜》）

例（5）和例（6）中"并＋不＋程度副词＋A"的结构层次分别为：｛并＋
不｝＋｛太＋难｝；河水｛｛并＋不｝＋｛很＋深｝｝。

三、"很不……"对形容词的量性规约

（一）形容词进入"很不 A"格式的必要条件

　　由于"很不 A"格式的内部结构层次是左向结构，因此受"很不……"修饰的
形容词在句法功能上首先要能够被"不"否定，凡不能被"不"否定的形容词都不
能进入此格式。

　　叶斯泊森（Jesperson，1924）指出人类语言中的否定词含义都是"少于、不及
（less than）"。石毓智（1991）认为"不"否定形容词只是对其程度的否定，是少
于、不及原来的意义程度，是一种差等否定，并非完全否定该形容词的本意，因此
要求所否定的形容词在量上有一定的宽容度。即要求形容词在量上有伸展的幅度，
能够被多个程度副词切分出不同的量级。他依据形容词的量性特征把形容词分为定
量形容词和非定量形容词两大类，这同沈家煊（1995）对形容词进行有界、无界的
区分大体是一致的。定量形容词表现的是一个量点，它所表述的是固化量，是有界
的；非定量形容词表现为一个量幅，是一种离散量，是无界的（参见黄国营、石毓智，

1993）。所以定量形容词（或有界形容词）都不能被"不"否定，都不能进入"很不 A"格式。这一点可以用来解释为什么"有些形容词含有褒义、表积极、可取的意义，却不能构成'很不 A'的格式"。如不能说：

    *很不庄严   *很不壮丽   *很不崇高

    *很不井然   *很不卓越   *很不神圣

这些形容词之所以不能进入"很不 A"格式主要是由它们的量性特征决定的。因为这些形容词都是定量的，表现的是一个量点。

典型的状态形容词和绝大多数非谓形容词（区别词）都是量点词（参看张国宪，1993、2000），形容词的各种重叠形式也是量点词，它们都不能被"不"否定，因此都不能进入"很不 A"格式，即都不能受"很不……"的修饰。

（二）形容词进入"很不……"格式的充分条件

从量性特征上看，形容词必须是非定量的，这是进入此格式的必要条件。从句法组合功能上看，形容词能够被"不"否定是必要条件。但是并不是所有的非定量形容词和"不"组合成"不 A"后还能接受程度副词"很"的修饰。由于"很"具有标明和显示程度的规约作用，因而必然要求被修饰成分在量上具有一定的可伸缩性。只有当"不 A"在量上仍然具有伸缩性，可以被不同的程度副词切分出不同的量级时，它才能受到程度副词"很"的修饰。也就是说，能受"很不……"修饰的形容词在量性特征上不仅要具有肯定级次，还要具有否定级次。

"否定级次形容词"与"肯定级次形容词"都是非定量词，都具有量幅的特征，不同的是它们在量幅延伸上的表现。黄国营、石毓智（1993）把它们称为全量幅形容词和半量幅形容词，前者的量幅是后者的两倍。具有否定级次的形容词（全量幅形容词）在被"不"否定后，仍然能用程度副词切分出不同的量级；而仅有肯定级次的形容词（半量幅形容词）在被"不"否定后，则不能再用程度副词切分出不同的量级，所以只有肯定级次的形容词是不能进入"很不 A"格式的。

（三）"很不 A"格式对形容词的量性规约

李宇明（2000：225—275）对形容词的级次有过系统的研究。这里我们为了对肯定、否定级次形容词在量幅延伸性上的不同表现做一个比较（见表一、表二），选取了一些常用的程度副词对其量级进了粗略的切分。

肯定量级：有点 A（L1）   很 A（L2）   非常 A（L3）   最 A（L4）

否定量级：有点不 A（L5）   很不 A（L6）   非常不 A（L7）   最不 A（L8）

表一

量幅\词语	肯定级次				否定级次				量幅\词语	肯定级次				否定级次			
	L1	L2	L3	L4	L5	L6	L7	L8		L1	L2	L3	L4	L5	L6	L7	L8
诚实	+	+	+	+	+	+	+	+	狡猾	+	+	+	+	−	−	−	−
文明	+	+	+	+	+	+	+	+	野蛮	+	+	+	+	−	−	−	−
灵活	+	+	+	+	+	+	+	+	呆板	+	+	+	+	−	−	−	−
熟悉	+	+	+	+	+	+	+	+	陌生	+	+	+	+	−	−	−	−
聪明	+	+	+	+	+	+	+	+	愚蠢	+	+	+	+	−	−	−	−
快乐	+	+	+	+	+	+	+	+	痛苦	+	+	+	+	−	−	−	−
干净	+	+	+	+	+	+	+	+	肮脏	+	+	+	+	−	−	−	−

表一表明，像"诚实、文明"等含有褒义的、表积极意义的非定量形容词不仅有肯定级次，也有否定级次；而"狡猾、野蛮"等含有贬义的、表消极意义的非定量形容词只有肯定级次，没有否定级次。前者是全量幅词，后者是半量幅词。

形容词量幅延伸的范围决定了它们进入"很不A"格式的能力。非定量褒义形容词用"不"否定后，不仅可以用"很"修饰，还可以用"有点、非常、最"等修饰，而非定量贬义形容词则不行。褒义形容词与贬义形容词之间的量幅区别决定了前者可以受"很不……"修饰限定，而后者却不行。

需要注意的是，"有趣、有名、有理、有利"等这些由"有＋名词性语素"构成的褒义形容词，它们也具有量幅特征，却不能受"很不"修饰。这是因为这些词语都是半量幅词，而不是全量幅词。这说明我们不能笼统地认为褒义形容词都可以受到"很不……"的修饰，褒义形容词能否被"很不……"修饰关键要看其是否具有全量幅特征，不能仅根据词语的评价意义来判断。

表二

量幅\词语	肯定级次				否定级次			
	L1	L2	L3	L4	L5	L6	L7	L8
小~大	+	+	+	+	−	−	−	−
轻~重	+	+	+	+	−	−	−	−
近~远	+	+	+	+	−	−	−	−
少~多	+	+	+	+	−	−	−	−
薄~厚	+	+	+	+	−	−	−	−
黑~白	+	+	+	+	−	−	−	−
热~冷	+	+	+	+	−	−	−	−

表二中，"大、小"类形容词都是半量幅词，都只有肯定级次，按照"很不A"格式对形容词的量性特征的规约，他们应该都不能受"很不……"的修饰。但是吕叔湘（1965）和马真（1986）认为表示量小的一类形容词是可以进入"很不A"格式的。语言事实也支持这一结论。我们利用语料库检索了约4 300万字的现当代作家的作品，共收集到此类现象12例，其中"很不少"共出现10例（有7例出现在《鲁迅全集》中），"很不轻"1例，"很不小"1例。例如：

（7）"先生，这病看来很不轻了，用药怕还得重一点罢。"（鲁迅《朝花夕拾·父亲的病》）

（8）他既然来了就住在正大饭店，派头一定很不小。（赵树理《李家庄的变迁》）

但是检索数据同时也表明，在书面语中表示量小的半量幅形容词进入"很不……"格式并不是普遍现象，而且除了"少"进入"很不……"格式后仍表数量少，其他的形容词（如"轻、小"等）只偶尔进入此格式，并且不再单纯表重量、容量、体积。吕先生文章所列举的表示量小的一类形容词进入"很不……"格式的例子几乎都属于这种情况。在我们收集到的语料中，这些形容词一般不出现在"很、不"双项连续连用的格式里，通常在"很不A"的前面有加强或舒缓语气的副词"还、也、一定"等与它们形成多项副词连用，或者后面有语气词"啊、了、呢"等。如：

（9）一些干部利用职权，非法安排家属亲友进城、就业、提干等现象还很不少。（《邓小平文选》第二卷）

（10）我们确实有失误呀！而且失误很不小啊！（《邓小平文选》第三卷）

周时挺先生（1988）认为由于语言表达的约定俗成，仍然存在单纯地表重量、容量、体积的小量形容词进入"很不……"格式的现象。如[转引周时挺（1988）例]：

（11）a. 这张桌子很不小。

b. 藏书很不少。

c. 这箱子很不轻。

在口语中这些现象确实存在。但周先生列举的这三个句子在口语中一般是不说的，必须要有其他副词或语气词与之共现。如：

（12）a. 这张桌子确实很不小。

b. 藏书的确很不少啊！

c. 这箱子可很不轻啊！

可见，这些"小"类的半量幅形容词进入"很不……"格式的制约条件比全量幅的褒义形容词要多。并且当单纯地表重量、容量、体积的半量幅形容词进入"很不……"格式后，"很"不能用其他程度副词自由替换，因此我们认为这里的"很"表程度的意义减弱，表示确认、强调的语气增强了，有向语气副词转化的趋势，不同于"很不干净"中的"很"。

表二中成对的半量幅形容词"冷/热"、"黑/白"与"大/小"有相同的量幅特征，都没有否定级次，是半量幅形容词。但是它们没有像"大/小"类形容词中"小"类词的特殊用法，"冷/热"、"黑/白"双方都不能进入"很不……"格式。产生这种区别的重要因素之一就是成对形容词的语义范围之和要覆盖整个概念的语义范围。这是成对半量幅形容词进入"很不……"格式的必要条件，即不满足此条件的一对具有反义关系的半量幅形容词一定不能进入"很不……"格式。如："少"的量级范围加上"多"的量级范围覆盖了表示数量的整个语义范围。它们共用一个底线，存在一个交点。这个底线很模糊，没有相应的词语表达。即使有一个词也只能是一个定量词，不表量幅，比如量点词"中"就是表体积的"小"和"大"这两个词的量级底线（见图四 a）。但"冷、热"的量级范围之和不能覆盖表示温度的整个语义范围，它们之间存在一个非定量词"暖和"，"暖和"表示的是一个量幅。"冷"和"热"不共用一个底线，不存在交点，所以都不能进入"很不……"格式（见图四 b）。这类词还有描写体形的词"胖、瘦"，它们中间存在量幅词"匀称"。

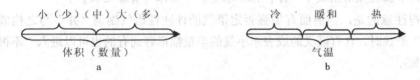

图四

四、"不很……"对形容词的量性规约

（一）形容词进入"不很 A"格式的充要条件

"不很 A"格式中的"不很"已具有一定的整体性，因而"不很 A"所表达的语义与"不是很 A"不同。"不是很 A"所要表达的意义是否定 A 具有的程度，"很"可以用其他程度副词替换。如"不是很干净"可以说成"不是非常干净"，所要表达的是"干净"的程度不高，但仍然是干净的，没有产生质的变化。而"不很干净"所要表达的意义不是"干净"的程度不高，而是"有点脏"的意思，是说话人的一种委婉说法，具有特殊的语用价值，它所表达的言外之意与语表形式上相比有一个质的变化。同时"有点不干净"的语义也近似于"有点脏"，因此"不很 A"格式与"有点不 A"具有相同的语用价值，据此我们认为"不很 A"格式也是形容词否定级次的一种表现形式。

李宇明（2000：268）把形容词的否定级次分为八种，其中的较级就包括"不＋

很/太/大/怎么＋A"。也就是说"不很A"中的形容词也必须有否定级次。因此全量幅形容词都能构成"不很A"，这是形容词进入"不很A"格式的充分条件，与"很不A"格式相同。进入"不很A"格式的必要条件也与"很不A"格式相同，也要求进入此格式的形容词必须是非定量的，两个形容词的语义范围之和必须覆盖整个概念的语义范围。

（二）"很不A"和"不很A"格式对"大/小"类形容词的规约作用

"不很A"格式对"大/小"类半量幅形容词的制约与"很不A"格式正好相反。"大/小"类表示客观事物三维性质或质量的半量幅形容词，表示量大的一方可以进入"不很A"格式，量小的一方不能进入。"大、深、重"等进入"不很A"格式限制也没有"小、浅、轻"等进入"很不A"格式严格。它们都可以单纯地表重量、容量、体积。如：

（13）战士们挖了一条不很深的战壕。（杜鹏程《保卫延安》）

（14）旗子不很大，约莫一尺来高，二尺多宽……（欧阳山《苦斗》）

（15）王晓燕肩上挨了一棒，但不很重。（杨沫《青春之歌》）

值得注意的是，当前面有加强否定语气的评注性语气副词"并"与之构成"并不很A"形式时，含有贬义的或表示小量的半量幅形容词有的也可以进入"不很A"格式。如：

（16）要做到这一些，应该说并不很困难。（《邓小平文选》第一卷）

（17）我并不很悲哀，甚至可以坦率地说，悲哀不起来。（《梁晓声作品自选集》）

（18）他原来并不很坏，是吧？（姚雪垠《李自成》第二卷）

（19）阿Q虽然有些忐忑，却并不很苦闷，因为他那土谷祠里的卧室，也并没有比这间屋子更高明。（鲁迅《呐喊·阿Q正传》）

此时的结构层次是语气副词"并"同否定副词"不"组合成副词短语之后再一起修饰"很A"，意义上与"并不是很A"近似。当前面没有加强否定语气的评注性语气副词"并"时，含有贬义的或表示小量的半量幅形容词通常是不能进入"不很A"格式的。

五、余　论

词语的量性特征与其句法功能之间存在密切的对应关系，因此凡具备某一量性特征的词语，必然具有某种句法功能。如果一对形容词有褒、贬意义或者有积极、消极意义的差别，含褒义或表积极意义的词一般能进入"很不A"和"不很A"格式，而含贬义或表消极意义的词一般能进入这两种格式。这是由它们的量性特征决定的，前者是全量幅词，拥有否定级次；后者是半量幅词，没有否定级次。具有全量幅特征是进入两格式的充分条件。

"很不A"和"不很A"格式中的形容词必须是非定量的，这是必要条件。凡不具有量幅特征的形容词都不能进入这两种格式。这就是为什么"崇高、壮丽"等这些含有褒义或表积极意义的词不能进入两种格式的根本原因，因为它们都是量点词，没有量幅特征。

具有反义关系的两个半量幅形容词，进入"很不A"和"不很A"两种格式的必要条件是两个形容词的语义范围之和要覆盖整个概念的语义范围。"冷、热"类不满足此条件，因此都不能进入这两种格式内。"大、小"类满足此条件，表示量小的一类可以进入"很不A"格式，但存在语义和句法上的严格限制；表示量大的一类可以自由地进入"不很A"格式，没有严格的语义和句法上的限制。"大、小"都是半量幅词，但却有不同的句法功能，我们推想这可能与它们的语义关系还有两种格式的不同语用价值有关系。

参考文献：

储泽祥，肖晹，曾庆香.通比性的"很"字结构[J].世界汉语教学，1999（1）.

黄国营，石毓智.汉语形容词的有标记和无标记现象[J].中国语文，1993（6）.

李泉.副词和副词的再分类.胡明扬.词类问题考察[M].北京：北京语言大学出版社，1996.

李宇明.形容词的否定式及其级次问题[J].云梦学刊，1997（1）.

李宇明.程度与否定[J].世界汉语教学，1999（1）.

李宇明.汉语量范畴研究[M].武汉：华中师范大学出版社，2000.

吕叔湘.语文札记[J].中国语文，1965（5）.

吕叔湘.现代汉语八百词[M].北京：商务印书馆，1980.

马真."很不——"补说[J].语言教学与研究，1986（2）.

沈家煊."有界"与"无界"[J].中国语文，1995（5）.

石毓智.现代汉语的肯定性形容词[J].中国语文，1991（3）.

石毓智.肯定和否定的对称与不对称（增订本）[M].北京：北京语言大学出版社，2001.

周时挺.也说"很不"[J].语言教学与研究，1988（4）.

张斌.现代汉语虚词词典[Z].北京：商务印书馆，2001.

张国宪.现代汉语形容词的选择性研究 [D].上海：上海师范大学博士学位论文，1993.

张国宪.现代汉语形容词的典型特征 [J].中国语文，2000（5）.

张谊生.现代汉语副词研究 [M].上海：学林出版社，2000.

Otto Jesperson.Philosophy of Grammar[M]. London：George Allen & Unwin Ltd.，1924.

叶斯泊森.语法哲学 [M].何勇等译.北京：语文出版社，1988.

（本文原刊于《湘潭大学学报》2006 年第 5 期，署名：谢晓明、王宇波）

表无条件让步的 "说·什么" 紧缩句

一、引　言

吕叔湘（1980：596）在说明副词 "也" 的用法的时候指出："也" 前面是表示任指的指代词，有 "无论" 的意思。并举了一例：

（1）说什么咱们也不能灰心。（吕叔湘：《现代汉语八百词》，商务印书馆1980年，第596页）

例（1）的意思是 "无论如何，咱们也不能灰心"，整个句子包含有一种无条件让步语义。我们通过对大型语料库进行检索发现，在现代汉语里这类含有无条件让步语义的 "说什么" 句的出现频率较高，是一种比较常见的句式。[1]

这类 "说什么" 句式的句法语义特点如何？吕先生没有论及，相关的研究报告至今也尚未发现。本文拟讨论这类 "说什么" 句式，我们认为，例（1）这类 "说什么" 句式是一种表示无条件让步语义的紧缩句，为了讨论方便，我们把它叫作 "说·什么" 紧缩句。

二、"说·什么" 紧缩句的句法特征

"说·什么" 紧缩句的基本结构形式可以概括为：说什么（＋NP）＋也／都＋VP。整个句子是由分句与分句紧缩在一起构成的。这种 "说·什么" 紧缩句在句法上具有如下一些主要特征：

A. "说·什么" 紧缩句中的 "说什么" 既不像词，也不像短语，而是一个语义比较固化[2]的结构体（hard-wired structure），这个结构体主要用来表示一种让步语义，可以看作是一种准让步标记，与关联标记 "也／都" 配合表意。

为什么认为这里的 "说什么" 已经固化了呢？主要基于以下几点理由：

---

[1] 本文所检索的语料库指华中师范大学汉语语料库和北京大学中文系 CCL 语料库。文中例句如未注明出处，均来自这两大语料库。

[2] 固化是指两个或几个紧挨在一起的语言单位，由于频繁使用而化为一个相对稳固的、整体性的语言单位。（参看储泽祥，2003；储泽祥、曹跃香，2005）为了区别，本文把已经固化的 "说什么" 用 "说·什么" 表示，把还没有固化的 "说什么" 用 "说＋什么" 表示。

首先，"说什么"中间不能有语音停顿，"说"后不能随意插入"着、了、过"等成分，也不能拆开。

其次，"说"的语义比较泛化，不表示具体的言说义动作，不能用其他"说"类动词（如"讲"、"道"等）进行替换，也不能省略。此外，"说什么"的语义已经趋于专门化，主要用来表示一种让步语义，可以替换成表示无条件让步关系的"不管怎样、无论如何"等，且"说什么"后不能有停顿。比较：

（2）a. 说什么他也不同意离婚。

b. 无论如何他也不同意离婚。

c. 无论说什么，他也不同意离婚。

例（2）a 中的"说"主要不是用来表示言说动作，而是与"什么"一起用来表示一种无条件让步，与例（2）b 的意思基本相同。例（2）c 中的"说"主要表示一种言说动作，"说"的动作是"他"以外的某人发出的，无条件让步关系主要通过关联标记"无论……，也……"来显示。

最后，没有固化的"说＋什么"小句中的"什么"可以做后续成分的定语，一起构成一个偏正结构，如例（3）。固化了的"说·什么"紧缩句中的"什么"没有这种用法。

（3）不管他说什么话，都不及"你很像我"这四字令段誉与木婉清如此诧异。（金庸《天龙八部》）

B. NP 是 VP 的关涉对象，一般是 VP 的施事或与事成分。"说·什么"紧缩句中的"说"不表具体的言说动作，没有相应的施事成分，也无法补足。动词 VP 的施事或与事成分 NP 在句中可以出现，也可以不出现，但能根据上下文或具体语境补足。在我们收集到的 487 例中，VP 的施事或与事成分 NP 出现的有 416 例，不出现的只有 71 例。这表明，在"说·什么"紧缩句中，VP 的施事或与事成分 NP 在句中出现的情况比较常见。我们认为这种表达方式有一定的语用目的：NP 的出现可以有效地消除歧义。例如：

（4）"不生气，今天说什么都不生气。"（王朔《过把瘾就死》）

这个句子如果不考虑上下文，可以有以下两种理解：

a. 今天不管说话者以外的某（些）人说什么，说话者都不生气。（"说"表具体言说义）

b. 今天不管如何，说话者都不会生气。（"说"不表具体言说义）

因此，为了避免歧义的产生和突出 VP 的施事或与事成分，说话者往往选择让 VP 的施事或与事成分 NP 在句中出现。

NP 在句中出现的句法位置并不固定，既可出现在"说什么"之前，也可出现在"说什么"之后，"也／都"之前，意思基本相同。例如：

（5）a. 咱们说什么也得干一下吧，不然，不好交差。

→ b. 说什么咱们也得干一下吧，不然，不好交差。

考察表明，在 416 例出现了 VP 的施事或与事成分 NP 的"说·什么"紧缩句中，NP 出现在"说什么"之前的有 373 例，约占总数的 89.7%，这表明在"说·什么"紧缩句中，NP 以出现在"说什么"之前最为常见。

C. "说·什么"紧缩句是一种有标紧缩句，句中必须有关联副词"也"或"都"出现。例如：

（6）我决心改行，说什么也要改行，不当这让人瞧不起的"孩子王"。

（7）不过两个正当妙龄、花容月貌的女子，说什么都不适宜在穷乡僻壤间久留。（亦舒《异乡人》）

如果句中没有出现副词"也"或"都"，将影响句子的合格性，或者影响让步语义的表达。比较：

（8）a. 说什么也／都不能让客人饿着肚子。

→ b. *说什么不能让客人饿着肚子。

例（8）b 通常情况下是不能成句的，即使成句也不表让步语义。

但是语料考察的结果表明，副词"也"、"都"在"说·什么"紧缩句中的出现频率存在显著差异，副词"也"在"说·什么"紧缩句中具有明显的优势句法地位。在我们所收集到的 487 例"说·什么"紧缩句中，出现"也"的用例有 476 例，约占所收例句的 97.7%。出现副词"都"的用例只有 11 例，且大部分出自港台作家的作品和一些翻译作品。例如：

（9）那时的我，已经到了而立之年，说什么都不能再扮演老天真。（朱邦复《巴西狂欢节》）

（10）"这都是应该为您做的呀，"贝尔热情地说，"要是为了别人，我说什么都不干。"（《飘》）

（11）不过，无论如何也不应该让他知道这些——说什么都不行。（《美国悲剧》）

例（7）、（9）是港台作品的用例，例（10）、（11）是翻译作品的用例。

D. "说·什么"紧缩句既有肯定形式也有否定形式，以否定形式最为常见。在我们所收集到的 487 例中，肯定句只有 74 例，而否定句有 413 例。这表明"说·什么"紧缩句用于否定的情况多，用于肯定的情况少，这也印证了吕叔湘（1980）的观点："也"前面是表示任指的指代词，有"无论……"的意思，"也"后以否定用法居多。

E. "说·什么"紧缩句中的核心动词 VP 前经常出现"应该、要、得、必须、愿、愿意、肯"等表示能愿的助动词，使用频率很高，如例（1）中的"能"，例（6）

中的"要"。有些"说什么"紧缩句中虽然没有出现这类能愿助动词，但可以根据具体情况进行添加，句子意思基本相同。比如例（10）可以说成："要是为了别人，我说什么都（也）不愿意干"。

三、"说·什么"紧缩句的语义特征

（一）具有较强的让步性

"说·什么"紧缩句在语义上主要表示后续事件的成立不受任何情况的影响，具有强让步性。这种让步语义的表达主要通过让步标记词"也"或"都"来突显。吕叔湘（1980）认为"也"和"都"都可以用于表示让步的小句，具有关联作用，因此，我们把它们看作是一种让步标记。这种让步标记的强制使用是因为"说·什么"紧缩句的语义表达有强烈的要求，需要借助明显的标记词才能突显这种较强的让步语义。

但是"也"和"都"作为让步标记词在突显让步语义时存在一定的差别。根据吕叔湘（1980）的分析，"也"用于让步句，有"无论假设成立与否，后果都相同"的意思，在句中主要表达让步语义，而"都"用于让步句，有"引出表示主要意思的小句"的作用，在句中主要起连接作用。这种语义上的差别造成了"也"和"都"在"说·什么"紧缩句中的出现频率相差悬殊。

（二）具有较强的主观性

特拉格特（Traugott，1995）曾指出：由客观意义到主观意义，由自由形式到黏着形式，由非认识情态到认识情态，这些都是语法化中主观化的表现。"说·什么"紧缩句中"说"的语义已经泛化，"说什么"的言说义动作不明显，已经变成了比较固化的结构体，对句子的命题意义没有太大的影响，主要用来和关联标记"也/都"配合表现一种主观让步，与"说＋什么"相比表现出很强的主观性。有学者甚至把这样的语言单位叫作话语标记，认为它主要表达的是一种主观性和程序性（procedural）的意义。（肖任飞，2006）试比较：

（12）a. 说什么也得嫁一回，因为嫁不出去的女人还不如离过婚的女人。

　　　 b. 无论你们说什么，我也得嫁一回，因为嫁不出去的女人还不如离过婚的女人。

　　　 c. 无论别人说什么，你们也得嫁一回，因为嫁不出去的女人还不如离过婚的女人。

例（12），a 句既可表示自己的决心也可表示劝勉别人，言说动作义不明显。当表示

自己决心的时候意思相当于b句，当表示劝勉别人的时候意思相当于c句。但相对于b、c句来讲，a句显然更具概括性。无论是表达自己的决心还是劝勉别人，都代表着说话人的一种主观认识，具有很强的主观性，比b、c句的主观性要强。

"说·什么"紧缩句的这种强主观性通过采用一系列的句法形式表达出来。

A. "说·什么"紧缩句以否定形式为主，而对事物或动作进行否定比进行肯定表现出来的主观态度要强，否定是说话人表达主观态度比较常见的一种句法形式。

B. 表示能愿的助动词"应该、要、得、必须、愿、愿意"等在"说·什么"紧缩句中的高频出现，也反映了说话人的主观态度，是强主观性的一种句法表现。

C. "说·什么"紧缩句主要表示动作VP的发生不受条件"说什么"的影响，VP的关涉对象NP在句中的出现和前移既突出了VP的关涉对象，更表明了说话者对NP的一种主观态度，这也是强主观性的一种句法表现。

四、"说·什么"紧缩句的形成机制

（一）"说"的语义泛化与"什么"任指义的增强

"说"的语义泛化是"说·什么"紧缩句形成的主要诱因。核心动词"说"在语言使用中常常伴有语义泛化的现象，这种语义泛化具有一定的语言共性。（参看吴福祥，2005）汉语里的"说"也有语义泛化的表现，如：

（13）我爹爹……干么只在自己门口立块牌子，说什么"姓段者入谷杀无赦"？（金庸《天龙八部》）

例（13）中的"说"并不表示具体的言说动作，但还具有一定的动作性，可以理解成"写"的意思。"说"的语义如果进一步泛化，动作性就会进一步弱化。动作性在弱化的同时，会逐渐产生一些新的句法语义特征。例如：

（14）玉镯带在手上说什么也拿不下来了怎么办？

（15）说什么也不能让敌人过去。

以上两例中的"说"很难判别它到底指哪种具体的行为，而是泛指所有的行为，句中的"说"不能被替换成其他言说动词，哪怕是跟它意义和用法等都比较接近的同族词"讲"。语义进一步泛化的"说"在句法上表现出对临近成分的强依赖性，和任指代词"什么"在句法上结合得更为紧密，成了一个比较固化的结构体，整个结构体在语义上主要表示一种抽象条件的总括。固化的"说什么"对临近或同现成分也表现出强依赖性，要求必须有具有让步语义的副词"也"或"都"与之同现，一起表达一种无条件让步语义。

"说"语义泛化的同时，"什么"的任指义得到了增强，语义上获得了一定的补偿。[1]代词"什么"在含有"说什么"的语句中，主要有以下四种情况：

A. 表疑问。如：

（16）你这是在说什么呀？

B. 表不肯定的人或事。如：

（17）他们俩在说什么事情，别去打搅他们。

C. 表列举。如：

（18）说什么花啊草啊，净是些哄人高兴的事。

D. 表任指。

（19）说什么也要完成这项任务。

前面三种情况里的"说"都表示具体言说动作，"什么"的任指义很弱；第四种情况里的"说"语义已经泛化，"什么"主要表任指义。

（二）关联词语的脱落与"说什么"的固化

"说"的语义泛化与"什么"任指义的增强是同步的，这种变化主要伴随着关联标记的脱落而出现。历时的考察表明，表无条件让步的"说·什么"紧缩句形成于 19 世纪末 20 世纪初，出现的年代并不长。在"说·什么"紧缩句出现之前的近代汉语里，"说什么"句表达让步语义主要是通过关联词语来突显。例如：

（20）不论你说什么，我也要先去的，我到那里看看光景，也好有个准备。（清·《三侠剑》）

关联词语的使用虽然突显了语义关系，但是书面语性较强，因此在口语化较强的句子里常常会出现一些减省现象，这种减省一般发生在从句部分，比如从句部分的让步标记"无论、不管、不论……"可以根据前后分句的语义关系省略，"说"的施事成分也可以根据上下文或具体语境省略。例如：

（21）人家说什么，我也当永远不假。（清·《小五义》）

例（21）从句部分的让步标记没有出现，但是根据前后分句的语义关系和主句部分的让步标记"也"仍然可以表达让步语义关系。

关联词语的脱落弱化了无条件让步语义的表达，因此需要通过其他手段来进行语义弥补。汉语采取的弥补方法主要有两种：一种是对从句在语音上进行强调，通过重读来突显让步语义；另一种是进行功能转移，把原来由关联词语"无论、不管、

---

[1] 沈家煊（2001）认为，在语法化过程中词语或结构的意义并没有消逝，只是发生了转移。储泽祥、曹跃香（2005）也指出在"用来"的固化过程中存在一种语义的"侧抑制"现象，在"来"的意义减弱的同时"用"的意义得到了增强。他们说的其实就是词语或结构意义的重新调整（realignment），或者叫作"语义补偿"。关于"语义补偿"，彭睿（2007）有一些论述可以参看。

不论……"承担的语义功能转移到从句"说什么"上，从而导致"说什么"的语义变化——"说"的语义泛化与"什么"任指义的增强，并进一步导致"说什么"的结构固化，固化的"说什么"结构因为负载了让步语义，从而失去了独立性，必须与后面的关联词语"也"套合出现，形成一种紧缩句式。例如：

（22）说什么也没用了，非得设法治服了他，不然牧羊阵是没法攻破。（清·《彭公案》）

例（22），"说什么"如果是通过重读来突显让步关系，那么"说"仍表言说动作，"说什么"没有产生结构固化。如果"说什么"不重读，语义上就需要承担原来由关联词语来凸显的让步语义，从而导致"说"的语义泛化与"什么"任指义的增强，并进一步导致"说什么"结构的固化，形成"说·什么"让步紧缩句。

五、"说·什么"紧缩句的形成轨迹

历时的考察表明，"说·什么"紧缩句萌芽于清代。清代，含有"说什么"的语句开始出现下列情况：

（23）说什么我也不探山。（清·《三侠剑》）

（24）我表弟是铁了心啦，说什么他也不探山。（清·《三侠剑》）

上面这两句都含有明显的无条件让步语义，例（23）可以理解为"不管说什么我也不探山"，例（24）可以理解为"不管说什么他也不探山"，让步语义主要通过副词"也"来表达。"说"在句中均为具体的言说义动词，动作的发出者在句中虽然没有出现但可根据上文补出。但是，这两句已经开始具备"说·什么"紧缩句的一些基本句法语义特征：句法上都只出现了一个主语成分，"说什么"后没有出现语音停顿，语义上具有让步关系。我们认为这是"说·什么"紧缩句开始萌芽的表现。

19世纪末20世纪初，"说·什么"紧缩句开始基本成型。表现在：句中最多只能出现一个主语成分，主语成分既可以是能够发出言说动作的人，也可以是不能发出言说动作的事物或其他抽象概念，与"说"之间没有明确的施动关系。例如：

（25）但走了没几里路，那妻子觉得不对劲，便翻身下驴，说什么也不再往前走。（《古今情海》）

（26）陆某的坐骑走到桥边，好像略有觉察，说什么也不肯往前走。（《古今情海》）

例（25）里的"说什么"句根据上文可理解为"说什么那妻子也不再往前走"，"说"在句中没有具体的动作发出者；例（26）里的"说什么"句根据上文可理解为"说什么陆某的坐骑也不肯往前走"，陆某的坐骑是动物，不可能听懂语言，因此"说什么"不可能是具体的言说动作。

这种主语成分既可以出现在"说什么"之后，也可以出现在"说什么"之前，还可以不出现，都不影响句子语义的表达。例如：

（27）这回说什么你也得收下。（《古今情海》）

（28）不行，你说什么也得收下，要不你赤手空拳回家，难道想和妻子一块饿死吗？（《古今情海》）

这种情况表明，这一时期，"说"开始有语义泛化的表现，言说义动作已经不明显或不再具有言说义，"什么"的任指义增强，"说什么"必须作为一个整体与"也"配合出现，两者之间不能出现语音停顿，表示无条件让步语义的"说·什么"紧缩句基本成型。

到 20 世纪四五十年代，"说·什么"紧缩句在口语里已经比较常见。主要表现在：

A. 用例次数明显增多。根据我们对华中师范大学汉语语料库和北京大学汉语语料库的检索情况，表明从 20 世纪四五十年代开始，"说·什么"紧缩句的用例情况开始逐渐增多，不同作家的作品中都有用例出现，其中个别作品因语言比较口语化，出现的用例次数较多，如《红旗谱》里出现了 23 例，《烈火金刚》里出现了 11 例。

B. 同一作家的语言变化。我们主要考察了《老舍文集》和《冰心文集》，结果发现，在老舍和冰心的前期作品里都没有"说·什么"紧缩句，直到四五十年代的作品里才开始出现相关用例。这种情况也从侧面表明，"说·什么"紧缩句在 20 世纪初期虽然已经成型，但并不常见，直到 20 世纪四五十年代才开始逐渐增多，成为一种常见的让步句式。

六、余　论

表无条件让步的"说·什么"紧缩句具有较强的口语风格，一般出现在口语和口语风格比较明显的文学作品中，很少在书面语体风格较强的科技文和政论文中出现。

"说·什么"紧缩句中的"什么"也可以替换成表示任指的疑问代词"啥"等。例如：

（29）郭全海说："我不能在这疙疸干了，说啥也不干，要参加，往外参加去。"（周立波《暴风骤雨》）

参考文献：

储泽祥."一个人"的固化及其固化过程 [J].华中师范大学学报(人文社会科学版)，2003（3）.

储泽祥，曹跃香.固化的"用来"及其相关的句法格式 [J].世界汉语教学，2005(4).

吕叔湘.现代汉语八百词 [M].北京：商务印书馆.1980.

罗国强."于"的动词用法探讨 [J].古汉语研究，2007（2）.

彭睿.构式语法化的机制和后果——以"从而"、"以及"和"极其"的演变为例 [J].汉语学报，2007（3）.

沈家煊.语言的"主观性"和"主观化"[J].外语教学与研究，2001（4）.

吴福祥.汉语语法化研究的当前课题 [J].语言科学，2005（1）.

肖任飞.非疑问用法的"什么"及其相关格式 [D].武汉：华中师范大学硕士学位论文，2006.

余东涛.说现代汉语时间宾语 [J].汉语学报，2007（2）.

Hopper P. J. & Traugott E. C. Grammaticalization[M].Foreign Language Teaching and Research Press & Cambridge University Press，2001.

Traugott E. C. Subjectification in Grammaticalization[C]// In Stein & Wright（eds.）. Subjectivity and Subjectivisation. Cambridge：Cambridge University Press，1995：31-54.

（本文原刊于《语言研究》2008 年第 2 期，署名：谢晓明、肖任飞）

"难怪"因果句

一、引 言

邢福义先生主编的《现代汉语》（1991: 401）在谈到强调可理解效果的因果句群时，指出"常用的关系词语有'难怪、怪不得、无怪乎'等，复句中有时也使用这类词语"。但是这些关系词语在复句中的使用情况邢先生并没有讨论，相关的研究文献也极为少见。目前仅见王峰（2007）比较了"难怪/原来"和"因为/所以"在表达因果关系上的语用、语义以及功能差异，研究虽有不少新意，但因重在比较，并未深入展开讨论。

本文主要讨论现代汉语里由关系词语"难怪"所标示的因果复句（以下简称为"难怪"因果句）。文中语料来源包括三个部分：注明来源的语料一部分取自华中师范大学汉语语料库现当代文学部分（语料库总字数约1 300万字），一部分取自北京大学中文系汉语语料库中的口语语料部分（语料库总字数约160万字），没有注明来源的语料是我们通过谷歌搜索引擎在网络上收集而来的。

二、结构语义类型

"难怪"因果句中关系词语的使用情况有以下三种类型：

A. 独用型。

整个复句只出现"果"标关系词语"难怪"，不出现"因"标关系词语。独用型"难怪"因果句根据分句之间的语义关系，又分为两类：

第一类：先因后果式，整个复句的基本格局为"A，难怪B。"式。例如：

（1）朱延年恶贯满盈，难怪有人主张千刀万剐。（周而复《上海的早晨》）

（2）我们中国真了不起：高山、平原、森林、河流……你瞧瞧，要什么有什么，难怪美帝国主义那样眼红！（杜鹏程《保卫延安》）

第二类：先果后因式，整个复句的基本格局为"难怪A，B。"式。例如：

（3）难怪他这样容易醉呢，他是有伤心事啊。（安安《春毒》）

B. 合用型。

整个复句既出现"果"标关系词语"难怪"，也出现相应的"因"标关系词语与之配合使用，"因"标关系词语有"原来"和"因为"两个，以"原来"较为常见。根据分句之间的语义关系，合用型"难怪"因果句又可以分为以下两类三种格式：

第一类：先因后果式。整个复句的基本格局为"原来A，难怪B。"式。例如：

（4）原来汤阿英有这样一段悲惨的经历，沉重地压在心头，难怪她心情不开朗，不愿意多说话。（周而复《上海的早晨》）

（5）杨团长在听到事情的真相后，惊愕地脚步踉跄，原来是发生了那种事，难怪宸毓会变成那副德行。（绿平《修罗的天使情人》）

第二类：先果后因式。整个复句的基本格局有两种：

a."难怪A，原来B。"式。

例如：

（6）他想：难怪李政委板起脸，原来他不知道尹根弟并没有跑脱。（杜鹏程《保卫延安》）

（7）难怪管生产线的"墩布"这么轻松，原来丫挺的上来就把我们嘴给堵住了。（不光《闯西南》）

这种格式，"原来"后有时还可以出现"因为、由于"类因标关系词语。例如：

（8）难怪他没有上船，原来是因为你在极力阻拦。

（9）难怪孙先生会埋怨夫人，原来是由于小月从中挑拨造成的。

b."难怪A，因为B。"式。

例如：

（10）不到半年他应召出山了。难怪许多人都不能谅解，窃窃私议，因为他们确实隐约地感到是被利用、出卖了。（金克木《关于吴梅村》）

（11）难怪老领导何波会突然通知他停止一切行动，毫不奇怪，因为它不仅会触及到你的人身安全，极可能还会波及到你的职务和身份上的"安全"！（张平《十面埋伏》）

C.复用型。

复用型是指关系词语"难怪"和其他表示结果关系的词语同时出现在结果分句中。这种情况比较少见，而且只有先因后果式。我们在1 300余万字的现当代文学语料库中发现了1例：

（12）他的确比其他男人好看很多，又懂得穿着打扮，所以也难怪黄耘春会一路倒戈！（席绢《女作家的爱情冒险》）

例（12）中的"难怪"还有"难以责怪"之意，不是完全意义上的关系词语。160余万字的北京大学口语语料库中也仅见1例：

（13）主持人：有所保留啊，所以难怪王志刚先生一直面色凝重啊，是不是你

觉得，他这个仅仅是一个药方啊。（取自北京大学汉语口语语料库）

这种情况表明，"难怪"一般不与其他表示结果关系的词语复用。如果一起复用，一定是其他结果关系词语在前，"难怪"在后，而且这种情况下的"难怪"用来表示结果关系的作用有所下降。

三、典型性考察

我们对华中师范大学汉语语料库现当代文学部分和北京大学中文系汉语语料库中的口语语料部分总计约 1 460 万字的语料库进行了不区分语体的封闭性考察，以此来分析"难怪"因果句使用的典型性程度。

表一主要考察了有标因果复句的典型性情况。表中的"因为 / 所以"类是指用"因为"、"所以"一起标记的因果复句，统计包括了 6 例由"之所以……，是因为……"标记的因果复句。"因为"类、"所以"类、"因此"类、"因而"类是指单用引号中的关系词语所构成的因果复句，考察结果不区分关系词语在复句中出现位置前后的差异。"由于"类、"难怪"类的统计数据既包括单用引号中的关系词语所构成的因果复句，也包括引号中的关系词语与其他关系词语一起用于表达因果关系的情况。

考察共收集到各类有标复句 1 815 例。表一是各类有标因果复句使用情况的统计结果。

表一

形式类型		例句数	百分比
有标因果复句	"因为 / 所以"类	132 例	7.2%
	"所以"类	827 例	45.6%
	"因为"类	708 例	39.1%
	"因此"类	38 例	2.1%
	"因而"类	2 例	0.1%
	"由于"类	9 例	0.4%
	"既然 / 就"类	41 例	2.3%
	"难怪"类	58 例	3.2%

表一的统计数据大致表明：有标因果复句最典型的是单用结果关系标记"所以"来引导的因果复句，其次是单用原因关系标记"因为"来引导的因果复句，一般认

为是因果复句的典型标记格式"因为……，所以……"在实际语言使用中的所占比例其实并不高，约占 7.2%，"难怪"类因果复句虽然比例不高，只有 3.2%，但明显高于推断性因果复句格式"既然 / 就"类的使用频度（2.3%）。这种情况表明，"难怪"类因果复句在现代汉语里已经是非常重要的一种复句格式，在使用上具有一定的典型性。

表二是"难怪"因果复句使用情况的分类统计表，我们对所收集到的 58 例"难怪"因果复句进行了统计分析，统计数据大致反映了各类"难怪"因果句在实际语言使用中的典型性程度。

表二

语义格局	形式类型	标记形式	例句数	百分比
先因后果	独用型	A，难怪 B。	29 例	50.0%
	合用型	原来 A，难怪 B。	4 例	6.9%
	复用型	A，所以难怪 B。	2 例	3.4%
先果后因	独用型	难怪 A，B。	3 例	5.2%
	合用型	难怪 A，因为 B。	4 例	6.9%
	复用型	难怪 A，原来 B。	16 例	27.6%

表二的统计数据表明，"难怪"因果句以独用型的"A，难怪 B"这种标记形式最为典型，其次是合用型的"难怪 A，原来 B"形式，两者约占用例总数的 77.6%，其他使用形式并不典型。在因果配位上，先因后果式有 35 例，约占总数的 60.3%，先果后因式有 23 例，约占总数的 39.7%，先因后果式的配位比例明显高于先果后因式。

宋作艳、陶红印（2008）提出："在汉语和英语中，原因从句后置都是优势语序，这是由语言交际中的互动、协调等根本因素所决定的。"而储泽祥、陶伏平（2008）则认为："汉语的因果复句，明显受到时间顺序原则的影响，因句在前、果句在后是强式，果句在前、因句在后是弱式。""难怪"因果句以原因前置为优势语序的使用倾向从侧面印证了储泽祥、陶伏平（2008）的观点。

四、句式语义特点

"难怪"因果复句主要用来表达一种醒悟语义。典型性考察表明，"难怪"因果复句主要有"A，难怪 B"和"难怪 A，原来 B"两种格式。而"难怪"和"原来"都可以表示醒悟语义。《现代汉语八百词》（1980）对"难怪"的解释为：副词，表醒悟（明白了原因，不再觉得奇怪），这里的"难"有"不应该"的意思，用"难怪"的小句前或后常有说明真相的小句；对"原来"的解释有一条是：副词，发现以前不知道的情况，含有恍然醒悟的意思。因而，由"难怪"、"原来"所标示的整个复句的句式语义也主要用来表达一种醒悟义。

（一）句式的醒悟语义对"难怪"因果句的构成限制

"难怪"因果句所具有的醒悟语义对复句的构成有一定的限制条件，主要表现在以下三个方面：

A."难怪"因果句中表因和表果的两个部分都必须是说话者已经确认的事实。"难怪"因果句是说话者对某种结果状态形成原因的一种顿悟，造成这种结果的原因必须早于结果存在，是一种已然事实。因此，例（14）这种表述不能成立：

（14）*难怪会下雨，原来会有冷空气来。

例（14）中的"因"（"会有冷空气来"）不是说话者已经确认的事实，因而这种因果关系不能使用"难怪"因果句。"难怪"因果句中的"果"也必须是说话者已然确认的事实，不能表示未知或虚拟的情况。这种事实一般是已经发生的已然事实，也可能是表述时还尚未发生，但是已经被确认是将会发生的事实。例如：

（15）难怪长沙要修地铁，因为城市地面交通实在太拥挤了。

例（15）中的"因"是已然的事实——"城市地面交通"现在已经"太拥挤了"，"果"有两种理解的可能：a.长沙已经在修地铁（这是已然的事实）；b.长沙准备修地铁（虽未开始实施，但已经是被确认的事实）。

由于"因"和"果"都必须是说话者已经确认的事实，因此都不能在表述中出现"可能、也许、大概"之类表示推测的词语，不能说：

（15'）*难怪长沙可能要修地铁，因为城市地面交通实在太拥挤了。

B."难怪"小句所引导的结果部分不能是说话者"我"自身可控的行为（或事件）。这是因为造成说话者自身可控行为（或事件）的原因对说话者来说是已知的，"因"和"果"之间没有醒悟过程存在，与句式的醒悟语义不兼容。例如：

（16）*难怪我没来上课，原来是生病了。

（17）难怪我肚子疼，原来我吃错了药。

例（16）中，"我没来上课"是说话者"我"自身可控的，对说话者"我"来说，"生病"是"没来上课"的已知原因，没有醒悟的过程，因而不能使用"难怪"类因果句式。但是如果将"我"换成第二、三人称，用于非说话者本人时，句子可以成立。例如：

（18）难怪他／你没来上课，原来是生病了。

"他／你没来上课"对说话者来说是不可控的，造成这一事件的可能原因有很多，"生病"是说话者从众多可能原因中确认的一个原因，有醒悟的过程，因而可以使用"难怪"类因果句式。

例（17）中，"我肚子疼"是说话者"我"自身不可控的，对"我"来说造成"肚子疼"的可能原因有很多，"吃错了药"是说话者从众多可能原因中确认的一个原因，也有醒悟的过程，因而也可以使用"难怪"类因果句式。

C."难怪"因果复句一般不选用疑问和祈使句式来表达，而是倾向选用感叹或陈述句式。这是因为"难怪"因果句中表因和表果的两个部分都是说话者已经确认的事实，而疑问句式表达的是一种未确认的事态，祈使句式表达的是一种非现实事态。

这种情况区别于由"要不"标示的一类因果句。史金生（2005）研究发现，"要不"在口语中至少有四种用法，其中一类是作副词，意义同"难怪"，并举例如下：

（19）要不怎么成为大人物呢，人家对谁都留着活口儿，对谁都不即不离的。

（20）儿女是越大越难管，丈夫是越老越好管教；要不怎么西洋女子多数挑着老家伙嫁呢。

史金生（2005）认为，"要不"句要理解为"难怪"，其结论小句（果）必须是现实的，不能有推测意义，其次，"要不"小句必须是对原因的反问，否则也不能理解为"难怪"，因而"要不"小句常有一些表疑问的伴随形式（常见的如"怎么"）。

我们通过比较发现，由"要不"标示的因果复句也含有一定的醒悟语义，这与"难怪"因果句的句式语义有相通之处。但是，在表达形式上，两者有明显的差别："要不"因果句一般选用反问形式，通过对结果的反问来表示对原因的一种醒悟；"难怪"因果句一般选用感叹或陈述形式，通过对结果的感叹或陈述来表示对原因的一种醒悟。

（二）句式的醒悟语义赋予"难怪"因果句较强的主观性

谢晓明（2009）考察过"难怪"的词汇化和语法化过程，发现"难怪"由"难以责怪"义到表醒悟义经历了语用推理和语境吸收过程。由说明难以责怪的原因进一步发展到表示对形成某种状态的醒悟和理解，逐渐突出了表达者的主观态度，使"难怪"因果句带有较强的主观性。

主观性的表现之一："难怪"因果句有比较明显的感叹语气，句末一般带有或可以添加感叹类语气词（如"呢"、"啊"）。比如例（1）也可以表述为：

（1'）朱延年恶贯满盈，难怪有人主张千刀万剐呢。

主观性的表现之二："难怪"经常和表示委婉语气的副词"也"共现。例如：

（21）女人：好啊，还要证据，心里有鬼，难怪也不告诉我一声。

（22）据说他从未在大众面前曝光，也难怪没有媒体知道他的真实姓名。

语气副词主要用来表达一种主观态度，具有强主观性。"难怪"因果句中语气副词"也"的出现表明该句式具有较强的主观性。"难怪"与副词"也"的共现以"也"出现在"难怪"前面居多，"也"经常居于结果小句的句首状语位置，这与整个小句所具有的主观情态是相匹配的。

（三）与其他类型因果复句的句式语义比较

"难怪"因果句不同于客观的说明性因果，也不同于逻辑的推断性因果，它是一种主观的醒悟性因果。说明性因果重在对认识结果的表述，推断性因果重在对认识事理的表述，而醒悟性因果重在对认识过程（醒悟过程）的表述。

语义基础上的差别对因果类句式之间的相互转换有一定的制约关系。表示主观醒悟的"难怪"类因果句一般能换说成客观的说明性因果句，如例（1）可以换说成：

（1″）因为朱延年恶贯满盈，所以有人主张千刀万剐。

但是表示客观事理的说明性因果句要换说成"难怪"类醒悟义因果句却至少需要满足两个条件：a. 因果关系不能是常识性的事理关系；b. "因"和"果"都必须是说话者已然确认的事实。例如：

（23）因为他年纪已经很大了，所以不能参加如此繁重的体力劳动。

（24）因为这次会见很重要，所以市长可能会亲自参加。

这两例都不能换说成"难怪"类因果句。例（23）中的因果关系是一种常理，不需经过主观的醒悟过程，例（24）中的"果"是未然的推测性事件，因果之间没有构成醒悟关系的语义基础。

"难怪"因果句一般不能换说成推断性因果句。如例（3）不能换说成：

（3'）*既然他是有伤心事，他就这样容易醉呢。

反之，推断性因果复句也不能换说成"难怪"类因果复句。例如：

（25）既然你答应来开会，就应该说话算数。

→*原来你答应来开会，难怪应该说话算数。

结合前面典型性考察的结果，我们认为有必要将由"难怪、怪不得、无怪乎"所引导的这类因果复句与说明性因果复句、推断性因果复句平列，把因果复句分为说明性因果复句、推断性因果复句和醒悟性因果复句三个次类。

五、语体适应情况

"难怪"因果句的语体适应情况如何？我们分别考察了华中师范大学汉语语料库现当代文学部分和北京大学中文系汉语语料库中的口语语料部分。考察结果为：

书面语（华中师范大学汉语语料库现当代文学部分）共出现 47 例，每百万字出现频率为 3.61 个；口语（北京大学中文系汉语语料库中的口语语料）共出现 11 例，每百万字出现频率为 6.88 个，口语的出现频率远高于书面语的出现频率。

我们进一步考察了书面语中的使用情况，发现"难怪"因果句一般出现在以下两种情况中：

A. 内省。表达对某种情况的内心感悟或判断，有自言自语的意味。例如：

（26）老太太伸手摸了下窗台，白手套沾满了灰：屋里够脏的，难怪招鬼。（王朔《千万别把我当人》）

（27）郭彩娣站在旁边，心里稍微宽慰了一点：原来大家出的白花都很多，难怪她出一磅六两哪。（周而复《上海的早晨》）

B. 说话。说话者对某种状况的因果关系突然有所醒悟，并用言语表达出来，一般为应答句。例如：

（28）吕小胡兴奋地说："师傅，这样的好点子也只有您这样的天才才能想得出来，难怪您五十年代就造出了双轮双铧犁。"（莫言《师傅越来越幽默》）

（29）"也难怪他们不同意，上海又不是其它地方，好多人想进还进不去呢。"（郁秀《花季雨季》）

内省和说话都具有较强的口语色彩，这种表达语境与"难怪"因果句的醒悟语义是相适应的。由此可见，"难怪"因果句具有很强的口语体色彩，是一种口语化的表述形式。

参考文献：

储泽祥，陶伏平. 汉语因果复句的关联标记模式与"联系项居中原则"[J]. 中国语文，2008（5）.

吕叔湘. 现代汉语八百词 [M]. 北京：商务印书馆，1980.

史金生."要不"的语法化——语用机制及相关的形式变化 [J]. 解放军外国语学院学报，2005（6）.

宋作艳，陶红印. 汉英因果复句顺序的话语分析与比较 [J]. 汉语学报，2008（4）.

王峰. 谈"难怪 / 原来"与"因为 / 所以"[J]. 现代语文，2007（9）.

谢晓明."难怪"的语法化 [J]. 古汉语研究，2009（2）.

邢福义. 现代汉语 [M]. 北京：高等教育出版社，1991.

（本文原刊于《语言研究》2010 年第 2 期）

"给" 字句被动义实现的制约因素

一、引　　言

现代汉语里的"给"是一个功能和用法都相当复杂的词，它既可以是动词，也可以是介词，还可以是助词。一直以来，与"给"有关的各种语言现象，始终是语言学界关注的热点问题。太田辰夫（1958）、朱德熙（1979）、吕叔湘（1980/1999）、朱景松（1995）、沈家煊（1999）、江蓝生（2000）、张谊生（2001）、蒋绍愚（2002）、木村英树（2005）等都曾对"给"的用法进行过研究。学者们基本上认为"给"除了有"给予"义外，还可以兼表使役义和被动义。一些学者（如太田辰夫，1958；江蓝生，2000；蒋绍愚，2002 等）还对"给"表被动的来源做了比较深入的讨论。

"给"可以表达的语义是多样的，表被动义只是其多种用法中的一种。用"给"来表被动义不像典型的被动标记"被"那样自由，在很多情况下，"给"的被动义的实现要受到句法、语义和语境等多种因素的制约。本文主要讨论制约"给"字句被动义实现的各种因素。

二、句法制约因素

"给"字句是否表被动义受到很多句法条件的制约。

条件一："给"后必须有一个动词 VP 出现，使"给"失去动词中心的句法地位，失去"给予"义，从而产生功能转移。

条件二：动词 VP 所关涉的名词性成分出现的多少及其句法位置。如果动词 VP 所关涉的名词性成分只出现一个，出现在"给"前，一般表被动；出现在"给"后，一般用来引进动作的接受者、受益者和受害者，被动义不明显。例如：

（1）a. 苹果给吃了。

　　　b. 给小王吃了。

例（1）中，a 句的被动义比较明显，b 句的"给"主要用来引出受益者"小王"，被动义不明显。

如果动词 VP 所关涉的名词性成分出现了两个，且分别出现在"给"的前后，这时，是否表被动与两个名词性成分的生命度和动词的语义都有关系，详见下文。

条件三："给"后的动词 VP 是否有表示完成的标记。被动句一般用来表示对已然事实的陈述（如果用于未然句，一般只能出现在禁止句中），因此在动词 VP 后必须带有表完成体态的助词"了、过"，或带有表示动作完成的结果补语成分。这是"给"字句被动义能否实现在句法上的首要制约因素。比较：

（2）a. 饭给他吃。

b. 饭给他吃了。

c. 饭给他吃完了。

例（2）中，a 句的"给"只能理解为"给予"义，句子为主动句，b 句动词"吃"后有表示完成体态的助词"了"，c 句动词"吃"后带有结果补语"完"，两句都可以做被动句理解。

条件四：动作性动词 VP 后是否带有动量补语成分。"给"字句中的动作性动词 VP 后如果带有动量补语，整个句子一般做处置句理解。例如：

（3）a. 张三给李四打了。

b. 张三给李四打了一顿。

例（3）中，a 句一般倾向于理解为被动句[有些方言用"给"做处置标志，如河南洛阳话（石毓智，2004）。a 句在洛阳话里是"张三把李四打了"的意思，是处置句。这里不论]。b 句既可以理解为处置句"张三把李四打了一顿"，也可以理解为被动句"张三被李四打了一顿"，在北京话中倾向于做处置句理解。可见，动作性动词"打"后所带的动量补语对"给"字句被动义的实现具有制约性。

非动作性动词 VP 后如果带有动量补语，它对"给"字句的语义影响不明显。例如：

（4）a. 张三给李四骗了。

b. 张三给李四骗了一回。

例（4）中，动词"骗"是非动作性动词，a 句有被动义，b 句带上动量补语"一回"后仍表被动义。

条件五：如果"给"前已经有被动标记"被"、"叫"、"让"等或处置标记"把"，"给"不再表被动义。例如：

（5）张三被 / 叫 / 让李四给打了一顿。

（6）张三把李四给打了一顿。

例（5）"给"前有典型被动标记"被"等，"给"不表被动义，而表处置义，这种情况说明，被动标记在汉语普通话里是不能复合出现的。例（6）"给"前有处置标记"把"，"给"不表被动义，而表处置义，原因在于汉语普通话不能出现处置套被动的表述格式，但是可以出现被动套处置的表述格式。例如：

（7）a. 这个东西被小王把它弄脏了。

b.* 小王把这个东西被他弄脏了。

三、语义制约因素

（一）动词 VP

动词 VP 的语义以及动词 VP 后所带的补语成分的语义对"给"字句被动义的实现也有制约性。

条件一：VP 必须为及物动词，它可以是动作性动词，也可以是非动作性动词，语义上可以支配"给"前的名词性成分。如例（1）中的动词"吃"是一个 2 价及物动词，语义上可以支配"给"前的名词性成分"饭"；例（4）中的动词"骗"是非动作性及物动词，语义上也可以支配"给"前的名词性成分"张三"。"饭"是"吃"的受事成分；"张三"可以是"骗"的施事（"张三骗"），也可以是"骗"的受事（"骗张三"），需要根据语境才能确定。汉语是 SVO 型语言，受事成分的典型句法位置是在动词后面，如果受事成分出现在动词前面的句法位置上，那么整个句式就具备了实现被动义的句法条件。

条件二：动词 VP 所带非动量补语成分必须可以用来说明"给"前的名词性成分。比较下面的两个句子：

（8）a. 他给我气坏了。

b. 他给我买到了。

例（8）中，a 句动词"气"在语义上可以用来支配"给"前的名词性成分"他"，补语"坏"也可以用来说明"他"的状态，而且句末有表示完成体态的助词"了"，整个句子具有实现被动义的语义和句法条件，倾向于做被动句理解。b 句动词"买"一般用来支配商品类事物名词，不能支配"给"前的名词性成分"他"，"他"一般不分析为动词"买"的受事，此外补语"到"一般也不是用来说明"他"的状态的，因而整个句子不具备实现被动语义的条件，倾向于做主动句理解。"给"有"替、为"的意思，用来引进动作的受益者。

例（8）a、b 两句的语表形式上是相同的，都是"NP$_1$＋给＋NP$_2$＋VP＋COMP（结果补语）＋了"。但是由于动词的语义制约，a 句可以分析为被动句，b 句不能分析为被动句。

（二）VP 所联系的两个名词性成分

名词性成分根据其所代表事物的生命程度的有无，分为有生命度名词和无生命度名词两种。有生命度名词根据名词所指称事物生命度的高低，又可以分为"指人名词＞动物名词＞植物名词"这一等级序列。名词生命度的高低代表了该名词所代表的事物对其他事物的支配力和影响力的强弱。一般来说，名词的生命度越高，支配能力越强；反之，就越弱。当然，事物之间的支配和影响是一种互动过程，甲事物对乙事物的影响力较强，也就是乙事物对甲事物的影响力较弱。有生命度名词比无生命度名词的支配力强，因而一般处于施动者地位，而无生命度名词则一般处于受动者地位。生命度高的名词比生命度低的名词的支配力强，因而也一般处于施动者地位，而生命度低的名词一般处于受动者地位。在"给"字句中，名词生命度的有无和高低对"给"字句被动义的实现具有一定的制约性。

根据名词生命度的高低，我们把"给"字句中"给"所联系的前后两个名词性成分的关系分为以下三种情况（"给"前名词性成分用 N_1 表示，"给"后名词性成分用 N_2 表示）：

A. $N_1 < N_2$。这种情况下的 N_1 容易优先分析为动词 VP 的受事，整个句子做被动句理解的可能性最大。例如：

（9）牛给赶牛的人踢了一脚。

"踢"这个动作行为既可能是"牛"发出的，也可能是"赶牛的人"发出的，但是，因为"赶牛的人"生命度比"牛"相对要高一些，施动性更强一些，因而例（9）在语义上理解为被动句的倾向性大于主动句。

B. $N_1 = N_2$。这种情况下的 N_1 和 N_2 的生命度相当，N_1 作为 VP 的受事和施事理解的可能性是相当的。例如：

（10）我给你说糊涂了。

孤立地分析例（10），做主动句或被动句理解都可以，必须借助语境（包括上下文）的支持才能获得适当的解读。比如，A 跟 B 说一件事情，说了半天 B 没有弄明白，这时候，如果 A 说："不好意思，我给你说糊涂了"，那么这个句子就是主动句；如果 B 说："不好意思，我给你说糊涂了"，那么这个句子就是被动句。

C. $N_1 > N_2$。这种情况下的 N_1 容易被优先分析为动词 VP 的施事成分，整个句子作为主动句理解的倾向性较大。如：

（11）赶牛的人给牛踢了一脚。

与例（9）相反，例（11）在语义上理解为主动句的倾向性要大于被动句。

当然，名词生命度的高低对"给"字句被动义的实现的制约不是绝对的，只是语义理解上的一种制约性因素。对"给"字句语义的理解，还必须结合语境（包括一般事理）因素。

（三）语义使用的典型性程度

"给"在现代汉语中可以表达的语义是多样的，大致可以归纳为以下四种：

A. 做动词，表示"给予"和"致使"。

B. 做介词，用来引进动作的接受者、受益者和受害者。

C. 做介词，用来表示被动。

D. 做助词，直接用在动词前（可用于主动句或被动句）。

在这四种用法中，A 是"给"最典型的用法，然后依次为 B、C、D 三种语义的用法。"给"的四种语义使用的典型性程度不同对"给"字句的语义理解也有一定的影响。一般来说，人脑对语言的理解有一种熟悉化倾向，即对语言符号的理解一般选择从其最熟悉、最典型的用法开始，如果这种用法不能用于当前语言符号的解读，刺激信息会通过神经元再返回去重新选择次熟悉、次典型的用法，然后再来进行重新分析，如果分析成功，再往下进行重新选择分析的动力就大为减弱，如果分析失败，那么再往下进行重新选择分析的动力就会保持下去，如此反复，直到大脑对语言符号的解读（包括误读）与储存在大脑中的百科知识匹配为止。对"给"字句中的"给"的语义分析也同样受这种熟悉化倾向的影响，遵循"A＞B＞C＞D"（"＞"读作"优先于"）原则。例如：

（12）我经常给她写信。

（13）我给他骗了好长一段时间。

例（12）中，大脑在接受这个线性符号时，"给"会被首先分析为"给予"义，但往下分析，发现这种分析无法得到合理的语义解读，于是大脑又返回去重新选择分析，发现"给"在句中没有动作义，而是用来引进"写信"的接受者，重新分析获得成功。例（13）也一样，做"给予"义解读的分析失败后，再返回去做 B 种解释，B 种分析也失败后，又返回去做 C 种解释，最终获得合理的分析结果。

词语语义使用的典型性程度对语义理解的影响虽然不是太直观、太明显，但却是客观存在而不容忽视的。

四、语境制约因素

吕叔湘（1980：67—68）指出，"'给'用在动词前，有时会产生歧义，要根据上下文判断"，并举"铅笔给你弄丢了"为例：如果出现在"对不起，铅笔给你弄丢了"中，"给"不表被动，而是用来引进动作的受害者"你"；如果出现在"你看，铅笔给你弄丢了"中，"给"表示被动，用来引出动作的施事者。

事实上，除了"给"直接用在动词前的这种情况，其他类型的"给"字句是否可以表被动义，对语境的依赖程度也是非常明显的。换句话说，语境对"给"字句被动义的实现具有很大的制约作用。一个没有语境支持的"给"字句，孤立地分析，很容易产生歧解。例如：

（14）苹果给孩子吃了。

例（14）虽然根据动词前后名词生命度的大小，倾向于分析为被动句，但是"给"也可以做"给予"义理解，可以理解为"某人把苹果给孩子吃了"，"给"用来引出给予的对象。

语境因素除了指上下文外，还应该包括百科知识，它通过实践或阅读直接或间接地储存在人脑中，在人脑接受外部信息时为人脑对信息的理解提供背景知识，从而影响信息传递的速度和信息量的大小。例如"姑娘给他拐跑了"这句话，从句子本身分析存在歧解，"给"既可理解为引出施事——"他拐跑了姑娘"，也可理解为引出受害者——"他的姑娘被人拐跑了"。但是根据一般事理，一般倾向做前一种理解。

我们对"给"字句的表义情况做过一次调查分析，设计了10例表被动义的"给"字句，请31名在校大二学生判断这些例句是前述A、B、C、D四种常见用法中的哪一种。调查结果发现，有27人没有全选表被动的C。他们认为部分例句仍表示"给予"义。这种情况表明，"给"还处于语法化的过程中，因而即使在表被动义的时候，也由于原有意义的滞留，句中的"给"字本身仍然带有"给予"义。所以，与"被"字句相比较，表被动义的"给"字句，其被动义还要依靠句中施事、受事成分本身的事理来作区分，很多"给"字被动句具有双重分析的可能。此外，调查结果也表明，"给"字被动句一般出现在口语和口语体较强的书面语中，具有较强的口语色彩。这种口语倾向表明语境对"给"字句能否理解为被动义具有一定的制约作用。石毓智（2004）的调查还发现，"给"在口语中如果表被动义，"给"后的施事往往可以省略。例如：

（15）冰箱里的东西全给吃干净了。

（16）咦，我这有段情节怎么给拿掉了。

造成这种省略的原因就在于口语的语境对语言理解的支持比书面语要强得多，"给"后的施事通过语境可以得到补足。

五、结　语

当然，"给"字句用来表被动义并非"给"字句的典型用法，我们通过对华中师范大学现当代文学语料库的检索统计，发现用来表被动的"给"字句用例不到总数的3%。这也说明"给"字句是否表被动要受到很多制约，除了受句法、语义和语境因素的制约外，还受相关句式（尤其是"被"字句）、方言影响和个体语言习惯等其他一些因素的制约。这些因素的影响也不是单一的，而是综合性的，以其中某一因素的制约作用最为明显。

对"给"字句被动义实现因素进行讨论有利于加深我们对"给"字句式与其他相关被动句式的理解，厘清"给"字被动句式与其他被动句式的差别，从而为语言教学和中文信息处理提供知识支持。

参考文献：

江蓝生.汉语使役与被动兼用探源 [C]// 近代汉语探源.北京：商务印书馆，2000.

蒋绍愚."给"字句、"教"字句表被动的来源——兼谈语法化、类推和功能的扩展 [C]// 语言学论丛（第二十六辑）.北京：商务印书馆，2002.

吕叔湘.现代汉语八百词 [M].北京：商务印书馆，1980、1999.

[日]木村英树.北京话"给"字句扩展为被动句的语义动因 [J].汉语学报，2005(2).

沈家煊."在"字句和"给"字句 [J].中国语文，1999（2）.

石毓智.兼表被动和处置的"给"的语法化 [J].世界汉语教学，2004（3）.

[日]太田辰夫.中国语历史文法 [M].蒋绍愚，徐昌华，译.北京：北京大学出版社，1958、1987.

张谊生.助词"给"及其相关的句式 [J].汉语学报，2001（3）.

朱德熙.与动词"给"相关的句法问题 [J].方言，1979（2）.

朱景松.介词"给"可以引进受事成分 [J].中国语文，1995（1）.

（本文原刊于《语文研究》，人大复印资料《语言文字学》2010 年第 8 期全文转载）

第四章　词语演化及使用情况考察

"难怪"的语法化

一、"难怪"语法化的轨迹

"难怪"连用现象在宋元时期开始出现，由形容词"难"和动词"怪"连用构成，整个结构是一个动词性的偏正词组，有"难以责怪，不应怪罪"之意，后面带有宾语成分。例如：

（1）刘官人叹了一口气，道是："泰山在上，道不得个'上山擒虎易，开口告人难'。如今的时势，再有谁似泰山这般看顾我的？只索坐困。若去求人，便是劳而无功。"丈人便道："这也难怪你说。老汉却是看你们不过。今日赍助你些少本钱，胡乱去开个柴米店，撰得些利钱来过日子，却不好么？"（宋元话本）

这是"难怪"连用较早的用例之一，"难"和"怪"都是单独的词，相互之间的语义融合程度较低。

"难怪"后面所带的宾语成分可以是简单的名词性成分，也可以是主谓结构。例如：

（2）以后媳闻你身死，自家立志守孝三年。如今第十个年头，也难怪他，刚刚是今晚出门嫁人。（《醒世恒言》）

（3）番文自称大元可汗，及称"去年差了三千余人进贡，止准一半，阻回一半，都生歹心，有小王子死生定了。今再差四千人进贡，若都准了便罢，若只准一二千呵，也不进贡，都生起歹心了。王子那时也主张不得，你也难怪我们"等语。（明·陈洪谟《治世余闻》）

（4）丈人便道："这也难怪你说。"（《今古奇观》）

例（2）、（3）"难怪"后面的宾语是简单的名词性成分，例（1）、（4）"难怪"后面的宾语是复杂的命题（主谓结构或从属小句）。

16、17 世纪开始，"难怪"出现直接做谓语的现象，后面可以不带宾语或其他后续成分，标志着动词"难怪"开始产生。例如：

（5）春桃曰："夫人是不知的，难怪难怪。你赵郎先娶这个可奶娘就是颜庄公了。立山乡长的主意，原定自他。"（《笏山记》）

（6）我说："许久未接到家信了！"那人道："这却难怪，你们老太太业已去世，你恐怕不未知道哩！不然，何以你依然穿着吉服呢？"（《冷眼观》）

（7）他们放督抚的放督抚，放藩臬的放藩臬，我就钦赐了这么一件东西。说也难怪，你们终年撺在水里过日子，哪里晓得天多高地多厚呢？（《冷眼观》）

这种动词用法的"难怪"一直到现当代还有用例情况。例如：

（8）古代的知识分子人人都想作文学家，留下了浩如烟海的集部书。其中当然绝大部分是劣作，日就湮灭原也是难怪的。（亢泰《谈"集部"》）

（9）我很感慨，再细想也难怪他们，好多年来，反封建只限于土地改革，"五四"新文化运动的反封建的遗产，几代青年人根本接触不到，怎能怪他们呢？（王蒙《不要完全抛在脑后》）

在动词"难怪"形成的同时，"难怪"还出现了另外一种使用情况，"难怪"的具体责怪义开始淡化，两个词语之间的结合比较紧密，一般不能随意拆开或扩展，"难怪"后面连接的成分可以是主谓结构或动宾结构，"难怪"所处的句法位置与状语类似，有促使"难怪"向副词演化的趋势。不仅如此，由于"难怪"前面的主语（或话题）一项往往缺省，加快了"难怪"由述宾关系重新分析的步伐，从而形成了语气副词"难怪"。例如：

（10）于玉叹道："天地钟灵尽于此矣，我竟如夏虫不可语冰，难怪竹君怪我。"南湘哈哈大笑道："我也不怪的，幸你自行检举。"（《品花宝鉴》）

（11）王惠惊道："原来便是尊翁，难怪面貌相似，却如何这般称呼？难道已仙逝了么？"（《儒林外史》）

（12）月仙在楼上掩袂悲啼，二官上楼见他流泪，走近身边，低低说道："难怪你这般苦楚，但今夜是你我吉期，宜省愁烦。"（《欢喜冤家》）

（13）同张之洞、许庚身、孙毓汶诸人，都是吕贤基做大总裁那一榜中出来的，怎么就单拣他老人家一个人这样的不好结果呢？难怪我上回由北京回来去见他的那年，把名刺生了毛，都没有见得着。（《《冷眼观》》）

以上几例中的"难怪"都可以用"怪不得"来替换，但不能被"难以责怪"替换。

"难怪"的副词用法与动词用法几乎同时出现，其语法化的轨迹如何？这是应该考虑的问题。如果说副词"难怪"来源于动词"难怪"，从出现时间上看很难成立。杨荣祥（2005）提出"间接虚化"理论，认为"有些合成副词，两个语素一开始结合成词就是副词，而不是先用作实词，然后再整个虚化为副词，这些合成副词，其词义的虚化是在语素层面上实现的，在词的层面上没有虚化的过程"，所举例子包括"难免"等。我们认为副词"难怪"的语法化过程也应属于这种"间接虚化"过程，直接来源于短语结构的"难怪"。

"难怪"的语法化过程表明，从句法位置看，"难怪"凝固成词，经历了一个重新分析的过程。动词"难怪"的产生经历了"短语词汇化"过程，但副词"难怪"的产生并不符合汉语一般复音虚词演成的一般规律，没有经历"短语词汇化"与"词义进一步虚化"两个阶段，而是经历了一个"间接虚化"过程。它是在"难+怪+宾语"的结构中，以进入类似状语的位置为先决条件而产生了功能迁移，最后被重新分析为状中结构，不是由动词"难怪"进一步虚化而来的。也就是说，副词"难怪"的产生不是在动词"难怪"的基础上语法化而来的，副词"难怪"的产生是在句法层面，而不在词汇层面。

"难怪"的语气副词用法在民国以后渐趋成熟，用例开始增多，通常用于引导分句。我们统计了《新青年》中所有"难怪"的用例，共计20例，其中动词用法13例，副词用法7例。例如：

（14）齐：这是因为我时常专门对你这样和乐可爱的人说话。

南：呀，你奉承我，难怪此地人说你是一张油嘴。（《新青年》）

（15）劳工会议的规定，还只是先进国劳工依自己阶级的努力已经获得的收获，或其以下。难怪意大利和别国的工人代表灰心失望！这是我们第二个遗憾！（《新青年》）

民国以后，副词"难怪"还出现了关联用法，兼有语气副词和关联副词两类用法。当副词"难怪"充当句首（分句句首）状语时，往往兼有语气副词和关联副词的特征：就其后面的修饰或限制的成分而言，"难怪"仍保留原来的领悟语气功能；就其前后成分以及整个句子或篇章而言，"难怪"已经具有了连接功能。例如：

（16）不到半年他应召出山了。难怪许多人都不能谅解，窃窃私议，因为他们确实隐约地感到是被利用、出卖了。（金克木《关于吴梅村》）

（17）主要的原因是他只是把古书当作玩赏的对象，又并无一定研究的专题。所以就远远称不上是"读书"，难怪不能深刻理解、发现古本的好处与缺点。（朱希《傅增湘》）

以上两例，"难怪"作为句内结构成分，对已然事件进行语气限制，表领悟语气；同时，"难怪"用于因果分句之间，在发挥连接因果分句的功能时，让分句之间的语义关系更为明确。

相对典型的关联副词，"难怪"并非典型成员。它在句子或篇章中发挥关联作用时，一般不与其他词语共现，偏向单独使用 [像上面例（16）、（17）中出现的"难怪"与因果连词连用的有标例子根据统计并不多见]，但可以在后续小句前面加上"因为"来凸显小句之间的因果关系。例如：

（18）难怪译笔如此流利，（因为）同此书作者一样，笔端揿着热烈的爱乐之情。（吴宏《怀娥铃在中华的冷热》）

（19）难怪五四的先驱者们对民俗学都有着强烈的兴趣，（因为）这里面也包含着瓦解封建历史权威性的策略的运作。（许结《回忆：书写梦境》）

在现代汉语中，"难怪"经常和"原来"连用形成两种复句形式，一种是顺向的，即先因后果的"原来P，难怪Q"，另一种是逆向的，即先果后因的"难怪P，原来Q"。例如：

（20）得知真相后，市民陈先生说："难怪今天没有报纸看，原来是开发商搞的鬼！业主要维权，我们还要维权呢，开发商怎么能剥夺我们看报的权力！这种行为就是恶意封锁消息渠道，但纸是包不住火的。"（《东莞时报》）

（21）这天早晨，新娘的弟弟来"望朝"，听说此事，顿觉蹊跷，便爬到屋顶去查看烟囱。原来烟囱早已被人故意用稻草堵死了，难怪灶火烧不旺。（《老年日报》）"原来"作为因标，引导的是原因小句；"难怪"作为果标，引导的是结果小句。例（20）是先果后因，例（21）是先因后果。这种连用形式表因果现象表明，"难怪"表语气的作用有逐渐淡化的趋势，但是因为纯表关联作用的"难怪"还不多见，"难怪"一般还有兼表语气的作用，所以我们认为连词"难怪"现在还没有最终形成。

"难怪"的语法化轨迹大致如下：

二、"难怪"语法化的机制

诱发、影响汉语词汇语法化的因素，主要涉及句法位置的改变、词义变化、语境影响和重新分析。这些因素从不同侧面对虚词的产生和形成过程发生影响，同时，它们又是互相交错、互为条件的，常常是几个因素同时起作用，共同推动实词的语法化过程发生和发展。（参看刘坚、曹广顺、吴福祥，1995）"难怪"语法化的机制主要有以下几个方面：

A. 后续成分的变化。

张谊生（2000）认为与副词有关的虚化机制大致包括结构形式、语义变化、表达方式和认知心理四个方面。结构形式的变化是实词虚化的基础，由于结构关系和句法位置的改变，一些实词由表核心功能转变为表辅助功能，词义也随之变得抽象空灵，从而导致了副词的产生。我们所说的结构形式，就是指诱发实词副词化的外在结构形式之间的相互作用。主要包括三个方面：句位、结构、相关成分。"难怪"、"怪不得"主要是遵循其中的"相关成分"这一虚化机制。相关成分是指句中除了结构关系和句法位置之外的诱发实词虚化的成分，包括与该虚化成分共现的搭配成分和与该虚化成分呼应的对举成分。

"难怪"的虚化主要是与它们共现的搭配成分发生了变化。首先表现在语义上面，本来"难怪"后面的句子只能是指人的名宾或者是表示消极意义的谓词性短语，动词"怪"是"责怪"的意思。例如：

（22）大圣道："此言也是，难怪汝等。"（《西游记》）

但是清代开始，"难怪"、"怪不得"后面的谓词性短语也可以是表示非消极意义的，整个动宾结构的语义有所改变。例如：

（23）连你的意思若体贴不着，就难怪你天天为我生气了。（《红楼梦》）

（24）宝钗笑指他道："怪不得老太太疼你，众人爱你伶俐，今儿我也怪疼你的了。"（《红楼梦》）

例（23）、（24）中的"怪"不再有"责怪"之意，而是"奇怪"的意思，整个结构表示一种领悟义。

其次表现在句法结构上面，与其搭配的后续成分在结构上也有变化。动词性结构"难怪"通常后跟代词或体词性成分，后来"难怪"后多跟复杂的命题宾语，特别是一个主谓结构，或省略主语的动宾结构的现象越来越多，同时由于"难怪"小句中的主语经常省略，导致"难＋怪＋宾"由述宾关系重新分析为状中关系，"难怪"在状语位置逐渐词汇化。

B. 推理作用下"领悟"义的语境吸收。

在一定语境下，"难怪"通过语用推理，逐渐产生出"领悟"语义。例（25）中的"怪"是"奇怪"的意思，动词性"难怪"在表"领悟"义的上下文或语境下诱发了"难怪"的演化，而其演化过程也就是吸收了上下文"领悟"语义的过程，即语境吸收。并且随着这种语境吸收的经常化，"因为有所领悟而不再觉得奇怪"的语义逐渐被"难怪"、"怪不得"所吸收，从而使其成为表示领悟语气的副词。

"难怪"通过语境吸收产生的领悟义在语用中经常使用，就会逐步固化为"难怪"的语法意义。如：

（25）再讲到那骡夫、和尚，原是天理人情之外的事，也难怪你见不及此。（《儿女英雄传》）

例（14）、（25）中的"难怪"中的"怪"可以理解为"责怪"义，也可以理解为"奇怪"义。但"怪"的后续成分表示说话人对已然发生的事所表现的"领悟"的语义，前一分句表示是解释之所以有所领悟的原因，分句之间通常存在一种因果关系。当然，这种因果关系是由语境而不是"难怪"来承担，但在语言交际中也可以被看作"难怪"的隐含意义，"难怪"的这种用法反复出现，通过语用推理，就会逐步固化为表示"领悟"语气的语法成分。

C. 演化机制的类推作用。

"难 V"这一语义格式与"不 V"相似，具有极强的类化作用。这里所说的"演化机制类推"，主要指在副词系统发展的过程中，一组副词可以循同一途径演化而来。孙菊芬（2007）认为"难＋V"这一语义格式具有极强的类化作用，在历史发展过程中形成了一系列带有否定意味的词，如"难免"、"难怪"、"难得"等等。进入这一格式的动词往往都带有鲜明的动作性或者目的性，如果因为某些原因而难以完成，即"难 V"。因此"［＋否定］"是"难＋V"格式的语义特征之一。同时，"难 V"在表述动作（或愿望）无法达成的客观情况时，往往会带出说话者主观性的评述，表示说话人对所陈述事件的一种态度，对命题的一种评价。这种在具体语境中产生的临时语用意义，往往会因重复使用而得到增强，逐渐"规约化"，并最终凝固成为该格式语义的一部分。这个"主观化"的过程是"难 V"格式语义发展的共同特点。

D. 语用频率的提升和词语双音化演化趋势的影响。

Bybee（2003：602）认为用例频率（token frequency）并不只是语法化的结果，而是语法化的各种变化的主要推动因素，语法化项的用例频率和语义泛化／虚化之间的关系密不可分。语法化项在意义上变得越来越抽象和具有泛性，其适应性就越来越广，用例频率也会越来越高；而这种语义虚化背后的机制就是惯常化（habituation），即因高频率而引起的具体意义的丢失。这种理论将由频率引发的语义泛化／虚化置于语法化项的任何其他特征变化之上。"难怪"在宋元平话中只发现了 1 例，在《今古奇观》中也只发现 1 例，且出现后有很长一段时间一直使用频率很低。直到 16、17 世纪，"难怪"的用例才开始逐渐增多，在《二十年目睹之怪现状》中出现了 6 例，《官场现形记》中出现了 7 例。20 世纪以来，"难怪"的用例进一步增多，我们在 210 万字的现代文学语料库中找到了 37 例，1 000 万字的当代文学语料库中找到了 243 例。这表明"难怪"的使用频率在进一步提升，而语用频率的提升在"难怪"词汇化和意义虚化的过程中起到了促发作用。

除了受语用频率提升的影响外，汉语词汇的双音化发展趋势也影响了"难怪"的词汇化和语义虚化过程，在双音化趋势的作用下，两个高频率紧邻出现的单音节

词可能经过重新分析而削弱或者丧失其间的词汇边界，结合成一个双音节的语言单位。（参看董秀芳，2002）

三、余 论

现代汉语里"难怪"的词类地位存在一些争议。如：《现代汉语八百词》（1980）对"难怪"的解释为：副词，表醒悟（明白了原因，不再觉得奇怪），这里的"难"有"不应该"的意思，用"难怪"的小句前或后常有说明真相的小句；《现代汉语词典》（第5版，2005）对"难怪"的解释为：副怪不得；动不应当责怪（含有谅解的意思）；张宝林（1996）在《连词的再分类》中把"难怪"、"怪不得"一起归入表示因果关系的偏正连词中。本文通过对"难怪"语法化过程的考察，认为在现代汉语里存在三个"难怪"：动词"难怪"、语气副词"难怪"、关联副词"难怪"。这三个"难怪"的形成过程是不一致的：动词"难怪"的产生经历了"短语词汇化"过程；副词"难怪"的产生是在句法层面，而不在词汇层面，没有经历"短语词汇化"与"词义进一步虚化"两个阶段，不是由动词"难怪"进一步虚化而来的。语气副词"难怪"的产生经历了一个"间接虚化"的过程，是在"难＋怪＋宾语"的结构中，以进入类似状语的位置为先决条件，从而产生了功能迁移，最后被重新分析为状中结构。关联副词用法的"难怪"又是在语气副词"难怪"的基础上因为句法位置的影响（出现在句首或分句句首）而逐渐形成的。纯连词用法的"难怪"还在形成过程中，没有取得独立的词类地位。

参考文献：

董秀芳.词汇化：汉语双音节词的衍生和发展 [M].成都：四川民族出版社，2002.

刘坚,曹广顺,吴福祥.论诱发汉语词汇语法化的若干要素 [J].中国语文,1995(3).

吕叔湘.现代汉语八百词 [M].北京：商务印书馆，1980.

彭睿.语法化"扩展"效应及相关理论问题 [J].汉语学报，2009（1）.

孙菊芬.副词"难道"的形成 [J].语言教学与研究，2007（4）.

杨荣祥.近代汉语副词研究 [M].北京：商务印书馆，2005.

张宝林.连词的再分类.胡明扬.词类问题考察 [M].北京：北京语言大学出版社，1996.

张谊生.论与汉语副词相关的虚化机制 [J].中国语文，2000（1）.

赵元任.汉语口语语法 [M].吕叔湘译.北京：商务印书馆，1979.

中国社会科学院语言研究所词典编辑室．现代汉语词典（修订本）[Z].北京：商务印书馆，2005.

Bybee，Joan L.Mechanisms of Change in Grammaticalization：The Role of Frequeney[C]// In Joseph Brian D and Richard D.Janda eds.The Handbook of Historical Linguistics. Malden，MA：Blackwell，2003：602-623.

（本文原刊于《古汉语研究》2009 年第 2 期）

"大不了"的表达功用与演化过程

一、引　言

现代汉语里，"大不了"有三种使用情况：

① "大不了"是一个述补短语，记为"大不了₁"。例如：

（1）（她）年纪不大，看起来比我大，但也大不了太多。（萧逸《长剑相思》）

② "大不了"用作形容词，记为"大不了₂"。例如：

（2）好象根本就不把这件事作一件什么大不了的麻烦一样，神态之中是如此松散，外表是这么悠闲。（柳残阳《银牛角》）

例（2）中的"大不了"是"了不得"的意思，用作定语。

③ "大不了"用作副词，意思是"最多也不过"，记为"大不了₃"。例如：

（3）大不了暴露身份，拼他一场就是，有什么可怕的？（卧龙生《无名箫》）

例（3）中的"大不了"意思是"最多也不过"，在句首作状语。

麻玉林（2010）、孙茂恒（2011）、贺雯（2012）都讨论过"大不了"的词汇化和语法化过程、动因及机制，但是文章所持的观点我们认为还值得再讨论，都还没有揭示出"大不了"的演化轨迹和原因。本文拟在已有研究的基础上考察"大不了"的共时使用情况和历时演化过程，文中所用语料均来自北京大学中国语言研究中心CCL语料库和华中师范大学汉语语料库。

二、"大不了"的表达功用

（一）述补短语"大不了₁"

① "大不了₁"在现代汉语里有两种使用情况：

第一种："大不了₁"为表示否定比较义的述补结构（记为"大不了₁ₐ"）。这种情况，"大"是形容词，"了"表示对性状的程度做出估计，"大不了₁ₐ"主要用来表示二者之间的比较，意思是"大不到"，即"A比B大，但是没有大太多，不到……"。比较的内容一般涉及年龄、范围、面积等方面。句法上，"大不了₁ₐ"一般做谓语，可以受副词"又"、"也"、"却"的修饰。例如：

（4）幽冥先生道："她比你要大？"萧七道："大不了多少日子。"（黄鹰《罗刹女》）

（5）你又大不了我几岁，怎么能做了我爷爷？好不害臊！（金庸《天龙八部》）

（6）"我哪点不好？除了我比你大一点，也大不了多少！我可是能护着你，疼你呢！"（老舍《骆驼祥子》）

"大不了₁ₐ"后面所带的补语成分可以是数词（如"许多"、"好多"）、数量词（如"一点儿"、"三四岁"）、表示数量的代词（如"多少"）或表述数量的形容词性短语（如"很多"、"太多"）。例如：

（7）这蓬莱魔女大约比我大不了多少，她又怎会深知我爹爹的来历？（梁羽生《狂侠天娇魔女》）

（8）水小华虽用奇异的身法，一招占了上风，但看到对方年纪比自己大不了许多，竟有如此深厚的功力。（卧龙生《金瓜传奇》）

（9）"没什么大不了，比奥林匹克号大不了很多嘛，卡尔。"女郎以一种无所谓的神情看着着巨轮，不屑地说。（《泰坦尼克号》）

补语可以是确数，也可以是概数，以概数形式较为常见。例如：

（10）寒萼这时已看出来这个女子，年纪比自己也大不了两岁，生得英仪俊朗，体态轻盈。（倪匡《紫青双剑录》）

（11）赵志敬指着场中适才比武得胜的小道士，说道："他也大不了你几岁，你去和他比试罢。"（金庸《神雕侠侣》）

（12）她是一个少女，年龄比你们大不了三四岁，功力高得很，那种轻功只怕与你们师姐差不多。（秋梦痕《黄金客》）

第二种："大不了"为能性述补结构（记为"大不了₁ᵦ"）。这种情况，"大"为形容词，"了"表示对行为或状态实现的可能性的一种估计，"大不了₁ᵦ"的意思是"不可能大"。例如：

（13）（她）再也忍不住了："天生小眼，再大不了了！"（王海鸰《牵手》）

"大不了₁ᵦ"在句（或小句）中一般做谓语，常受副词"也、再"的修饰，如例（13）。也可以做定语，如：

（14）天生大不了的嗓门，拿来和学生高八度的说话音量抗衡，实在是很可怜。（余宛宛《干妹妹》）

（15）您说，那是个小麻烦，大不了的病，缠着您，不会咋样的。（《人民日报》1998 年）

"大不了₁ᵦ"有时还可以和"小不了"对举使用，表示双方互不亏损。例如：

（16）你向他低低头，说几句好话，大不了他，也小不了你，再说，理一字还

人家占着，错在于你。（柳残阳《枭霸》）

（17）凤阳尉迟这一家子却也不是无名之辈，算得上门当户对，小不了你们也大不了我们，要是自以为气焰熏天，摆出一副高不可攀的样子……（萧逸《甘十九妹》）语料统计显示，"大不了$_{1a}$"在现代汉语语料库里出现了365例，而"大不了$_{1b}$"只出现了12例。这说明用来表比较的"大不了"更为常用，使用频率要远高于表推断义的能性述补结构的"大不了"。

②"大不了$_{1a}$"用于比较的形式有两种："（A）比B大不了……"和"（A）大不了B……"。

这两种比较式里，用来比较的A、B两项，比较项A可以直接出现，也可以根据上文或语境不出现，但比较项B一定要在句中出现。

第一种："（A）比B大不了……"格式。例如：

（18）我当年做掌门人的时候，比你也大不了多少，也是几乎甚么事都不懂，但慢慢也就学会了。（梁羽生《冰河洗剑录》）

例（18）中，比较项A（"我"）承前一小句省略了，比较项B（"你"）做介词宾语，一起出现在"大不了"的状语位置。

这种格式，用来表比较的介词除了"比"，还有"跟"、"较诸"等。例如：

（19）卫红要是活着，跟你大不了多少。卫红长得也像你，一笑一对酒涡儿。（东方竹《透明的性感》）

（20）这小小两点火星，不啻是惟一能见之物，虽然细小到较诸针尖大不了多少，到底还能看见。（萧逸《长剑相思》）

"（A）比B大不了……"句式还有一种变式："（A）比B大也大不了……"式。与原式相比，变式增加了确认义，语气显得更加肯定。例如：

（21）易远方没料到她竟如此年轻，比李朵大也大不了几岁。（尤凤伟《一九四八》）

（22）你大也大不了我几个月，但这几年来我可成长很多。（子纹《梦中情人》）

第二种："（A）大不了B……"格式。例如：

（23）这个女娃儿，大不了偷儿两三岁，温柔敦厚，念书有耐性，对人有礼貌……（三毛《稻草人手记》）

例（23）中，比较项A（"这个女娃儿"）和比较项B（"偷儿"）分别出现在"大不了"前后的主宾位置。

（二）形容词"大不了$_2$"

①形容词"大不了$_2$"在现代汉语里的意思是"了不得"。一般做定语 [如例（2）] 和补语，以做定语最为常见。形容词"大不了$_2$"作定语一般修饰名词性成分 [如例（2）]，

但也可以是谓词性成分[如例（24）]，与中心语之间一般有结构助词出现[如例（24）]，有时也可以不出现结构助词[如例（25）]。

（24）又是我们对亲欢的预期的相似性，这样的替代倒并没有什么大不了的不妥。（普鲁斯特《追忆似水年华》）

（25）不会有什么大不了事的。你等我，我们很快便回来的。（温瑞安《四大名捕震关东》）

"大不了₂"所修饰的名词性成分基本上可以归入"事件问题类"，与清末民初（这一时期的情况请参看后面的历时考察部分）相比，这些名词性成分含[＋消极]语义的情况明显增多，如"失礼、野蛮决定、罪、罪名、罪过、罪行、死罪、灾难、危害、危险、怨仇、仇、过节、怨隙、冤仇、困难、痛苦"等。而在清末民初时期，"大不了₂"所修饰的名词性成分除了"罪"略带消极意义外，基本不含[＋消极]语义。

"大不了₂"做补语时，后面常出现"的"、"吗"、"啊"、"吧"、"呢"等语气词。例如：

（26）有那么大不了吗？我都见过你妈了，你见一下我阿姨不算吃亏吧？（靳絜《我不在，有事请留言》）

（27）我也从此了解到男人和女人间最本质的交往方式，如此这般，有什么大不了呢？（方方《在我的开始是我的结束》）

②"大不了₂"的常用句式。"大不了₂"常出现在"有/没有什么（甚/啥）大不了₂"这类表反问或感叹的句式中，使用上有以下几个显著的特征：

A. 一般使用否定或反问形式。例如：

（28）小于，没什么大不了，你前面带路，出了这岔口子再说，我倒要看看是那一道上的人物。（萧逸《白如云》）

（29）患者的生命是第一位的。我少睡会儿觉，有什么大不了？（《人民日报》2003 年）

B."大不了₂"之前一般会出现"什么/甚么"、"啥"之类表泛指义的代词。例如：

（30）年轻嘛，为党为人民再工作五年、十年，再来谈这个问题，有什么大不了？（李英儒《野火春风斗古城》）

（31）只不过迟几日见到杨过，也没甚么大不了。（金庸《神雕侠侣》）

（32）其实，说穿了，也没啥大不了的事。（邢秀玲《难忘流沙河》）

C. 肯定否定形式的使用表现出不对称特征。不对称主要表现在：

a. 肯定形式和否定形式一样，都表否定义。例如：

（33）问其原由，答曰："什么大不了的事情，要那么认真！"（《人民日报》1996 年）

上例的意思是：没有什么大不了的事情。

b. 近代汉语以肯定形式 ["有什么（甚 / 啥）大不了$_2$"] 比较常用，现代汉语里以否定形式 ["没（有）什么（甚 / 啥）大不了$_2$"] 比较常用。语料统计结果如表一：

表一

	肯定形式	否定形式
近代汉语	46 例	21 例
现代汉语	374 例	1 327 例

D. 用于否定形式时，"大不了$_2$" 之前可以出现 "并"、"也"、"又 / 亦"、"却"、"还" 等副词性成分做状语，用来加强否定或反问语气。

（34）我觉得伦敦除了店铺和公共场所以外，比起乡下并没有什么大不了的好处。（简·奥斯汀：《傲慢与偏见》，孙致礼译，译林出版社 2010 年版）

（35）我们也没有什么大不了的地方去，要这些东西的时候很少。（张恨水《金粉世家》第八回）

E. 整个句子表明说话者对 "大不了$_2$" 的所述对象持有一种不在乎、不以为然的态度，有一种明显不屑一顾的语气。

③ "大不了$_2$" 还可以受 "最"、"再" 这类程度副词限定，一起做句首状语，用于肯定形式，表示一种极限假定。

（36）对假冒伪劣商品的曝光、打击都不够及时、彻底和经常，最大不了将现有的假冒伪劣商品没收销毁。（《人民日报》1996 年）

（37）只注重活着的跟我们有利害关系的人怎么想怎么看，至于死了的再大不了的人，也与我们全然无关。（温瑞安《刀丛里的诗》）
例（36）中 "最大不了" 意思是 "最了不得，最多不过"。例（37）中 "再大不了" 意思是 "再怎么了不得"。

（三）副词 "大不了$_3$"

① "大不了$_3$" 用作副词，意思是 "至多也不过"，用作状语，一般位于句首。在我们检索到的现代汉语语料里，"大不了$_3$" 位于句首有 1 652 例，位于句中只有 140 例。

"大不了$_3$" 用作句首状语时，主语一般为人称代词，常常可以省略。"大不了$_3$" 用作句中状语时，主语可以是名词、代词等，既可以是人称代词，也可以是指示代词 "这"、"那"。

用作句首状语时，"大不了$_3$" 后可以有短暂的停顿，书面上用逗号隔开。这种用法表明"大不了₃"具有强主观性，停顿主要用来加强表达的语气和语势。

（38）再说，那个安徽人也走了三年啦，大不了，阿格最后把耳朵嚓了。（王坤红《阿格的故事》）

（39）二老就容我再下这么一回大注，大不了，咱再过一回穷日子，从头来。（孙春平《古辘吱嘎》）

"大不了₃"做句首状语还是句中状语，语义上有差别。看以下两个例句：

（40）何况你若学会毒谱，不知还有多少人会遭冤屈而死，我自己大不了一死，怎能再搭无辜者进去。（刘铮《凤凰琴》）

（41）你上风占尽也就罢了，大不了我一死了之，想不到你居然这样阴损。（无极《古今决》）

例（40）中，"我自己"既是句子的主语，又是主题，"大不了₃"在句中作状语，突显的是"我自己"选择的最坏结果是"一死"。例（41）中，主语"我"不是句子的主题，"大不了"在主语之前作状语，突显的是"我一死了之"是目前情况下的最坏结果。

"大不了₃"作状语所限定的谓语中心一般应在句中出现，但有时也可以省略，可以省略的谓语动词一般是"丢"、"捐献"、"赔偿"这类受损类动词。例如：

（42）话是不错，一个人若是中必死之毒，那也没有什么可怕，大不了一条命，说起来比一刀砍了脑袋，死的还舒服一些。（卧龙生《金笔点龙记》）

（43）小县衙能出得多少，大不了一二千两。（秋梦痕《神剑无光》）

例（42）、（43）中省略的成分都是表示主体受损的动词，可以根据上下文补出，说成"大不了丢一条命"、"大不了捐出一二千两"。

②"大不了₃"本身是一个表示主观小量的副词，后面限定的成分一般是表示说话者对结果的一种最坏的推测。这种结果客观上都是很极端的，可视为一种客观大量。但是说话者在表达时却用一个主观上表示小量的词语来进行限定，即说话者在主观上不把客观上是大量的情况视为大量，这种反差极大的表达方式在语用上产生了一种强烈的表达效果，并由此使整个句式产生了一种不以为然的句式义。

有时说话者为了使这种表达效果更加明显，甚至还会使用一些同样表示主观小量或表达不以为然语气的词语与"大不了₃"一起配用，以达到强化不以为然语气的效果。例如：

（44）做强盗的只凭武力去抢，本领不如人家，<u>大不了只是</u>赔了脑袋。（梁羽生《绝塞传烽录》）

（45）即管庞斑亲临，<u>大不了不过</u>力战而死，也胜过东逃西窜的生涯。（黄易《覆雨翻云》）

（46）你放心，<u>大不了</u>要他们去种点药草罢了。（李凉《淘气世家》）

（47）雄立岩并不高，<u>大不了</u>像个小山而已。（奇儒《大手印》）

（48）只有开始寄生时那一点微痒而已，谁又能知那是危险之物呢，<u>大不了</u>举手搔两下<u>就算了</u>。（秋梦痕《黄金客》）

例（44）、（45）中，"大不了₃"分别与限定小量范围的副词"只是"、"不过是"配用。例（46）、（47）中"大不了₃"分别与助词"罢了"、"而已"配用，这些助词用于句末，表示出现在其左侧的表示数量或者程度的词语是主观小量。例（48）中，"大不了₃"与"就算了"配用，"就算了"是个短语结构，表达的是一种不以为然的语气。

三、"大不了"的演化过程

（一）初始用例——偏正结构的"大不了"

"大不了"最早出现在五代变文中，语料库检索只发现了下面这一例：

（49）净能闻说，作色动容，怒使人曰："大不了事！"（《敦煌变文选》）

麻玉林（2010）认为此例中的"了"是实义动词，它带有自己的宾语（由名词充当）。"大不"结合在一起，然后修饰"了（S）"形成一个句法单位。"大不了"的结构关系是：{大［不（了事）］}。

其实，例（49）中"大"是一个程度副词，同"太"。《古代汉语虚词词典》中"大"解释为："大"除了用作形容词外，还可以用作副词。"大"的副词用法从先秦一直沿用至今。《说文解字》"太"字段注："后世凡言大，而以为形容未尽，则作太。"副词"大"用在动词或形容词之前，表示程度之甚，可译为"太"、"非常"、"十分"、"大大地"等。《古汉语常用字字典》特别指出这个词古代作副词用时念"tài（态）"，并说这个意义后来写作"太"。例（49）中的"了"是一个实义动词，有"明白"的意思。《古汉语常用字字典》中"了"解释为：a.懂得，明白。《南史·蔡撙传》："卿殊不了事。"（殊：很）b.结束，完毕。c.全。"大不了事"和"殊不了事"一样，都是"太不明白事理、很不懂事"的意思，整个结构是一个偏正结构，结构层次分析同麻玉林（2010）：{大［不（了事）］}。

（二）后续用例——述补结构的"大不了"

五代往后，一直到清代才发现"大不了"的用例，但意思和用法与五代比有很大的差异。"大"用作形容词，"了"的语义已经虚化，整个结构是一个述补结构。句法上，这一时期的"大不了"可以作定语，与中心语之间一般有结构助词"的"、

"之"出现，意为"很大、了不得"。例如：

（50）十三妹道："我只道什么大不了事，原来就为这块砚台，能值几何？也值得这等大惊小怪！"（文康《侠女奇缘》）

（51）周瑞家的听了道："我就知道呢。这有什么大不了的事！你且家去等我，我给林姑娘送了花儿去就回家去。此时太太二奶奶都不得闲儿，你回去等我。这有什么，忙的如此。"（曹雪芹、高鹗《红楼梦》）

（52）朝臣甚众，半皆为彼汲引，虽于尔躬素有嫌疑，亦非大不了之事。（魏文忠《绣云阁》）

"大不了"也可以作补语，意为"了不得"。例如：

（53）骨头跌错了笋了，只要拿他扳过来就是了，没有什么大不了。（李宝嘉《官场现形记》）

例（53）中的"没有什么大不了"也可以说成"没有什么大不了的事"，"大不了"因为中心词的隐去才被重析为补语。

"大不了"还可以作状语，一般出现在句首，有"最多、至多不过"的意思。

（54）原不过请你申斥他两句，警戒他下次小心点，大不了罚他几角洋钱就了不得了。（吴趼人《二十年目睹之怪现状》）

（55）大不了藩台自己也自行检举起来，失察在先，正办在后，顶多不过一个罚俸的处分罢了。（吴趼人《二十年目睹之怪现状》）

这一时期的"大不了"通过语料库检索一共收集到 78 例，在使用上基本都可以作为一个词汇单位看待，这表明清代出现的述补结构"大不了"有明显的固化倾向。

孙茂恒（2011）认为："大不了事"是在"V 不了 + 宾语"结构的类化作用下而仿造的一种动宾关系结构，然后"大不了"经过重新分析和否定语境的高频使用开始词汇化。但是这种分析不能解释以下几个问题：

a. 从五代到清代，"大不了"为何会如此长时间没有出现？

b. 为何清代"大不了"一出现就已经基本词汇化了呢？

c."大不了"的词汇化过程是形容词在前还是副词在前？

d. 为什么现代汉语里还有短语结构的"大不了₁"存在？

我们认为，清代出现的"大不了"结构与五代时出现的"大不了"结构除了时间上有先后，在演化过程中并无直接相承的关系。理由有二：

a. 如果两者之间有发展渊源，就不应该间隔如此长时间没有使用情况；

b. 清代出现的"大不了"在语义和用法上与五代时完全不一样，两者之间没有经过重新分析的阶段。

据此我们推断，五代时表示"很不明白事理"之义的"大不了事"因为同义结构的替代而消失了。根据已有研究，动词"了"从唐代开始，意义逐渐虚化。李宗江（1994）指出"了"的词汇意义在元代就已经虚化了。"了"语义虚化后，开始依附于前面的谓词性成分，用来表示动作的实现，作"傀儡补语"，与后面的名词性成分没有直接的语义关系。"大"在五代以后作程度副词的部分功能也逐渐由同音副词"太"承担，一般作形容词用，作副词用时，为了与副词"太"区分，也不再读如"太"。因此，五代往后的语料中，要表述"大不了事"这种意思，逐渐出现了诸如"甚不晓事"（3例）、"好不晓事"（35例）、"好不了事"（2例）、"太不晓事"（9例）、"太不懂事"（7例）等一些同义表述形式。例如：

（56）郑氏只文字上说得好看，然甚不晓事情。（北宋·《朱子语类》）

（57）且是暂时间厌皇宫拘卷，误至于此。一欢去后，岂肯长来宠我？你好不晓事也，直这般烦恼！（元·佚名《大宋宣和遗事》）

（58）且说唐赛儿等到天晚，不见王元椿回来，心里记挂。自说道："丈夫好不了事！这早晚还不回来，想必发市迟，只叫我记挂。"（明·凌濛初《初刻拍案惊奇》）

（59）包公见他项带铁锁，连忙吩咐道："你等太不晓事，侯爷如何锁得？还不与我卸去！"差役连忙上前，将锁卸下。（清·石玉昆《七侠五义》）

（60）文始大笑道："师弟，不是我说你太不懂事，惶恐你也是修成得道之士，讲出来的话竟像不是个内行人说的。"（清·无垢道人《八仙得道》）

述补结构的"大不了"在清代出现的原因主要是受"V不了"格式的类化影响所致。王力（1980）指出表示可能义的述补结构出现于宋代。陆意（2010）的考察表明，明代语料中已有形容词进入"V不了"结构的情况，但是比较少见，但在清代语料中这种情况的出现频率很高。正是因为"V不了"结构的强类化影响，形容词"大"在清代已经开始出现"V不了"述补格式。

柯理思（2001）认为"V不了"结构的语法化有三个阶段：第一阶段，"了"虚化为虚补语；第二阶段，动态形容词进入"V不了"，结构偏于认识情态意义；第三阶段，静态形容词进入"V不了"，"静态形容词＋不了"只能表示认识情态意义。形容词"大"进入能性述补结构后，主要表示认识情态意义，具有较强的主观性，因而整个结构易被作为一个固化的整体来看待和使用。

明清时期还有一些"V不了"结构，如明代开始出现的"脱不了"，在用法上和"大不了"很相似，一开始出现就被作为类固化结构使用。例如：

（61）这伙人说的无非是些奸盗诈伪之言，露的无非是些猖狂恣纵之态，脱不了都是些没家教、新发户，混帐郎君。（明末清初·西周生《醒世姻缘传》）

（62）晁夫人道："这几件衣服能使了几个钱，只这些人引开了头儿就收救不住，脱不了这个老婆子叫他们就把我拆吃了打哩！"（明末清初·西周生《醒世姻缘传》）例（61）中的"脱不了"有"反正"的意思，例（62）中"脱不了"就是"大不了、了不得"的意思，都用作语气副词，用来表达一种不屑一顾、不以为然的语气。

在所收集到的78例"大不了"的用例中，形容词性用法有67例，副词性用法11例，说明这一时期"大不了"以形容词用法为主。"大不了"用作形容词时，所修饰的名词性成分一般是事情类名词（共58例，约占总数的87%），已经出现了"大不了"前面有副词作状语的用例 [如例（64）]。

（63）其实王道台只要自己出洋经费有了开销，看同寅面上，落得做好人，就是陶子尧真果有大不了的事，他早已帮着替他遮瞒了。（李宝嘉《官场现形记》）

（64）缸师兄哭什么，遇着多大不了的事了？（坑余生《续济公传》）

而副词性用法这一时期还处在发展中，有些用例既可以分析为形容词，也可以分析为副词。例如：

（65）大不了的，能看得落两部弹词，就算是才女。（吴趼人《二十年目睹之怪现状》）

（66）南公劝解道："大不了的弃掉罗兀城，何必害怕哩？"（蔡东藩《宋史演义》）例（65）中，"大不了"可以分析为形容词，理解为"了不得"，中心语"女子"承前省略。也可以分析为副词，做"能看得落两部弹词"的状语，意思是"最多"，"的"为语气词。例（66）中，"大不了"同样可以分析为形容词，中心语"弃掉罗兀城"是一个事件，整个句子可以替换为：大不了的事，何必害怕哩？意思是"放弃掉罗兀城不是什么了不得的大事，何必感到害怕呢？""大不了"也可以理解为副词，意思是"最多、至多也不过"，"的"为句中语气词，可以不出现，说成：大不了弃掉罗兀城。整个句子的意思是"至多也不过放弃掉罗兀城，何必感到害怕呢？"

以上用例表明形容词"大不了"的语义正在逐渐虚化，处在向副词发展的过程中。因此，"大不了"在形式上还有形容词的一些特征，比如：后附助词"的"、做中心成分的限定语。但是，"大不了"所限定的成分出现变化，开始发展出谓词性成分。

清末开始，"V不了"结构进一步虚化，后面可以带上数量成分。带上数量成分后，"V不了"结构演化出了一些新的句法语义特征。（张婉，2009）性质形容词"大"受"V不了"格式带数量成分的类化影响，在20世纪初也发展出"大不了＋数量成分"格式，并逐渐成为现代汉语里常见的一种比较句式。例如：

（67）桂系军阀的浩大声势是打倒了，只剩下叶琪、夏威两个军，实力比北伐出师时大不了多少。（翊勋《蒋党内幕》）例（67）出现了两个比较项和比较的结果（"多少"）。

几乎同一时期，还出现了表否定判断的能性述补结构"大不了"。能性述补结构"大不了"出现的句子没有比较项（或比较项隐含），判断的结果不一定出现，但可以补充出来。如：

（68）"不吃饭，大家伙儿老在这儿盯着，非盯出事来不可！咱们要先吃饭呢，那不爱看的一走，越走人越少，再出事也就大不了啦。"（李鑫荃《雍正剑侠图》）

例（68）中的"再出事也就大不了啦"意思是"再出事也就大不了多少啦"。

综上所述，现代汉语里的三个"大不了"不是来源于五代时期的状中结构"大不了"，而是在清代受自身组合成分的语义变化和"V不了"结构的类化作用而产生的。形容词产生在前，副词稍后，表示比较和判断的述补短语出现最晚。演化路径如下：

$$形容词"大" + 不了 \nearrow 大不了_2（形容词）\rightarrow 大不了_3（副词）$$
$$\searrow 大不了_1（表比较或判断的述补短语）$$

四、余 论

"大不了"的使用从古到近，不管是短语结构，还是形容词、副词用法，一般都用于口语体中，在书面语中极少使用，即使出现也一般出现在对话中。这表明"大不了"是一种口语化的表达形式。

有意思的是，在当代汉语里，"大不了"的使用出现了一种倾向：多见于武侠题材的作品。究其原因，我们分析主要是因为"大不了"常被用于表达不以为然的语气，大量使用有助于塑造豪爽仗义之类的武侠人物。

本文对"大不了"演化过程的重新考察旨在说明：语法研究要重视语言事实的挖掘，不能用语言理论去进行机械化的图解。语言的演化过程复杂多变，情况多样，必须要具体问题具体分析，只有对具体语言现象进行全面细致的考察，才能更加接近语言事实。

参考文献：

《古汉语常用字字典》编写组.古汉语常用字字典（修订版）[M].北京：商务印书馆，1997.

贺雯.固化结构"大不了"的多角度考察[D].武汉：华中师范大学硕士学位论文，2012.

[日]柯理思."形容词＋不了"格式的认识情态意义[J].吴福祥.汉语语法研究[C].北京：商务印书馆，2005.

[日]柯理思.论表示说话者的主观判断的"V不了"格式及其语法化过程[J].

现代中国语研究，2000（1）.

　　李宗江.“V得（不得）”与“V得了（不了）”[J].中国语文，1994（5）.

　　陆意.“V不了”研究[D].上海：上海师范大学硕士学位论文，2010.

　　罗荣华.主观量相关问题探讨[J].宁夏大学学报，2010（9）.

　　麻玉林.“大不了”的语法化[J].文学界，2010（5）.

　　王力.汉语史稿[M].北京：中华书局，1980.

　　张婉.能性述补结构“V得/不了”研究[D].上海：上海师范大学硕士学位论文，2009.

　　中国社会科学院语言研究古代汉语研究室.古代汉语虚词词典[Z].北京：商务印书馆，2002.

　　（本文原刊于《汉语学报》2013年第1期，人大复印资料《语言文字学》2013年第7期全文转载）

假设类复句关系词语连用情况考察

一、引 言

复句关系词语是指可以用来联结分句并标明分句之间关系的词语，可以是连词、副词，也可以是助词，可以是词汇形式，也可以是超词形式，甚至还可以是跨语法单位的非完整形式。（邢福义，1991）复句关系词语在分句联结和语义关系分析中具有十分重要的作用，可以使各分句之间隐含的语义关系得到突显。因而，对复句关系词语进行系统研究是分析复句、划分复句关系层次的基础工作，关系词语研究清楚了，可以为复句研究、复句教学和中文信息处理打下坚实的基础。

复句关系词语的使用有两类现象很值得注意：套用和连用。套用现象是指在多重复句中分句间的层次关系一般是大关系套小关系，关系词语也因此出现套用现象。例如：

（1）我想说的是，今天我纯粹是作为一个上网者到这里来，因为我是非常热爱网络的，即使不参加这个比赛我也是一样，觉得网络在我生活中有非常重要的作用。

例（1）是因果类关系词语与让步类关系词语的套用。套用现象已有学者进行过一些研究，如陆丙甫、金立鑫（1988）、周刚（2002）、汪梦翔（2009）等，本文不拟详述。

连用是指同类关系词语在同一分句同一层次同时出现的情况。复句关系词语的连用现象在汉语里比较多见，但是一般的语法论著都把这种现象看作是关联词语滥用，属于语言规范问题[如谢文庆（1989）等]，因而极少有人展开研究。徐复岭（1999）讨论过连词"如果"和"要是"、"如果"和"万一"的连用情况，莫超（2005）列举了古今文献中大量关联词语叠用的例证，证明这种用法有着特殊的表达功能和语用价值，但是他所讨论的叠用包含了我们所说的套用和连用现象。

复句关系词语内部的语义关系类型有很多种，每种类型的连用情况各不相同，因此只有分别考察，才能发现它们各自的连用规律。本文主要考察现代汉语里假设类复句关系词语的连用情况，考察范围包括假设类连词和表示假设关系的助词"的话"。[1] 本文使用的语料范围来自以下两个语料库：华中师范大学现当代文学语料库（约3 500万字）和根据中央电视台"对话"栏目转写而来的口语语料库（共40篇，约56万字）。[2]

二、基本连用形式

（一）根据连用关系词语的多少分类

根据连用假设类复句关系词语的数量多少，可以分为两类。

1. 两项连用式

指由两个假设类关系词语构成的连用。根据连用形式，又分为两类。

A. 表示假设关系的助词"的话"与其他假设类关系词语的连用。连用形式有"如果＋的话"、"要是＋的话"、"假如＋的话"、"倘若＋的话"、"假设＋的话"、"假使＋的话"、"假若＋的话"、"万一＋的话"、"要＋的话"、"若是＋的话"等。举例如下：

（2）"如果没错的话，"那女人笑着说，"你是石岜的女朋友。"（王朔《浮出水面》）

（3）要是那样的话，还叫有喜怀疑是菊英往外扭哩！（赵树理《三里湾》）

（4）可是他却知道，假如这真是磨石口的话，兵们必是绕不出山去，而想到山下来找个活路。（老舍《骆驼祥子》）

（5）贾老师又问："假设反动派要屠杀二师学生的话，将在工人阶级中引起什么反响？"（梁斌《红旗谱》）

（6）假使真有能力把供销干下去的话，他肝胆涂地也要报知遇之恩。（高晓声《陈奂生包产》）

（7）他勒住了马，嘴里嘟噜一声："妈的，好粗心，假若这几天不下雪，不刮风，我那趟去小树的脚印埋不掉的话，岂不要坏事！"（曲波《林海雪原》）

（8）倘若把倒霉的事也看做是命运中的一部分的话，那便可以说命运伸出的一个巴掌很容易就让一个人改变自己正常的生活行程。（方方《定数》）

（9）万一待会儿张先生的回答跟您的有出入的话，您会怎么解释？

（10）要有的话，我们自己收拾一下！（赵树理《三里湾》）

---

[1] 副词"一旦"等一般表假设，虽然可以与一些假设连词和助词"的话"连用，但因为此类副词的主要功能不是表示连接，并非纯关系词语，因而本文不考察可以表假设的副词与其他关系词语的连用情况。

[2] 文中例句凡注明出处的均来自书面语语料库，凡未注明出处的均来自口语语料库。

（11）我<u>若是</u>没全认错你的为人<u>的话</u>，还盼你明白我的意思。（冯德英《迎春花》）

B.假设连词之间的连用。连用形式主要有"如果＋要是"、"要是＋如果"、"如果＋万一"、"设若＋要是"、"假设＋如果"、"假如＋要"、"万一＋要是"、"要是＋万一"、"要＋万一"等。举例如下：

（12）<u>如果要是</u>社区的能够把这部分资源充分利用好呢，我觉得是一个非常宝贵的人才。

（13）<u>如果</u>你<u>要是</u>想在企业中有好的发展，一定在你最困惑、最郁闷、最难过、最不理解的时候尝试着替你的上级去想一想……

（14）为什么这个世界上有爱情，<u>要是如果</u>没有爱情就不会有很多人受伤了，你是怎样认为的？

（15）尽管派来了更多的看守人员，架上了更多的机枪，<u>如果万一</u>出事，他怎能逃脱责任？（罗广斌、杨益言《红岩》）

（16）<u>设若</u>骆驼们<u>要是</u>象骡马那样不老实，也许倒能叫他打起精神去注意它们，而骆驼偏偏是这么驯顺，驯顺得使他不耐烦。（老舍《骆驼祥子》）

（17）家长：……因为，<u>假设</u>一个……一个孩子<u>如果</u>家里面没有非常强大的经济后盾，或者没有一个非常良好的社会关系，学习可能对于他来说是唯一的一条路。

（18）<u>假如要</u>换了别的不知内情的人，说不定早已被他的话给打动了说服了。（张平《十面埋伏》）

（19）陈玲：<u>万一</u>您<u>要是</u>不同意，因为在董事会里面也不是您说了算，您怎么办？

（20）<u>要是万一</u>出了什么事，你不会把我扔出去吧？（李佩甫《羊的门》）

（21）你说，<u>要万一</u>碰上，咱不是干受损失？（冯志《敌后武工队》）

2. 三项连用式

指由三个假设类关系词语构成的连用。由三个假设类关系词语构成的连用都是由表示假设关系的助词"的话"与其他假设类关系连词的连用，连用形式主要有"如果＋要是＋的话"、"如果＋要＋的话"、"要＋的话"、"假设＋如果＋的话"、"假如＋要＋的话"、"要＋假如＋的话"等。分别举例如下：

（22）马晋雄武功超群，枪法极准，<u>如果</u>他<u>要是</u>带着枪<u>的话</u>，将会很难对付。（张平《十面埋伏》）

（23）刘备<u>如果要</u>没请到诸葛亮<u>的话</u>，他没有三分天下。

（24）<u>如果要</u>让我说<u>的话</u>，就是某年某月的某一天。

（25）像赵惠莲这个患者，她其实<u>要如果</u>能够早做二十天手术<u>的话</u>，她恢复要比这还要好，她的费用比这还要低。

（26）赵勇：我举一个例子，我说，<u>假设如果</u>把企业这个组织比成是一个人<u>的话</u>，有一只蚊子叮了你，这就是竞争对手。

（27）<u>假如要</u>写回忆<u>的话</u>，当时在运动里受冤枉、挨批斗的同志们也许会来一篇《记屈》或《记愤》。（杨绛《干校六记》）

（28）陈晓：是，<u>要假如</u>不为了企业<u>的话</u>早跑掉了。

（二）根据连用关系词语的句法位置分类

根据连用关系词语的句法位置，以上连用形式可以分为框式连用式和前项连用式两类。

1. 框式连用式

框式连用式是指连用的关系词语分别处在假设从句的前项位置和尾部位置，从而构成了一种首尾呼应的连用形式。能出现在从句尾部位置的假设类关系词语只有助词"的话"。《现代汉语八百词》（1980）也指出助词"的话"用在表假设小句的末尾，常跟连词"如果、假如、要是"等合用。与之连用（合用）的其他关系词语一般出现在从句句首或从句主语成分的前后位置。框式连用既有两项连用式，如"如果＋的话"、"要是＋的话"、"假如＋的话"、"倘若＋的话"、"假设＋的话"、"假使＋的话"、"假若＋的话"、"万一＋的话"、"要＋的话"、"若是＋的话"等，也有三项连用式，如"如果＋要是＋的话"、"如果＋要＋的话"、"要＋如果＋的话"、"假设＋如果＋的话"、"假如＋要＋的话"、要＋假如＋的话"等。

2. 前项连用式

前项连用式是指连用的关系词语位于假设从句的句首或主语成分的前后位置，从语料收集情况看，都是两项连用式，连用形式主要有"如果＋要是、"要是＋如果"、"如果＋万一"、"设若＋要是"、"假设＋如果"、"假如＋要"、"万一＋要是"、"要是＋万一"、"要＋万一"等。

前项连用和由三个关系词语构成的框式连用前面部分连用的两个关系词语的句法位置不像句尾助词"的话"那么固定，既可以紧邻出现 [如例（12）、（23）]，也可以间隔出现 [如例（13）、（22）]。紧邻出现的两个关系词语既可以位于从句的主语前 [如例（2）]，也可以位于从句的主语后 [如例（23）]。间隔出现的两个关系词语一般位于从句主语的前后 [如例（13）、（19）、（22）]。从语料收集情况看，从句如果出现主语成分，连用的两个关系词语大多采用间隔出现的形式，如果主语成分不出现，一般采用紧邻出现的形式。

三、分语体考察

（一）书面语使用情况考察

书面语的使用情况我们主要考察了华中师范大学现当代文学语料库。考察情况如下：

连词"如果"出现了 4 829 次，其中连用 349 次，约占总数的 7.2%。连用形式有："如果＋的话"（315）（注：括号内为出现次数，下同）、"如果＋要是"（28）、"如果＋万一"（2）、"如果＋要是＋的话"（3）、"如果＋要＋的话"（1）。

连词"要是"出现了 3 614 次，其中连用 197 次，约占总数的 5.4%。连用形式有："要是＋的话"（122）、"如果＋要是"（28）、"万一＋要是"（36）、"要是＋万一"（7）、"要是＋假如"（1）、"如果＋要是＋的话"（1）。

连词"假如"出现了 414 次，其中连用 29 次，约占总数的 7%。连用形式有："假如＋的话"（27）、"要是＋假如"（1）、"假如＋要＋的话"（1）。

连词"假设"出现了 7 次，连用 1 次，约占总数的 14.3%，连用形式为"假设＋的话"。

连词"假使"出现了 27 次，连用 2 次，约占总数的 7.4%，连用形式为"假使＋的话"。

连词"假若"出现了 20 次，连用 1 次，约占总数的 0.5%，连用形式为"假若＋的话"。

连词"万一"出现了 371 次，其中连用 54 次，约占总数的 14.6%。连用形式有："万一＋要"（36）、"要是＋万一"（7）、"万一＋的话"（6）、"要＋万一"（3）、"如果＋万一"（2）。

连词"要"出现了 191 次，其中连用 169 次，约占总数的 88.5%。连用形式有："要＋的话"（164）、"要＋万一"（3）、"如果＋要＋的话"（1）、"假如＋要＋的话"（1）。

连词"若是"出现了 206 次，其中连用 1 次，约占总数的 0.5%，连用形式为"若是＋的话"。

连词"倘若"出现了 498 次，其中连用 3 次，约占总数的 0.6%，连用形式为"倘若＋的话"。

连词"设若"出现了 21 次，连用 1 次，约占总数的 0.5%，连用形式为"设若＋要是"。

助词"的话"出现了 819 次，其中连用 647 次，约占总数的 79%。连用情况见上述各词的统计，两项连用有 642 次，三项连用只有 5 次。

其他一些主要的假设类关系词语虽有用例出现，但没有发现连用情况。如连词"如若"出现了 27 次，连词"倘使"出现了 6 次，均无连用现象。

（二）口语使用情况考察

口语的使用情况我们主要考察了根据中央电视台"对话"栏目转写而来的口语语料库。考察情况如下：

连词"如果"出现了 576 次，其中连用 253 次，约占总数的 43.9%。连用形式有："如果＋的话"（238）、"如果＋要是"（5）、"假设＋如果"（1）、"如果＋要＋的话"（4）、"要＋如果＋的话"（1）、"如果＋要是＋的话"（3）、"假设＋如果＋的话"（1）。

连词"要是"出现了 30 次，其中连用 9 次，约占总数的 30%。连用形式有："如果＋要是"（5）、"万一＋要是"（1）、"如果＋要是＋的话"（3）。

连词"假如"出现了 43 次，其中连用 14 次，约占总数的 32.6%。连用形式有："假如＋的话"（13）、"要＋假如＋的话"（1）。

连词"假设"出现了 12 次，其中连用 4 次，约占总数的 33.3%。连用形式有"假设＋如果"（1）、"假设＋的话"（2）、"假设＋如果＋的话"（1）。

连词"要"出现了 11 次，其中连用 10 次，约占总数的 90.9%。连用形式有："要＋的话"（3）、"要＋万一"（1）、"如果＋要＋的话"（4）、"要＋如果＋的话"（1）、"要＋假如＋的话"（1）。

连词"万一"出现了 6 次，其中连用 4 次，约占总数的 66.7%。连用形式有："万一＋要是"（1）、"要＋万一"（1）、"万一＋的话"（2）。

表示假设关系的助词"的话"出现了 527 次，其中连用 268 次，约占总数的 50.9%。连用情况见上述各词的统计，两项连用 258 次，三项连用 10 次。

（三）考察结果分析

考察表明，书面语和口语中都存在着不少假设类关系词语的连用现象。

从整体使用情况看，3 500 余万字的书面语语料库中有 753 次连用，平均每百万字大约出现 21 次。而在 56 万字的对话口语语料中有 276 次连用，平均每百万字大约出现 493 次，大大超过了书面语的使用频度，是书面语的 23.5 倍。考虑到书面语语料库中有些作品具有口语体风格，我们再以"如果"的使用情况为例对书面语语料库进行了抽样考察，发现书面语的连用现象一般出现在口语风格较浓的小说和演讲稿中。比如，路遥的小说《人生》中"如果"出现了 26 次，无连用现象；卫慧的小说《上海宝贝》中"如果"出现了 43 次，连用 7 次，《邓小平文选》（卷一）中"如果"出现了 152 次，连用 2 次；余秋雨的散文集《文化苦旅》中"如果"出现了 68

次，无连用现象。卫慧的《上海宝贝》口语化写作倾向明显，《邓小平文选》（卷一）中的 2 次连用都在讲话稿中，语言比较口语化，其余两部作品则书面语体特征明显。这表明假设类关系词语的连用现象一般出现在口语化的语言里。此外，书面语料库所收集到的用例情况显示，20 世纪 90 年代以前的用例较少，一般是"X ＋的话"这种连用形式，90 年代往后假设类关系词语的连用现象有逐渐增多的趋势，连用形式也不断增多。我们认为这种情况与人们对待语言的态度有关，以往普遍认为这种连用（特别是假设类连词的连用）现象是不规范的语言现象，所以在书面语里作者和编辑都进行了有意识的规范，现在人们对待语言的态度相对宽容，这种口语化的表现形式才得以在书面语中逐渐增多，而没有被有意识地规范掉。

从连用形式看，书面语的 753 次连用现象，前项连用式有 106 次，约占连用总次数的 14%，框式连用有 647 次，约占总次数的 86%，框式连用以两项连用为主，有 642 次，三项连用只有 5 次，出现频率很低。口语的 276 次连用现象，前项连用式只有 8 次，约占连用总次数的 2.9%，框式连用有 268 次，约占总次数的 97.1%，框式连用也以两项连用为主，有 258 次，三项连用有 10 次。这表明由"假设连词X ＋的话"这两个关系词语构成的框式连用是最主要的连用形式，口语里表现得尤为突出。前项连用书面语要高于口语，而三项连用口语要高于书面语，这与两种语言表现形式的特点是密切相关的（具体分析见下文）。关系词语的连用顺序呈现以下倾向性序列表现（"＞"表示"优先于"）：

如果＞要＞万一＞要是＞假如 / 假设 / 假若 / 假使 / 若是 / 倘若＞的话

排列在前的关系词语连用时一般出现在前，"如果"连用时倾向于排在最前面，"的话"连用时总是处在最后面。

从具体关系词语看，连词"要"的连用频率最高，书面语有 88.5%，口语有 90.9%，这表明连词"要"一般以连用形式出现。"如果"在口语里的连用频率有 43.9%，在书面语里只有 7.2%。"要是"在口语里的连用频率有 30%，在书面语里只有 5.4%。其他关系词语的连用情况也基本相似，口语的连用频率普遍要高于书面语。反差较大的是助词"的话"，书面语有 79%，口语只有 50.9%，书面语的情况要高于口语，这与两种语言表现形式的特点相关，口语还有语气（语调）和具体情境等因素来辅助表达，形式上比书面语要相对简省。至于一些主要用于书面语体的关系词语，如"假若、若是、倘若、设若"等，连用频率都很低（0.5% 左右），有些甚至没有发现连用现象，如"如若、倘使"等。这表明每个关系词语的连用情况是有差异的，有些经常以连用形式出现，有些却很少采用连用形式。从具体每个词语的连用次数与连用总次数的百分比看，不管是书面语还是口语，都以"的话"与其他关系词语的连用现象比例最高，书面语约占 85.9%，口语约占 97.1%，这表明"X ＋的话"这种连用形式是假设类关系词语最主要的连用形式。

四、连用机制分析

马丁内的语言经济原则认为，人在各方面表现出来的惰性要求在言语活动中尽可能减少力量的消耗，使用比较少的、省力的、已经熟悉的或比较习惯了的，或者具有较大普遍性的语言单位。（参看周绍珩，1980）但是假设类关系词语的连用是一种语言冗余现象，是有违经济原则的语言表达形式，它存在的语言机制主要是什么呢？

（一）句法机制

假设类关系词语连用的句法目的主要有两个：

A. 连用是为了加强语言成分之间的关联度，以更加明确地传递信息。语言（尤其是口语）中存在着大量的冗余信息。[1]哈杜默德·布斯曼的《语言学词典》认为，"因为语言交际总是由于噪音干扰以及交际各方语言知识水平的不同而受到阻碍，所以，语言发展成了一种含有大量冗余信息的交际手段"，并说明冗余信息"在所有描写层面上都可以得到证实，明显的例子是语法范畴在形态上的多重标记"以及"词汇重复"。冗余信息在口语里大量存在，布斯曼所说的"语言"实际上是指口语。我们认为，词汇重复除了同一词语在语言里的重复外，还包括同类词语的共现。假设类关系词语的连用就是一种同类词语的共现形式。其实，假设类关系词语的重复在口语里也是大量存在的。例如：

（29）如果一个事情……如果能够经常做，那么就是儿童意义上的吃苦耐劳，啊，这个，这个，是一种很好的锻炼。

假设类关系词语的连用现象之所以主要出现在口语和口语化的书面语中，是因为口语里存在着大量的停顿、省略现象，这些现象容易破坏语言成分之间的关联，从而影响语言信息的传递，采用同类关系词语重复出现这种句法手段是一种有效的补救措施。

B. "X＋的话"这种连用形式在句法上还具有管界作用，可以用来明确标记所要假设的语言信息。这也是"X＋的话"这种连用形式成为假设类关系词语主要连用形式的原因。X与"的话"的连用是一种前后标记式，其句法目的主要是为了明确标示所要假设的条件，对所假设的条件从形式上进行管辖和界定。口语以语音为表现形式，更需要用这种标记形式来管界所要假设的语言部分，否则受话人很容易产

---

[1]　哈杜默德·布斯曼的《语言学词典》认为冗余信息是"在正常的交际中可略去而无损交际的那些信息"。

生错误的理解。表述者所要陈述的假设条件在语言形式上有长有短，可以是一个词[如例（10）]，也可以是一个很长的语言片段。例如：

（30）如果第一个孙子在盂兰节投胎，到现在快满两周岁了，也看不出什么讨债鬼的形迹，反而又加上了第二个孙子，——是善有善报的话，那么，他的两个儿子好好的，却无缘无故疯了一个，那岂不是恶有恶报么？（欧阳山《苦斗》）

（31）如果那样，妈早在她还可以承担手术的年龄就做手术的话，我现在还有妈。（张洁《世界上最疼我的那个人去了》）

以上两例，假设的内容在语言形式上都很长，如果不采用前后两个形式标记来管界，很容易产生错误的理解。

（二）语义机制

　　假设类关系词语连用的语义机制主要是为了强化和突显。假设类关系词语的连用现象之所以在口语或口语化的书面语里比较多见，是因为口语比较随意，语言形式比较简短，语句之间的语义关系和逻辑关系常常因省略、停顿等因素而模糊，如果得不到有效的关联，很容易使人产生误解，采用连用形式可以加强语言成分之间的关联，强化和突显所要假设的条件。此外，连用的关系词语各自所担负的角色并非完全一样，各有侧重。比如助词"的话"，还有缓和语气的作用。又如"万一"，《现代汉语八百词》认为，连词"万一"用于表示可能性极小的假设（多表示不希望发生的事）。因此，假设类关系词语的连用除了可以加强前后语言成分之间的语义关联外，还具有突显语气、情景或程度等方面的作用。例如：

（32）以现场的情况看，如果他的同伙要是知道这里埋着东西，只怕早就给挖出来了，绝不可能一直掩藏到现在。（张平《十面埋伏》）

例（32）中"如果"和"要是"连用，去掉其中一个，假设的程度似乎降低了一些，而一起连用却可以起到突显程度的作用。

（三）语用机制

　　假设关系是一种求证关系，一般是对非已然事实进行假设求证，因此在表达上一般显得比较委婉。如果将标示假设关系的关系词语重复使用，可以使所假设的条件在语义上得到强化，进一步增强假设的语气，从而使语言表达显得更加委婉、舒缓。比较下面两例：

（33）a.从成本方面说，国际电话费用是很大的，那么您用不用IP电话卡啊？如果用的话，我想知道一下您是用哪种的？谢谢。

　　b.从成本方面说，国际电话费用是很大的，那么您用不用IP电话卡啊？如果用，我想知道一下您是用哪种的？谢谢。

例（33）中，a 句明显要比 b 句显得委婉客气一些。

与假设句的语气特征相适应，很多假设连词经常和"说"一起出现（有些已经有词化倾向），比如"如果说、要是说、要说、假如说"等，"说"后可有短暂的语音停顿，在表达上有引出话题、舒缓语气的作用。（李晋霞，2005；孙玉卿、谭丽，2009）例如：

（34）当然呃，<u>如果说</u>，在今天这样一个对话的现场，您愿意和当年的两个李东生当中的任何一个对话<u>的话</u>，你会跟他提什么样的问题，你会愿意跟他交流什么？

五、余　论

假设类关系词语的连用形式在上古汉语里就已存在，沿用至今。例如：

（35）<u>若使</u>天下兼相爱，国与国不相攻，家与家不相乱，盗贼无有，君臣父子皆能孝慈，<u>若</u>此则天下治。（《墨子·兼爱上》）

（36）<u>若</u>犹有罪，死命可也。（《左传·昭公十三年》）

现代汉语里有不少假设类连词就是这种连用形式词汇化的结果，如"倘使、倘若、如若、设若"等。

如果存在并列关系的多个假设条件，关系词语的连用一般采用叠加简省形式。例如：

（37）<u>如果</u>你<u>要是</u>去不感到诚惶诚恐，不感到这种市场竞争的威胁<u>的话</u>，老是沿着一条路走下去<u>的话</u>，那肯定是要失败的。

例（37）中，两个假设条件小句的关系词语连用形式相同，因而采取前项连用的关系词语共用，后项都用助词"的话"来从形式上进行区分。

如果存在包含关系的多个假设条件，关系词语的连用一般采用连用加套用形式。例如：

（38）<u>如果</u>是相似的话，那么从传统的那个核心竞争力来看<u>的话</u>，你这个并购呢，应该说是说得通的。

（39）尤其是监狱里的领导，竟然打电话对我说，<u>如果</u>把事情闹大了，出点什么意外，<u>万一</u><u>要是</u>再有什么人把这些事捅到外面去，让司法厅或者劳改局的领导知道了，那可就麻烦了……（张平《十面埋伏》）

例（38）是先连用再套用，例（39）是先套用再连用。

参考文献：

[德]哈杜默德·布斯曼.语言学词典[Z],陈慧瑛,等,译.北京：商务印书馆，2003.

李晋霞.论话题标记"如果说"[J].汉语学习，2005（1）.

陆丙甫，金立鑫.关于多重复句的层次问题[J].汉语学习，1988（5）.

吕叔湘.现代汉语八百词[M].北京：商务印书馆，1980.

莫超.也说关联词语的叠用[J].兰州大学学报，2005（6）.

孙玉卿，谭丽.试析"如果说"中"说"的语义变化[J].暨南大学华文学院学报，2009（2）.

谢文庆.谈复句中关联词语的使用[J].思维与智慧，1989（5）.

邢福义.现代汉语[M].北京：高等教育出版社，1991.

徐复岭.假设连词连用现象二题[J].语文建设，1999（6）.

周刚.连词与相关问题[M].合肥：安徽教育出版社，2002.

周绍珩.马丁内的语言功能观和语言经济原则[J].国外语言学，1980（4）.

（本文原刊于《汉语学报》2010年第2期，《中国社会科学文摘》2010年第10期以《假设类复句关系词语连用的语言机制》为题全文转载）

"的话"的话题标记功能及相关问题讨论

一、引　言

已有研究（如张谊生，2002；江蓝生，2004）认为"的话"的表达功能有三种：a. 做话题标记；b. 在条件句句尾，表假设语气；c. 在句中表示停顿。这三种功能实际上来自不同的表述角度：a. 是"的话"的语用功能；b. 兼述"的话"的语法功能和语用功能；c. 是"的话"的语法功能。张谊生（2002）主要从关联和情态、篇章和语用等角度探讨了"的话"的表义功用，并对"的话"的语法功能进行了分析，江蓝生（2004）则主要讨论了跨层非短语结构"的话"的词汇化过程，而从话语层面来系统探讨"的话"的研究目前还没有看到。

"的话"可以标记何种话题？具有哪些话语功能？"的话"的三种表达功能之间是否存在一定的联系？本文试图回答这些问题。

为了全面反映"的话"的使用情况，本文对口语和书面语都进行了考察，文中没有注明出处的语料来自北京语言大学的北京口语语料库和我们自建的一个约56万字的口语语料库（文本来自中央电视台的"对话"和"面对面"栏目）。此外，文章为了考察"的话"在不同语体中的使用情况，还检索了华中师范大学的汉语语料库（该语料库所有语料均来自书面文本），文中凡标注了出处的语料均来自华中师范大学汉语语料库。

二、"的话"标记的话题类型

徐烈炯、刘丹青（1998：121—122）根据话题和述题或述题的组成部分的语义关系，把话题分为四类：论元及准论元共指式、语域式、拷贝式、分句式。考察发现"的话"可以标记其中的三种话题类型：论元共指式话题、语域式话题和分句式话题。

（一）论元共指式话题

指由"的话"标记的话题与句子（主句或小句）主要动词的某个论元或相关空位的所指相同，这是话题—述题之间语义关系最为紧密的一种情形。（参看徐烈炯、刘丹青，1998：121）由于这个论元在句法语义上是跟句子的主要动词（谓语动词）发生关系，所以，论元共指式话题在语义上通常表现为充当施事、当事、工具、受事、对象等，在句法上则表现为在主语、宾语（包括间接宾语）等论元成分所占的句法位置上。例如：

（1）<u>老吴的话</u>，[他]不怎么认识我，这事儿就办不成嘛。

（2）你不光是警察，你还不光是说咱们的解放军，对人民这是没的说。<u>旧警察的话</u>，那你也是不敢惹[ ]啊。

（3）你都送了啥礼物啊？小妹我就送了她一条裙子，<u>嫂子的话</u>，就给了[她]两张购物卡。

（4）<u>我这把刀的话</u>，不是我说，[ ]削铁如泥。

例（1）中，述题动词的施事论元"他"复指话题"老吴"；例（2）述题动词后的宾语空位指向话题"旧警察"，从语义上来讲，话题是述题动词"惹"的对象论元。例（3）因为述题动词的宾语"她"复指话题"嫂子"，因而，这时的话题是动词的受事论元。例（4）中，述题动词前的主语空位指向话题"我这把刀"，而空位主语是动词的工具论元，因而从语义上来讲，话题也是谓语动词的工具论元。

（二）语域式话题

指由"的话"所标记的话题为述题提供一种时间、空间和个体方面的范围和框架。这类话题跟述题之间的语义关系总体上比较松散，内部差异也较大，可分为四个小类。

1. 时地语域式话题

时地语域式话题是指"的话"所标记的话题为述题提供时间处所方面的语域，此时的话题通常是表示时间或处所的词语，一般出现在主语之前，也可以出现在主语后面，谓语动词之前的位置上。这种类型的话题通常称为次话题。例如：

（5）那么咱们这卢沟桥呢，这儿算一个班子，<u>那个时候儿的话</u>，据我的印象，咱们这卢沟桥，你比如国民党退军，像那，嗯，丰台组织了一个工会，长辛店儿，组织了一个工会。

（6）他们在英国的话呀，<u>这个一天的话啦</u>，就是定量的话也就是两个鸡蛋，啊，并且还挺贵。可是当时，<u>这个北京的话了</u>，那买鸡蛋挺便宜，哈，这个也很多，哈。

例（5）中的"那个时候儿"为后面的述题提供了时间范围；例（6）中的"这个一天"为后面的述题提供了时间范围，"这个北京"则为后面的述题提供了处所范围。

2. 领格语域式话题

领格语域式话题不是谓语动词本身的论元，跟动词谓语没有直接的语义关系，但是，它跟谓语动词的论元语义上联系紧密，在意义上是谓语动词的某个论元的领属格成分，两者之间有一种间接的语义联系。（参看徐烈炯、刘丹青，1998：134）在这类话题结构中，述题部分的定语位置上可以是一个与"的话"所标记的话题成分共指的复指代词，也可以是一个领格空位。如：

（7）<u>老王的话</u>，[ ]女儿考上了公务员，[ ]儿子又考上了重点大学，整天乐呵呵的。

（8）你真幸福，有一个疼你的父亲。<u>我父亲的话</u>，我只看过 [他] 的照片。

例（7）中的话题"老王"与述题中的"女儿"、"儿子"存在领有关系，句法上表现为领格空位；例（8）中的话题"我父亲"与述题中的定语"他"共指。

3. 上位语域式话题

上位语域式话题是指话题跟述题中的成分是全集与子集关系，即上下位关系或种属关系。需要指出的是，不但名词性的话题跟述题中的相关成分有这种关系，而且动词性话题和小句话题也都可跟述题中的相关成分构成上下位关系或种属关系。如：

（9）<u>民族娱乐传统的话</u>就是什么呢，<u>靠养养鸽子，养养鸟儿</u>。

（10）<u>动物的话</u>，我最喜欢<u>大熊猫</u>。

（11）<u>炒菜的话</u>，我爸最擅长<u>炒红烧肉</u>。

例（9）中的话题"民族娱乐传统"与述题中的"养养鸽子，养养鸟儿"，例（10）中的话题"动物"与述题中的"大熊猫"，例（11）中的话题"炒菜"与述题中的"炒红烧肉"，都是上下位的包含关系，话题都为述题提供了一个上位语域。例（9）、（10）的话题成分是名词性的，例（11）的话题成分是动词性的。

4. 背景语域式话题

背景语域式话题和述题的关系比较松散，它跟述题内容的联系，主要是通过背景知识或谈话当时的语境建立起来的。（参看徐烈炯、刘丹青，1998：139）因为在一个句子内部，无法建立明确的话题—述题关系。如：

（12）还有尊重语言，不能说他，得说"您"，是啊，就是"他"字儿底下搁个"心"字儿，是啊。我们回民，<u>回民的话呢</u>，嗯，有个别少数儿地区集中的，你像牛街，"您"字儿都不行，您字儿好像还不太尊重，得说□（nē）。

例（12）中的话题"回民"与述题之间关系比较松散，无法建立明确的话题—述题关系，话题主要是为述题提供话题展开的背景或语境。

（三）分句式话题

"的话"还可以用在条件分句后。如：

（13）后来他农机学院迁回来以后，就还想找这批老人，找他，让他回去。他说，如果让我回去的话，那我得让我爱人也回去，他说，那来吧，就都回到农机学院了。

（14）可是你要是就按那，那个时候儿按三月三来说呢，就穿竹布大褂儿，既然能穿竹布大褂儿的话，就是应当是天气比较暖啦，就能够穿，就里边套一个小褂儿就行了。

我们认为这种用法的"的话"仍然是一个话题标记。理由如下：

A. 在语义和功能方面，海曼（Haiman，1978：564—589）发现条件句的定义和话题的定义出奇地相像。海曼（Haiman）认为两者的信息属性相同，都是已知信息，话语功能也相同，都是为下面话语提供框架（语域），所以分句可以成为话题。

因此，例（13）、（14）的"的话"仍然还是话题标记，后面的句子还是述题。而且，用"的话"标记的句子，即使不用"如果"一类连词也能表示条件，如"让我回去的话"、"能穿竹布大褂儿的话"。这里的"的话"字面意思上就是"这个话题"，它取消了本可以单独成句的条件句的独立性。

B. 徐烈炯、刘丹青（1998：237—247）从形式句法学角度指出，话题是汉语这种话题优先型语言所特有的句法成分，分句也可以充当话题成分，分句式话题是汉语里的普遍现象。而"的话"可以表示假设条件，用来标记条件假设类分句式话题在语义上是兼容的。

C. 从"的话"的词汇化过程来看，"的话"最初就是作为话题标记出现的，"的话"用在假设条件中，应该是对话题标记的一种功能扩展。汉语假设句的历史表明，话题标记与假设助词向来是通用的，话题是预设的说明对象，而假设是以一个虚拟的条件为话题，二者之间具有本质上的相似性。（参看江蓝生，2004）这便是最初作为话题标记的"的话"扩展应用到假设分句的根本原因。无论是话题小句还是假设分句，其后都有语气停顿，所以"的话"与表停顿的语气词也有同质通用的关系。

三、"的话"作话题标记的语用机制

（一）"的话"对话题信息具有强化作用

对于话题的信息特征，有好几种表述："话题表示已知信息"；"话题是听说双方共享的信息"；"话题是话语中已被激活的信息"。这些表述都具有一定的合理性但同时都不完善，例如，话题并不都是已知信息，也并不都是在上文已经被激活的信息，而已知信息也并不都适合作话题成分。（参看徐烈炯、刘丹青，1998：214—215）

"的话"对所标记的话题信息有时候具有直接激活的强化作用。例如：

（15）应该要注意这个旅游人的安全。你这报纸上左登右登，是哇，一来华山那哈儿出险了，一来又崂山那儿又出险了，<u>像这情况的话</u>，应该加以……加以注意哎。这人，无组织地，这个……这个涌向那个旅游胜地去了，结果来讲的话，是吧，闹一个这个哈人财两空。

（16）赚钱呢，赚钱是允许的，是啊，可现在是坑钱，骗钱，哎，这老百姓对他意见可太大了。这一普遍看法。<u>这、这事儿的话</u>，现在国家得抓了，再不抓呀这事儿全、全耽误了，更不好办了。

（17）我和我爱人，彼、彼此都认识，哎，在这个基础上，哎，当然这里头也没什么中间人给撮合了，没有了，哎，这个没有。<u>我爱人的话</u>，挺稳重这个人，嗯，呃，是个贤妻良母。哎，所以我，我、我挺尊重她的，你知道吗？我也挺喜欢她的。

例（15）中的话题"这情况"是指上文所说的登山时安全事故屡次发生的情况，是已知的。例（16）中的话题"这事儿"也是紧承上文某人"坑钱、骗钱"的行为造成了极其严重的社会影响这件事，说明这一话题在上文已经被提及，予以激活。例（17）中，虽然话题"我爱人"在上文曾被提及，但是距离较远，因而用话题标记"的话"介引，以弥补话题的"弱已知性"。

有时候"的话"所标记的话题是间接激活的信息。间接激活有两种情形，有些属于相关性激活，例如：

（18）a.云水，云水洞那早去过了。再一个就是什么十渡，还有什么，像沟崖，沟崖得去一宿。这都最近都去过了。

b.嗯，对。<u>龙门涧的话</u>，一般来说还是自己坐车去比较好，就是坐厂子专车去比较好。要不然要是坐他那个长途车，得在门头沟上车。

例（18）中，"的话"标记的话题"龙门涧"上文并没有出现过，但是与上文提到的景点有相关性，因而属于间接激活。用"的话"来标记"龙门涧"可以弥补话题的"弱已知性"，对话题信息有强化作用。

还有一些"的话"标记的话题属于情境性激活。例如：

（19）展览路那儿有一个街道小厂儿子，它属于西城区修理公司的，叫做，以前叫做什么叫做西城前进绞肉机厂吧。<u>它的奖金的话</u>，平均奖都是七八十块钱，百十来块钱。

（20）你比如说跑赛吧，你首先得有一定的能力还得能跑，还得有这决心，有耐心，才能跑下来，否则来讲的话，这个这个更跑不下来。<u>北京市的话</u>，这个，尤其是西城区，这个在落实政策来讲吧，到现在来到现在目前为止的话，只解决了百分之二十二点儿多点，还得继续往前跑，往上提高。

例（19）中的话题"它的奖金"和例（20）的话题"北京市"，在上文都没有出现过，而是受谈话时的情境激活成为话题的,用"的话"来标记是为了强化"它的奖金"和"北京市"的话题地位。

从以上"的话"所标记的话题的信息特征来看,"的话"的作用体现在两点:a.预示话题后有更重要的信息即述题出现,提请听话人注意;b.引进间接激活的信息充当话题。第一种"预示"作用在"的话"标记直接激活信息和间接激活信息时都有体现,而当它处在间接激活信息的末尾时,它的第二种"介引"作用尤为重要。我们还可以将话题标记"的话"上述两点作用归结为一点,即话题标记"的话"有强化话题性的作用。因为直接激活的信息是上文已经提及的,是已知的,关注度不高,用"的话"来标记,可以强化话题性,以引起听话人的注意;而间接激活的信息话题性不如直接激活的信息,所以更加需要用话题标记来突显,以强化话题性。

(二) "的话"对话题焦点具有调控作用

"的话"对话题焦点的调控作用指的是"的话"能在"话题"和"焦点"之间起到很好的调控作用。对于"X的话"来说,一方面,"的话"可以抬高X的身份——X不是一般的话题,而是需要进行对比的"焦点"信息,让听话人厘清对比的双方;另一方面,"的话"又还原了X的身份——X只是一种话题信息,提示听话人最重要的信息位于X后的述题中。请看下例:

(21)市场上现在,市场上哪现现在倒倒反正您只要有钱就得,什么自由市场有钱就得,就是贵点儿。过去的话不灵,过去你有钱没地儿买去,现在有钱,您想吃什么都有,您别别,不怕贵,就得了。

例(21)的时间性话题"过去"用"的话"标记后,成为了对比性的话题焦点,"的话"抬高了话题"过去"的身份。同时,"的话"也标示"过去"只是一个话题成分,最重要的对比信息还在后面的述题中。

除了对话题信息具有强化作用、对话题焦点具有调控作用外,"的话"与其标记的话题在话语衔接过程中还具有较强的衔接作用。根据张谊生(2002:365—366)的考察,"的话"主要有四种衔接功能:例指性衔接、转指性衔接、回指性衔接、逆指性衔接。此不赘述。

四、相关问题讨论

(一) "的话"为什么倾向于出现在口语体中?

我们比较了"的话"在书面语和口语里的使用情况,发现"的话"在口语里的使用频率远高于书面语。根据抽样统计,每百万字中"的话"的出现频度,口语有

529 次，而书面语是 74 次，两者之比约为 7：1。可见，"的话"倾向于出现在口语语体里。

"的话"的这种语体偏向与它标记话题的功能是一致的。口语受交际方式的影响，需要不断地强化或调控话题信息，以便让话语顺利进行，而强化的方式除了重音形式、重复形式外，还可以采用添加词汇标记的形式。那么，"的话"为什么会成为最为理想的话题标记之一？这是因为"的话"既可以用来标记话题信息，在话题后通过短暂的停顿来突显前面的话题成分，与此同时，这种停顿还具有舒缓语气的作用。"的话"在突显话题信息的同时，语气上却是舒缓的，这也遵循了交际的礼貌原则，可以使交际进行得更为顺利。

此外，口语表达时，说话者容易出现思维受阻的现象，需要争取更多的时间来整理思路，以便继续后续的话语。说话者通过使用"的话"来做停顿，既有争取时间整理思路和组合话语的目的，也有舒缓语气的语用目的。例如：

（22）今天的话，大家一起，就这个问题的话，应该的话，要好好讨论一下。我认为的话，大家的认识的话，还是要统一起来。

例（22）中的"的话"前面的成分有的是话题成分，有的不是，"的话"的使用情况比较复杂。这既表明说话者的思维不连贯，因而出现了很多停顿，也表明用"的话"作停顿，虽显累赘，但是却有舒缓语气的作用。

因此，我们不能把"的话"看成是口头禅。"的话"与一般的口头禅不同，它具有强依附性，单独不能使用，有其特殊的表达功用。而"嗯"、"啊"、"这个"之类口头禅，不但可以单独使用，而且没有特殊的表达意图（功用）。在语言使用中，这些口头禅的使用会损害语势的连贯和语意的完整，而且频度越高，损害越大，因而容易招致听话人的反感，这需要尽量规避。

（二）"连词＋的话"里的"的话"是不是话题标记？

"的话"还可以直接出现在连词后面，形成"连词＋的话"形式。例如：

（23）所以的话，今天呢，你要敢于叫一个名字，那么的话，实际上，你是对客户的一个承诺，对社会责任的一个承诺。

（24）要求乘务员，首先你要保证安全，你精神就得好，是啊。嗯，你精神好，是啊，你才能够认真地瞭望，是哇。不然的话，你上，上，上车你犯困，打盹儿了，犯困，啊，那就藏了，是哇。所以有几个环节呢，大家必须得把住。

（25）我觉得，一个更主要的问题就是说的，大家一定要做到各行其道，才能保证啊，我们这个交通，才能够畅通无阻。否则的话呢，这么多人的地方儿，要是堵塞一个地儿，马上就会造成很大的那个影响的。

（26）给你 1 000 万，你打算怎么花好呢？ <u>假如的话</u>。

张谊生（2002：365）认为："的话"与连词同现时，其情态性、标记性强于连接性，单用时则连接性、限定性强于情态性，并认为连词是承指前面整个事件的。我们认同张先生的这些观点，并据此进一步指出，"连词＋的话"形式里的"的话"仍然还是一个话题标记。如例（23）中，说话人是接着别人的话来进行推断或总结的，例（24）、（25）中"的话"所标记的话题是由转折连词"不然"、"否则"所承接的一个与前述情形相反的事件，话题都是背景性话题。例（26）中"的话"所标记的话题是"给你 1 000 万"，这是一种追补性的话题形式，话题承前省略了。

（三）话题标记"的话"应该归属哪一类词？

关于"的话"的词类归属，以往研究一般归为三种：连词、助词、语气词。

连词说把"的话"分析为后置连词（周刚，2002：20），我们认为这种观点值得斟酌。首先，"的话"虽有一定的关联作用，但是关联性并非"的话"的基本功能，我们认为"的话"最主要的功能还是用来标记话题，兼表舒缓语气，关联性只是"的话"用于条件假设句中的一种衍生功能。其次，汉语普通话中连词一般是前置和中置的，有没有后置连词还值得再探索，没有必要把汉语连词的分类系统复杂化。

助词说观点不一。有的称为"提顿助词"或"提顿词"（徐烈炯、刘丹青，1998：90—93），有的称为限定助词（张谊生，2002：7），有的称为"结构助词"（侯学超，1999：148—149），有的称为"语气助词"（张斌，1992：143—144），有的笼统称为助词（吕叔湘，1999：163）。"的话"确实具有助词的一些特征，如功能上具有后附性，都有辅助表达的作用，语音上也有一定程度的弱化，但是我们认为"的话"在句中的提顿作用或限定作用其实只是"的话"的一种表达功用，这种表达功用并非助词专属，语气词同样也有这种表达功用。基于"的话"有通过短暂提顿来表达缓和语气的作用，我们主张把"的话"归入语气词（语气助词说与语气词说基本是相同的，只是分类角度不同而已）。

语气词同样也可以用来在句中表示短暂的停顿，同样也可以用来标记话题。谢群霞（2007）讨论了话题后"啊"的语用功能，认为话题后的"啊"不仅有话题标记的作用，还有一些明显残留了"啊"作为语气词的功能。她比较了话题后带"啊"与带其他语气词"呢"、"吧"、"嘛"的情况，发现就作为话题标记而言，"啊"的表义功能没有其他语气词"呢"、"吧"、"嘛"的功能专一与明显。这说明，"的话"作话题标记的用法比一般语气词要强，话题表达要优先于语气表达，这点不同于其他典型语气词。

另外，"的话"与语气词"呢"、"呀 / 啊"、"吧"连用的情况也比较多见。例如：

（27）这样<u>的话</u>呢，我们首先请周教授上场。您这边请！

而汉语两个语气词连用是一种比较常见的语法现象。部分连词虽然也可以和语气词连用，但是只能出现在句首，不能出现在句末。话题标记"的话"与其他语气词连用时，两个语气词承担的功能各异。"的话"主要标记话题，"呢"类典型语气词主要表达说话者的语气（口气）。

现代汉语里，"的话"也有一些纯表语气的用法。例如：

（28）平海燕：大叔抽烟吗？

王仁利：抽！抽！我这儿有！（掏出烟斗）

平海燕：对！抽着烟，亲亲热热地跟所长谈谈！您要是不喜欢我在一边儿听着，我可以……

王仁利：<u>没有的话</u>，我怕你干什么吗？

平海燕：是呀，我比您的女儿还小一岁呢！（老舍《全家福》）

（29）"我真是出尽了洋相，"他气喘吁吁地说。

"<u>没有的话</u>，把这喝下去吧。"我往水里掺了些白兰地，他那毫无血色的双颊开始有些红润了。（《福尔摩斯探案集》）

以上两例中的"没有的话"，"的话"主要表达一种委婉语气，没有标记话题的作用。由此可见，语气词"的话"在现代汉语里的用法不是单一的，标记话题只是目前最主要的表达功能而已。

五、总　结

根据本文的讨论，我们对于话题标记"的话"得出以下结论：

A. 话题标记"的话"可以标记三种话题类型，即论元共指性话题、语域式话题和分句式话题。条件句也属于话题，而且"的话"可以标记表条件的分句式话题。不管是名词性话题，还是分句式话题，其后必有停顿，以提请听话人注意，因而"的话"的停顿作用是其作为话题标记的一种功能扩展。

B. "的话"对话题信息具有强化作用，对话题焦点具有调控作用，"的话"与其标记的话题在话语衔接过程中还具有较强的衔接作用。

C. "的话"在标示话题的同时还有舒缓语气的作用，词类归属上应该属于语气词。但是，"的话"又与一般的语气词不同，"的话"作话题标记的用法比一般语气词要强，话题表达要优先于语气表达。

参考文献：

侯学超.现代汉语虚词词典 [Z].北京：北京大学出版社，1999.

江蓝生.跨层非短语结构"的话"的词汇化 [J].中国语文，2004（5）.

吕叔湘.现代汉语八百词（增订本）[M].北京：商务印书馆，1999.

谢群霞.话题后"啊"的语用功能研究 [D].上海：上海师范大学硕士学位论文，2007.

谢晓明.假设类复句关系词语连用情况考察 [J].汉语学报，2010（5）.

徐烈炯，刘丹青.话题的结构与功能 [M].上海：上海教育出版社，1998.

张斌.现代汉语虚词词典 [Z]，北京：商务印书馆，1992.

张谊生.助词与相关格式 [M].合肥：安徽教育出版社，2002.

周刚.连词与相关问题 [M].合肥：安徽教育出版社，2002.

Haiman, John.Conditionals are Topics[J].Language, 1978（54）.

（本文原刊于《语文研究》2012 年第 4 期，又收入邵敬敏主编《汉语语法研究的新拓展（六）》，上海教育出版社 2013 年版）

央视栏目名的用字用语情况考察

一、引　　言

中央电视台（以下简称"央视"）作为我国的国家电视台，发挥着新闻传播、社会教育、文化娱乐和信息服务等多种功能，是公众获取资讯的主要渠道，拥有数以亿计的观众，具有非常广泛的社会影响。由其播出的电视节目有很高的收视率，为广大电视观众所喜爱，一些电视栏目名由于已经具有较高的知名度，很多观众能够脱口而出，例如："新闻联播"、"焦点访谈"、"新闻30分"、"半边天"等。

本文以央视1—12套和新闻、少儿、音乐等频道的栏目名为考察对象，从语言学角度来考察这些栏目名的用字用语情况。考察的主要目的是通过分析央视栏目名的特点来归纳电视栏目命名的一些主要特征，以及影响栏目名词语使用情况的一些主要因素，为媒体（尤其是电视媒体）栏目命名提供参考和咨询。央视网站公布的所有央视栏目名共243个，以下考察主要围绕这243个栏目名来展开。[1]

二、用字情况考察

（一）字数的统计分析

在243个央视栏目名中，从两个字的词语（如"生活"、"对话"）到九个字的短语（如"全国电视烹饪擂台赛"）均有分布。用字情况统计如下（见表一）：

表一

	二字格	三字格	四字格	五字格	六字格	七字格	八字格	九字格	合计
个数（个）	19	17	141	39	18	6	1	2	243
比例（%）	7.81	7.00	58.02	16.05	7.41	2.47	0.41	0.82	100

数据表明，四字格的栏目名占有绝对优势，达到了58.02%，其次是五字格的栏

---

[1]　我们在央视网站上（www.cctv.com, 2005-05-01）统计到的央视栏目名共有295个，但是第九套是英语频道，都是英语节目，有17个栏目，不在本文的考察范围之内，又由于存在重播的情况，除去重复的栏目名，还有243个栏目名。

目名，占 16.05%，二字格、三字格、六字格的栏目名的数目基本相当，七字格有 6 个，八字和九字格的栏目名比较少见，所占比例均未超过 1%。

（二）异类字符的使用情况

在 243 个央视栏目名中，共有 25 处使用了数字、标点符号和英文字母等异类字符。

有 10 个栏目名中使用了数字："北京 2008"、"新闻 30 分"、"新闻 60 分"、"生活 567"、"幸运 52"、"约会新 7 天"等。这些栏目名中的数字基本上是用来表示时间的。有的表示时点，如："北京 2008"，"2008"表示一个时点，指 2008 年。2008 年北京将举办奥运会，因此"北京 2008"这个栏目名很容易让观众联想到 2008 年北京奥运会。有的表示时段，如："新闻 30 分"和"新闻 60 分"，"30 分"和"60 分"都是时段单位，可以用来表明栏目播出的时长。此外，选用数字还可以避免和"经济半小时"这类栏目名相重复。"幸运 52"中的"52"和"约会新 7 天"的"7"也都是时段单位，"52"代表一年的 52 周，"新 7 天"代表新的一周，用数字来给栏目命名，比直白地叫"幸运每一周"、"下周节目预告"要含蓄新奇得多。

有 12 个栏目名使用了标点符号。有一个栏目名用了问号："想挑战吗？"已经带有疑问语气词"吗"，再加上一个问号，从栏目名就能看出该节目在内容上具有极大的挑战性；有两个栏目名使用了连接号："快乐中国—学汉语"、"希望—英语杂志"，这里的连接号主要起解释说明的作用，连接号后面的部分用来说明栏目的主体定位；有 10 个栏目名使用了间隔号，如："见证·亲历"、"天气·资讯"、"劳动·就业"、"中国证券·早间版"等。尹世超（2000）认为"间隔号在标题中的特殊用法是常常用来隔开并列词语"。上面的"见证·亲历"、"劳动·就业"是符合这一规约的，但是"中国证券·早间版"却并非如此，间隔号后项可以看作是对前项的限定，与"历程（周末版）"、"中国动画（精品版）"这类栏目名更接近。"天气·资讯"的间隔号前后的两项既可以看作是并列关系，也可以看作是部分与整体的关系，因为"资讯"涵盖面很广泛，包含了天气。

有 3 个栏目名使用了英文字母或单词："LG 移动电话金苹果"、"CCTV 空中剧院"、"精彩 F1"。"LG"是韩国的一家公司，使用其产品移动电话来赞助冠名这一个栏目；"CCTV"是由中国中央电视台的英文首写字母组合而成的一种简称形式；"F1"是一级方程式赛车的简称。这些英文字母或单词如果将其译为汉语当然也可以，但是会显得比较冗长，而使用英文简写形式既简洁，又原汁原味，而且"精彩 F1"也符合汉语四音节的韵律结构。

（三）字体的选用情况

一些栏目名根据栏目内容的整体定位，在字体选用上也有许多讲究。"曲苑杂坛"

是一档戏曲类栏目，荧屏上用隶书来表示，以突出其浓厚的历史文化氛围。"电影传奇"是讲述电影发展历史的一档栏目，荧屏上用楷书和繁体字来标示，"中华医药"是一档关于中医药的生活类栏目，荧屏上也用繁体字来标示，这些都是为了突出其历史悠久的一面。

此外，荧屏上有许多栏目使用不同风格的艺术字体来表示，目的都是为了彰显不同栏目的不同风格和情趣，增强栏目的艺术表现力。

三、词语使用情况考察

（一）语法结构分析

央视栏目名的词语使用情况非常复杂，音节上，从两个音节到九个音节均有分布；结构上，汉语词语的五种基本结构类型也均有使用（见表二）。

表二

	主谓	动宾	动补	并列	偏正	合计
个数（个）	34	25	2	23	159	243
比例（%）	13.99	10.29	0.82	9.47	65.43	100

偏正结构栏目名在所有栏目名中所占比例最高，约占65.43%。在不同频道内部，偏正结构栏目名所占比例也是最高的。在新闻频道和中央一套、二套栏目中，偏正结构栏目名占各自频道总栏目的比例分别是：52.17%、52.63%、50%。在体育频道中所占比例更是高达93.33%（共15个栏目，偏正栏目名14个）。偏正结构栏目名的实现手段也多种多样，有在修饰语和中心语之间加助词"之"、"的"的，如："名将之约"、"音乐之声"、"地图上的故事"等，但是大多数情况是表性质、领属的修饰限定成分直接用在中心语之前，如："中国周刊"、"全球资讯榜"、"科学世界"等，这是偏正结构栏目名主要采用的命名形式。栏目名偏向使用偏正结构，与偏正结构这种结构形式的表达能力有关，偏正结构中的"偏"可以用来修饰限定"正"，从而突出"正"，这一点非常有利于给栏目定位，观众也可以通过栏目名中起修饰限定作用的"偏"来准确掌握该栏目的主体定位，便于有选择地收看。

主谓结构在央视栏目名中的使用情况也比较多见，约占13.99%，既有"受事＋动作"型（如"新闻联播"），也有"施事＋动作"型（如"小崔说事"）。动宾结构和并列结构的栏目名大致相当。动宾结构的栏目名如："挑战主持人"、"鉴宝"、"走遍中国"等，并列结构的栏目名如："人与自然"、"探索·发现"、"名师名校"等。并列结构的栏目名采用了多种联结方式，有使用连词的，如："人与自然"、"经济与法"；有使用间隔号的，如："劳动·就业"、"见证·亲历"；有直接组合的，如："南腔北调"、"名师名校"。动补结构的栏目名比较少见，"互动星期天"既可以分析为动补结构，即"互动（在）星期天"，也可理解为偏正结构，即"互动（的）星期天"。

事实上，有些栏目名可以有不止一种的分析结果。例如"艺术人生"，既可以分析为偏正结构："艺术的人生"，也可以分析为并列结构："艺术和人生"。

（二）韵律结构分析

央视栏目名除双音节栏目名外，基本上是由两个词语组合而成的。双音节栏目名多是些名词和动词，如"生活"、"家庭"、"对话"、"讲述"等；三音节组合有"1＋2"式的，如："新视听"、"大风车"，有"2＋1"式的，如："半边天"、"动画城"；四音节栏目名中绝大多数是以"2＋2"式的韵律结构形式组合在一起的，如"新闻联播"、"东方时空"、"焦点访谈"、"开心辞典"、"实话实说"等，只有极少数的"1＋3（2＋1）"式，如："想挑战吗？"、"同一首歌"；五音节栏目名大多是以"2＋3"的韵律形式组合，如："电视你我他"、"经济半小时"、"两岸万事通"等，以"3＋2"式组合的如："艺术品投资"、"全明星猜想"、"纪录片之窗"等，以两种韵律方式组合的栏目名比例接近；六音节栏目名主要是以"2＋2＋2"式韵律形式组合，但有"2＋（2＋2）"式和"（2＋2）＋2"式的区别，"2＋（2＋2）"式如："每周质量报告"、"中国音乐电视"、"电视诗歌散文"等，"（2＋2）＋2"式如"健康之路周刊"、"经济信息联播"、"世界电影之旅"等；七音节栏目名的韵律结构多为"2＋2＋2＋1"式，如："中国证券·早间版"、"快乐中国·学汉语"、"银河剧场周末版"等；八音节栏目名只有"CCTV空中剧院"1个，韵律结构形式可以看作是"2＋2＋2＋2"式韵律组合；九音节栏目名有"全国电视烹饪擂台赛"、"LG移动电话金苹果"2个，都可以分析为"2＋2＋2＋3"式韵律结构。

以上分析表明，在电视栏目名中，双音节是最基本的构件单位，而在一般情况下，基本音步有绝对优先的实现权，所以"2＋2"式四字格栏目名占有绝对优势，"四字格"形式具有极强的"固化"功能，是电视栏目命名的主要形式。

四、外部影响因素考察

（一）栏目类型对栏目名词语选择的影响

除了广告、流行语等外部影响因素外，栏目类型对栏目名的词语选择也有不容忽视的影响。访谈类栏目名用词比较直接、平实，如："焦点访谈"、"面对面"、"实话实说"、"讲述"、"小崔说事"等，而综艺娱乐类栏目名既要显出欢乐喜庆，又要透着一股活力和激情，在词语选用上也有意选用一些"开心"、"激情"之类的词语，如："开心辞典"、"幸运 52"、"欢聚一堂"、"激情广场"、"绝对挑战"、"非常 6＋1"等。相同类型的栏目可以使用近义或同义词语，但是不同类型的栏目就必须通过选用不同类型的词语来显示它们之间的差别。

（二）广告和流行语对栏目名词语选择的影响

经典的广告语、鲜活的流行语很容易让人记住并传播开来，央视栏目名中就有不少栏目名可以看到广告及流行语的影响。例如"动感特区"和"影像地带"这两个栏目名很容易让人们联想到"动感地带（周杰伦所做的中国移动的广告）"。有 3 个栏目名使用了"在线"一词，分别是"法治在线"、"成长在线"和"体育在线"。"在线"（译自"on line"）是目前很流行、使用频率很高的一个新词，网络上"某某在线"类说法比比皆是。央视十套有一个栏目名叫"大话养生"，是一档健康、养生类电视栏目，健康是很时尚的话题，在它前面加上"大话"二字，很可能是从无厘头搞笑巨星周星驰的影片《大话西游》化用而来的。考察表明，娱乐类和综艺类电视栏目名受到广告和流行词语的影响较为显著。

企业广告式赞助冠名也对栏目命名具有不容忽视的影响，如"LG 移动电话金苹果"、"三星智力快车"、"正大综艺"，都是由赞助企业直接冠名的。

（三）纸质媒体语言对栏目名词语选择的影响

传统的纸质媒体（如报纸、杂志）的语言对电视栏目命名也存在一定的影响。电视较之报刊类纸质媒体要晚出现，虽然目前更多的人是通过电视来获得资讯，但是传统纸质媒体语言的影响在电视栏目命名中却随处可见，比如"健康之路周刊"、"中国周刊"、"希望—英语杂志"、"中国动画（精品版）"、"中国证券早间版"，这些栏目名中"刊"、"版"、"杂志"类报刊用语的使用给人一种观看报纸杂志的感觉，不但让人感受到传统媒体与现代传媒之间有着千丝万缕的联系，同时也可以激发观众"阅读"栏目内容的兴趣。

（四）传统语言文化对栏目名词语选择的影响

传统文化对电视栏目命名也存在着显著的影响。央视四套有一个栏目名叫作"天涯共此时"，出自张九龄《望月怀远》一诗中："海上生明月，天涯共此时"。老年生活类栏目"夕阳红"很容易让人联想到"夕阳无限好"、"青山依旧在，几度夕阳红"等诗词。古语词"之"在偏正结构栏目名中多处使用，"健康之路"、"名将之约"、"足球之夜"、"纪录片之窗"这类栏目名有近 10 个（所有栏目名中仅见"地图上的故事"使用了助词"的"字），这些"之"都不能换成"的"字，除去韵律方面的因素外，用"之"比用"的"要古朴文雅，书面语气息要浓厚得多。"子午书简"是一档读书类栏目，由于在中午和午夜两个时段播出，故合取了"子（时）"、"午（时）"再加上古语词"书简"二字来命名，给人有书香扑鼻、开卷有益的感叹。"异想天开"本是一个带有贬义的成语，但是把它用来给一档关于青少年发明创造的栏目命名，反而可以取得特殊的使用效果。

（五）国家尊严和民族意识对栏目名词语选择的影响

央视作为国家电视台，担负着向国外宣传中国的重要任务，同时也担负着弘扬民族文化精神、传播悠久历史文明的重要任务。央视的这种特殊使命对其栏目的命名也有重要影响，"中国文艺"、"走遍中国"、"华夏掠影"、"中华民族"、"中华医药"、"东方时空"、"东方儿童"、"九州大戏台"、"神州大舞台"等这类用"中国"、"中华"、"华夏"、"东方"、"九州"、"神州"类词语命名的栏目名都体现了这一点。

五、余　　论

（一）四字格偏正结构是电视栏目名的主要形式

在央视栏目名中，不论是整体看，还是具体到各个频道，四字格栏目名和偏正结构栏目名都占有主体地位，所占比例分别是总栏目名的 57.14%（243 个栏目里共有 141 个四字格）和 65.43%（243 个栏目里共有 159 个偏正结构）。而在 141 个四字格栏目名中有 90 个偏正结构，比例高达 63.83%。同样，在 159 个偏正结构栏目名中，有 90 个是四字格的，比例达 56.60%，都超过了半数。分析表明，电视栏目名倾向于采用四字格偏正结构来命名，这是因为四字格有着很强的固化作用，富有韵律感，而偏正结构能够突出焦点信息，提高区别度，二者都便于记忆，采用这两种形式来给栏目命名，比较容易提高栏目的知名度。

（二）近义词语主打专门频道

不同的频道有不同的定位，面向的观众也有区别，因此在栏目名的词语选用上，不同频道有不同的选择和取向，一些专门频道的栏目名中使用近义词语来命名的情况比较常见。例如，央视新闻频道中绝大多数栏目名用"新闻、时讯、报道"等词语来命名；央视八套是电视剧频道，所有 14 个栏目名中，有 6 个是以"影院"、"剧场"、"剧苑"来命名的；央视四套是国际频道，其对外宣传的频道定位，使得其栏目名中"中华"、"华夏"、"东方"类词语比较多见。

参考文献：

冯胜利.论汉语的"韵律词"[J].中国社会科学，1996（1）.

郭龙生，张桦.媒体语言研究刍议 [J].语言文字应用，2003（4）.

胡明扬.关于外文字母和原装外文缩略语问题 [J].语言文字应用，2002（2）.

刘云.汉语七音节篇名 [J].语言文字应用，2003（2）.

尹世超.标题语法 [M].北京：商务印书馆，2000.

（本文原刊于《江汉大学学报》2005 年第 5 期，署名：谢晓明、金鑫）

后　记

本书一共收录了 22 篇论文，这些论文都在国内一些学术期刊发表过，发表时间在 2003—2013 年。此次选录成集，主要有以下几个意思：

其一，总结。我于 2002 年 6 月从湖南师范大学博士毕业后，蒙恩师邢福义先生提携，允我来华中师范大学从事博士后研究工作，并于 2004 年留校任教，至今已有十来年。这十来年是我从事语言研究的学步阶段，一路走来，跌跌撞撞，洋相百出。录入此书的这些文章是我学步过程的一些作品，虽不够完美，却是这段治学过程的痕迹，所以我基本上不加修改，保留原貌。因为原来发表的地方零零散散，所以才把它们收录在一起，以便更好地总结和反思这段治学经历。

其二，感恩。从读研到工作，一路走来，我得到了很多师友的帮助，有生活上的、工作上的帮助，更有学术上的帮助。语言学专业的论文发表很不容易，研究生毕业要论文，老师职称晋升和聘任考核也要论文，而专业期刊就那么十来种。我的这些小文章能够变成铅字发表出来，说实话，心里除了喜悦，更多的还是感激。感谢那些提携和关照过我的审稿老师和编辑老师，感谢发表过我作品的那些期刊！

收录在册的论文大部分是我单独完成的，少数有我当时在读的硕士研究生参与，这里不一一列出。有两篇论文收录在这里，是为了感谢我的老师对我的提携之恩。《现代汉语语法研究中理论与事实的互动》一文是我和邢福义先生联合署名发表的，主要的观点和思想都是邢先生的，我只是写了个初稿；《异类词联合短语研究》一文是我与储泽祥先生联合署名发表的，文章的观点都是储先生的，老实说我出力不多。邢先生是我的博士后合作导师，储先生是我的硕士生导师和博士生导师，两位先生对我的帮助和影响都很大，是我走上语言学研究的领路人。

其三，纪念。2013 年 10 月我开始进入四十岁。出版该书，也算是对我三十岁至四十岁这段生活的纪念。想来很惭愧，十年过去，浑浑噩噩，碌碌无为。四十应不惑，而我还有太多的困惑。真心希望步入四十岁后的十年我能够有些进步，有些成就，可以让那些爱我、亲我的老师和亲友们感到欣慰。

世界图书出版广东有限公司的孔令钢、李瑞编辑为这本书的出版付出了很多心血，谨此致谢！